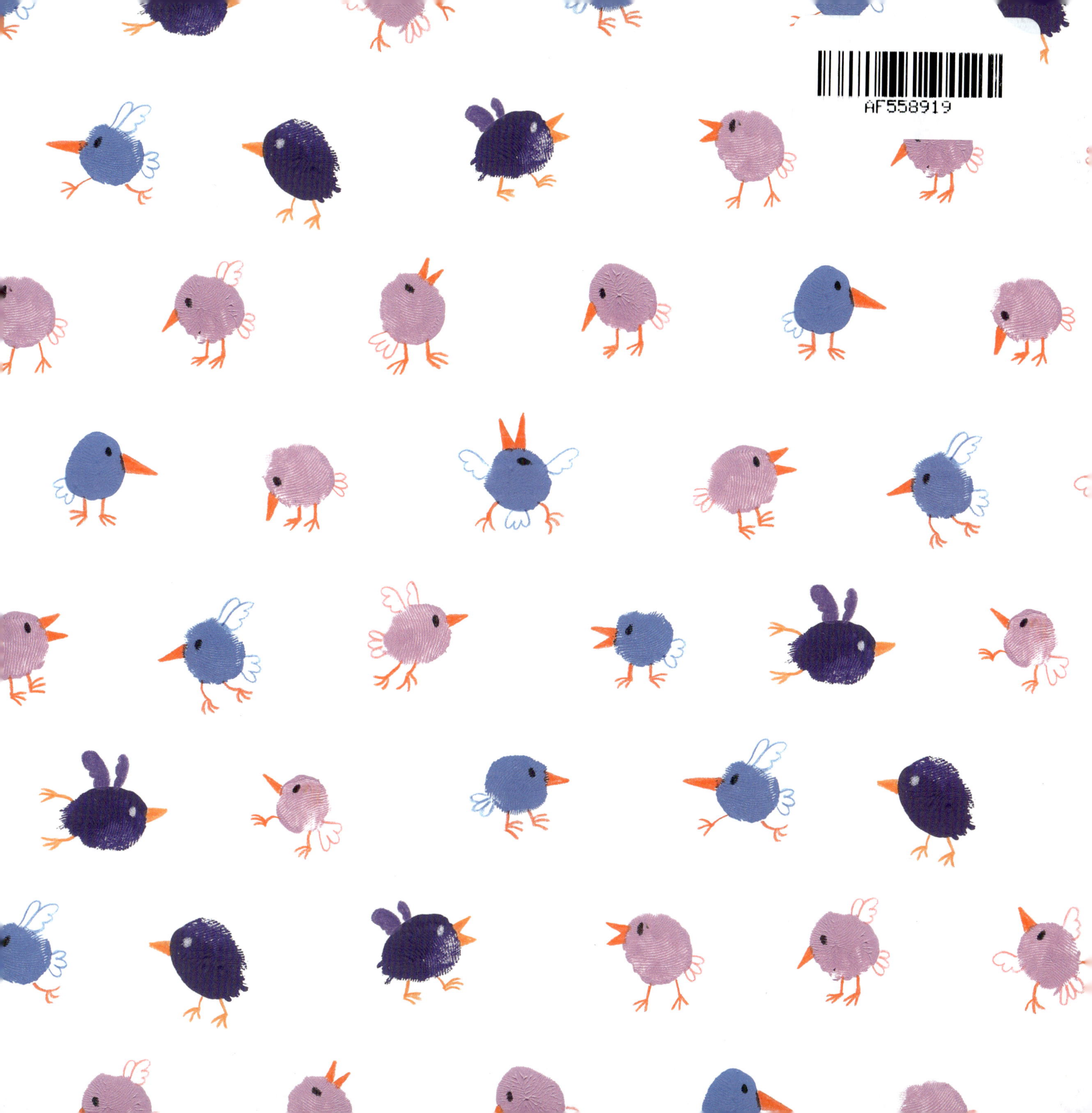

Florian Frick
www.monstershome.com

Lektorat: Barbara Lauer
Lektoratsassistenz: Anja Weimer
Copy-Editing: Friederike Daenecke, Zülpich
Satz: Florian Frick
Herstellung: Stefanie Weidner und Frank Heidt
Umschlaggestaltung: Janine May
Druckerei: Grafisches Centrum Cuno GmbH & Co. KG, 39240 Calbe (Saale)

Bibliografische Information der Deutschen Nationalbibliothek
Die Deutsche Nationalbibliothek verzeichnet diese Publikation in der Deutschen Nationalbibliografie; detaillierte bibliografische Daten sind im Internet über *http://dnb.d-nb.de* abrufbar.

ISBN:
Print 978-3-86490-694-7
PDF 978-3-96088-895-6

1. Auflage 2019

Wieblinger Weg 17
69123 Heidelberg

Hinweis:
Der Umwelt zuliebe verzichten wir auf die Einschweißfolie.

Schreiben Sie uns:
Falls Sie Anregungen, Wünsche und Kommentare haben, lassen Sie es uns wissen: hallo@dpunkt.de.

5 4 3 2 1 0

Buntstiftvögel

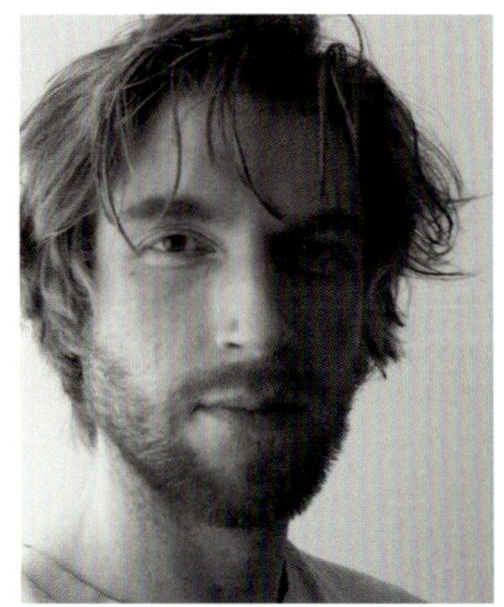

Florian Frick ist freischaffender Künstler aus Berlin mit den beruflichen Schwerpunkten Illustration, Design und Modellieren. Er hat sich der Schöpfung realer, fantastischer, komischer oder auch verrückter Bildwelten und deren Bewohnern verschrieben. Besonders die vielfältigen Ausdrucksmöglichkeiten, Stile und Methoden faszinieren ihn an seinem künstlerischen Beruf.

Heute kombiniert er sämtliche Medien miteinander – von traditionellen Techniken mit Stift und Papier bis hin zu digitalen Bildbearbeitungs- und Layoutprogrammen. Auch das dreidimensionale Modellieren mit verschiedensten Materialien sowie die funktionale Entwicklung von Puppen und Requisiten ist eine seiner großen Leidenschaften.

2018 ist das von ihm mit Vögeln illustrierte Buch »Federnlesen« erschienen.

Florian Frick

BUNTSTIFTVÖGEL

Die gefiederte Zeichenschule für Einsteiger und Fortgeschrittene

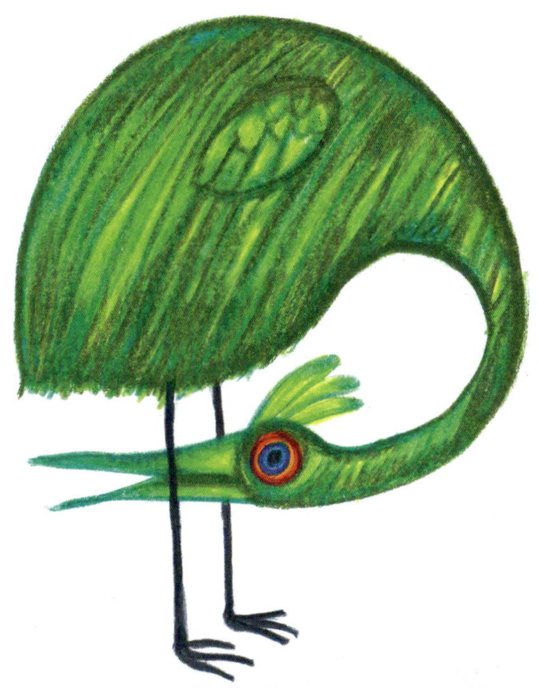

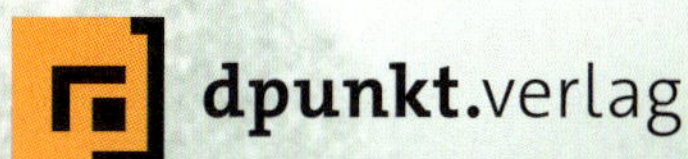
dpunkt.verlag

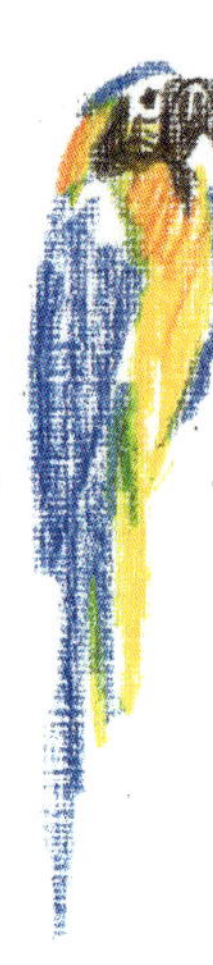

INHALT

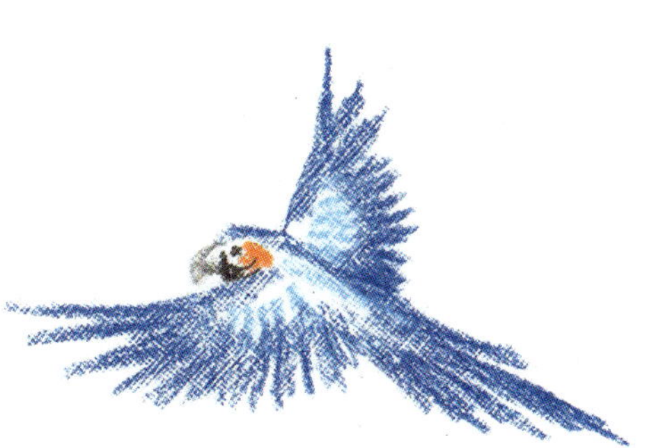

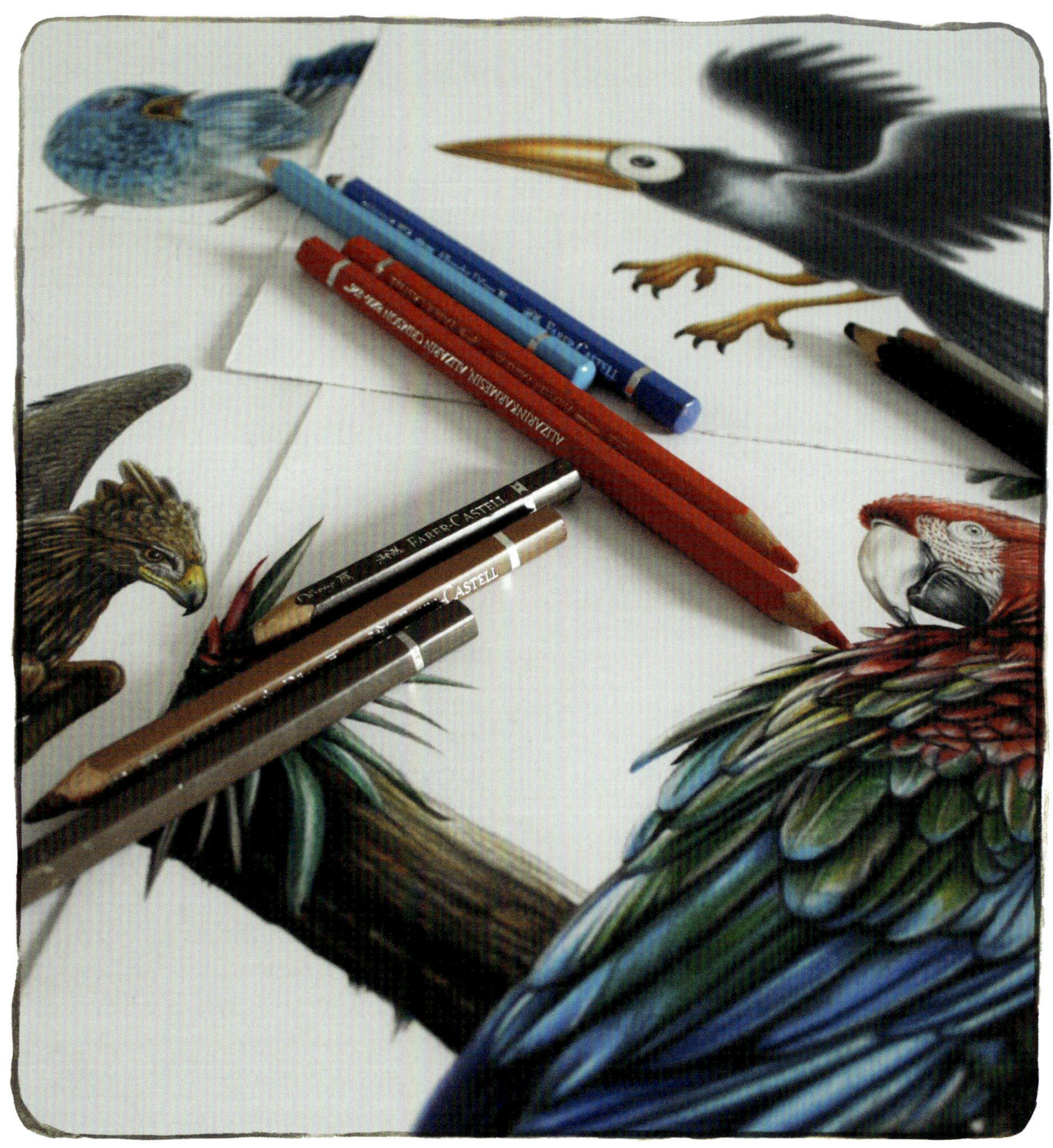
FABER-CASTELL
ALIZARINKARMESIN
FABER-CASTELL

EINLEITUNG

Buntstiftvögel – Die gefiederte Zeichenschule für Einsteiger und Fortgeschrittene

Bilder sagen mehr als tausend Worte. In diesem kurzen Satz steckt nach wie vor eine simple Wahrheit: Bilder sind Realität gewordene Ideen, die uns einen bestimmten Eindruck vermitteln, Stimmungen erzeugen oder auch ganze Geschichten erzählen können.

Wo in der Musik mit Tönen und in der Literatur mit Sprache erschaffen wird, sind für die bildenden Künstler Farben und Formen die grundlegenden Ausdrucksmittel. Sie eröffnen ein nahezu grenzenloses Feld an Möglichkeiten, ein Werk zu gestalten, und alle Künstler werden im Laufe ihres Werdegangs ihre ganz eigenen Methoden und Techniken entwickeln.

In diesem Buch werden wir uns auf eine zeichnerische Reise begeben, auf der es viele Etappen zu erkunden gilt. Angefangen mit sehr einfachen Zeichenübungen unter Verwendung verschiedenster Materialien über zeichnerische Grundregeln zu den Themen Farbe, Komposition und Schraffur bis hin zu naturgetreuen Darstellungsformen und sogar zur Erschaffung eigener Figuren und Kreaturen.

Was alle Kapitel inhaltlich und künstlerisch miteinander verbindet, sind – wie der Titel bereits ankündigt – die Vögel. Die Vogelwelt wartet mit einer so ungeheuren Vielfalt an Farben und Arten auf, dass sie sich thematisch geradezu anbietet. Verglichen mit anderen Tieren, sind Vögel aufgrund ihrer Anatomie und der fließenden Körperformen außerdem einfacher zu zeichnen und bieten obendrein ein großes Spektrum an Abstraktionsmöglichkeiten.

Im Zuge meiner eigenen künstlerischen Karriere als Designer, Illustrator und Skulpteur konnte ich in den unterschiedlichen Bereichen viele wertvolle Erfahrungen sammeln. Nach wie vor ist das traditionelle Arbeiten mit Buntstiften auf Papier für mich von ganz besonderem Reiz. Meiner Erfahrung nach stecken hinter dem Zeichnen und dem Erschaffen schöner Bilder nicht nur handwerkliches Geschick und das Streben nach Perfektion, sondern vor allem eine Philosophie, die zum Teil weit über das künstlerische Empfinden hinausreicht und sich auf viele unterschiedliche Lebensbereiche anwenden lässt. Geduld ist in diesem Zusammenhang beispielsweise eine fundamentale Größe. Wer bereit ist, viel in seine Werke zu investieren, vor allem Zeit, wird mit einer deutlich höheren Qualität der Bilder belohnt werden als diejenigen, die innerhalb kürzester Zeit Ergebnisse haben möchten.

Natürlich ist es auch davon abhängig, welche Zielsetzung Sie haben. Oftmals ist ein schneller und impulsiver Ausdruck des Werks das eigentliche Ziel. Dieser Punkt führt uns zu der wichtigen Tatsache, dass Ihnen niemand die wesentlichen künstlerischen Entscheidungen abnehmen kann. Niemand wird Ihnen den einzig richtigen Weg oder die ultimative Technik beibringen können, weil so etwas schlichtweg nicht existiert.

In diesem Buch möchte ich meine eigenen bewährten Methoden und Erfahrungen an Sie weitergeben, aber Sie auch gleichzeitig ermutigen, alle Ihnen sich bietenden Optionen zu ergreifen. Probieren Sie viele Dinge aus, seien Sie offen für Ihnen bislang unbekannte Techniken und schaffen Sie sich viele unterschiedliche Inspirationsquellen. Nur so wird gewährleistet, dass Sie ständig neuen und frischen Wind in Ihre Kreativität bringen und nicht stagnieren. Wer stehen bleibt und nichts mehr dazulernt, wird logischerweise nicht weiterkommen.

Ein weiterer Aspekt, der sich vom erlebten Zeichnen auch auf das restliche Leben übertragen lässt: Erhalten Sie sich nach Möglichkeit immer den Spaß an der Sache, denn dies ist der Antrieb, neugierig und wissensdurstig zu bleiben.

Das Zeichnen

Noch vor ein paar Hundert Jahren hatte das Zeichnen keinen vorrangigen ästhetischen Wert, sondern diente in der Regel zu Studienzwecken und der Forschung sowie als Hilfsmittel in Form von Skizzen für das eigentliche Werk (Gemälde, Skulpturen etc.). Zu einer eigenständigen Kunstform wurde das Zeichnen erst in der Mitte des 18. Jahrhunderts. Damals erkannte man, dass sich mit farbigen Illustrationen und Darstellungen weitaus mehr Informationen in einem Bild verarbeiten lassen als in bloßen Beschreibungen. Dadurch entstand eine vormals noch gänzlich unbekannte Ästhetik und Farbigkeit.

Vorteile von Buntstiften

Buntstifte erfreuen sich nicht grundlos großer Beliebtheit. Sie gehören zu den Zeichenutensilien, die sich am einfachsten benutzen lassen, aber dennoch schier endlose Variationen der Anwendung eröffnen. Diese Möglichkeiten entstehen allein dadurch, wie Sie den Stift in der Hand halten, mit wie viel Druck Sie arbeiten oder wie spitz der Stift ist. So können Sie Buntstifte sowohl für schnelle Skizzen und einfache Farbstudien verwenden, aber auch, um hoch detaillierte und naturgetreue Werke zu erschaffen, in denen Raum, Schatten und Plastizität simuliert werden können. Buntstifte und alle weiteren erforderlichen Materialien – wie Anspitzer, Radiergummi und Papier – lassen sich leicht transportieren und sind beständig.

Dabei sind Buntstifte ein vergleichsweise neues Medium. In der Mitte des 16. Jahrhunderts wurden die Vorgänger der heutigen Grafitstifte entwickelt. Sie waren nicht viel mehr als in Leder oder Metall gewickelte Grafitteile. Diese Ummantelung sorgte dafür, dass der Grafit sich während des Zeichnens nicht an der Hand abrieb. Erst sehr viel später entstanden Stifte mit einer Holzummantelung, so wie wir sie heute kennen. Es verging noch einige Zeit, bis die ersten Buntstifte hergestellt wurden. Ihre Mine bestand aus feinen Pigmentpartikeln, die von Hand hergestellt und gemischt und mit einem Bindemittel gelöst wurden. Die Reinheit des Pigments sowie dessen Konzentration und auch die Beschaffenheit des Bindemittels entschieden dabei über die Qualität eines Buntstiftes.

An dem Herstellungsprozess von Buntstiften hat sich bis heute nicht viel verändert: Die in Wachs gelösten Farbpigmente werden zunächst in die gewünschte Form der Mine gepresst und anschließend gebrannt, damit sie härter werden. Um die dennoch sehr bruchempfindlichen Minen zu schützen, wird eine Ummantelung aus Zedernholz hergestellt, denn diese Holzart ist besonders längsstabil, aber weich genug, dass sich die Stifte später gut spitzen lassen. Für den Holzmantel werden zunächst in zwei flache Holzplatten identische und passgenaue Rinnen geschliffen, in die die Mine wie in einem Sandwich eingeklebt wird. Anschließend werden die Stifte aus dem Holz gefräst. Je nach Modell gibt es runde oder auch eckige Stifte, um zu verhindern, dass der Stift wegrollen kann, fällt und dadurch eventuell beschädigt wird. Zu guter Letzt werden die Stifte außen noch farbig lackiert und mit Aufdrucken oder Prägungen versehen, die zur Produktinformation dienen. Durch das Anspitzen erhalten sie ihre endgültige Form.

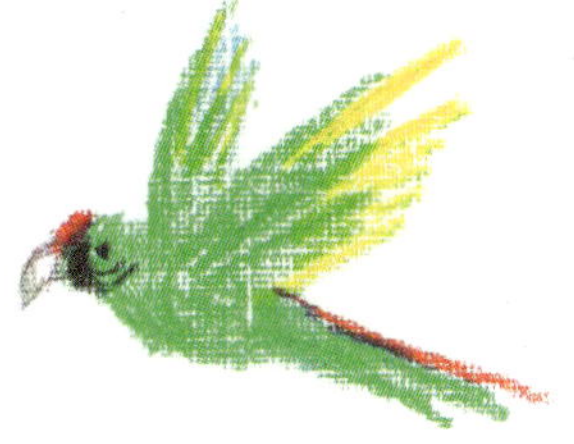

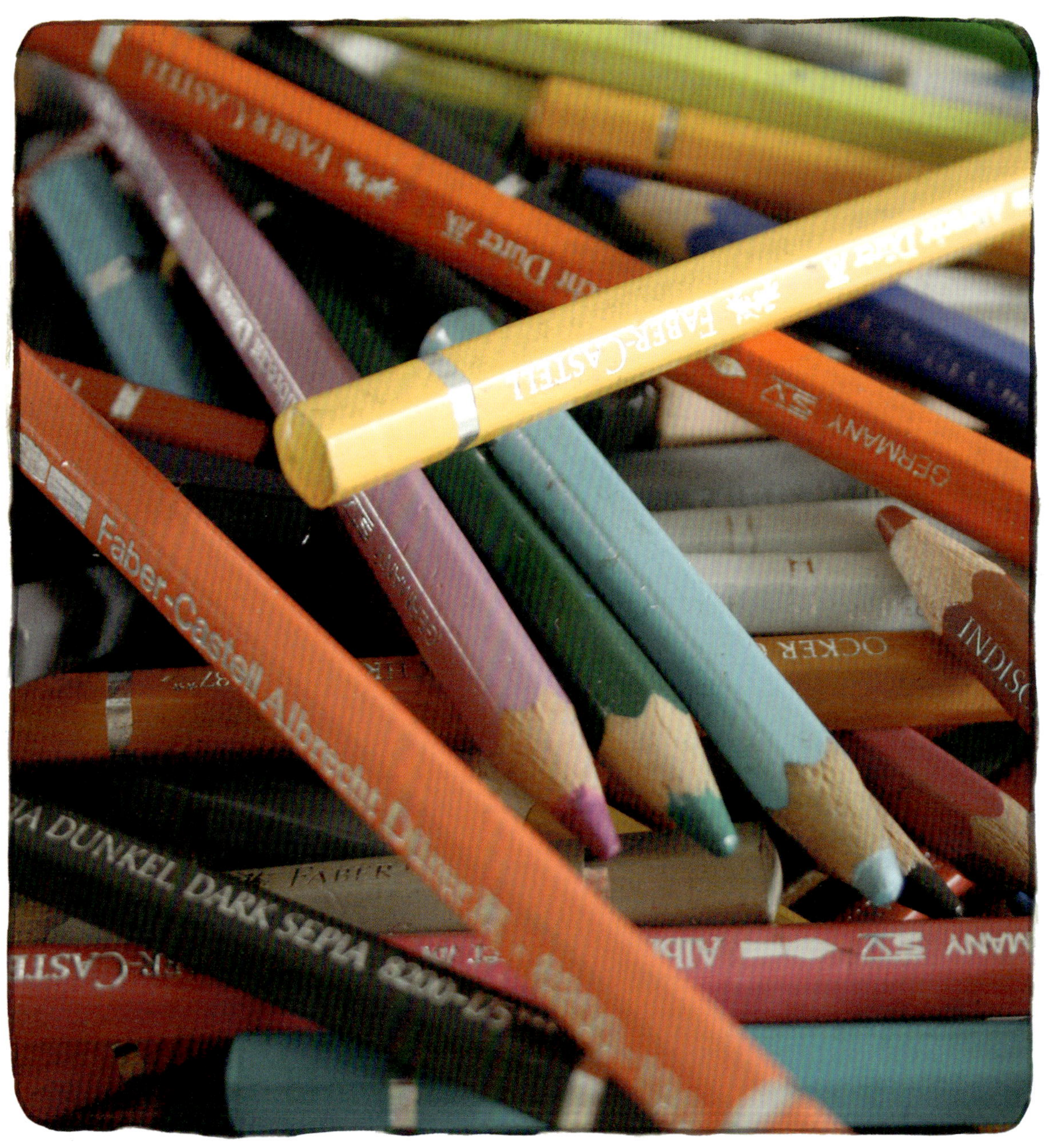
FABER-CASTELL
GERMANY
Faber-Castell Albrecht
DUNKEL DARK SEPIA

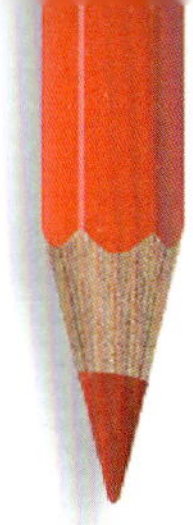

Materialien – Was brauchen Sie?

Der Markt ist heute geradezu überschwemmt von unterschiedlichen Malstiften und anderem Künstlerbedarf. Da fällt es nicht leicht, die passenden Materialien herauszusuchen. Ihr Stil, Ihre Erfahrung und die Technik entscheiden über die Qualität eines Werkes – allerdings werden Ihre Möglichkeiten auch fundamental von der Materialbeschaffenheit beeinflusst. Daher ist es wichtig, sich bereits vor der Entstehung einer Zeichnung über die gewünschten Anforderungen klar zu werden und dementsprechend die Materialien wie Papiersorte und Stiftart zu wählen. Planen Sie beispielsweise, Aquarelleffekte durch die Verwendung von Wasser einfließen zu lassen, sollten Sie unbedingt auf eine entsprechende Produktreihe von Stiften zurückgreifen und auch ein geeignetes Papier wählen, um unschöne Wellen zu vermeiden.

Grundsätzlich benötigen Sie für eine Buntstiftzeichnung nicht viele Materialien, aber umso entscheidender ist deren Qualität. Achten Sie bei der Wahl auf Farbintensität, Konsistenz und Beständigkeit der Stifte.

Diese Eigenschaften sorgen dafür, dass sich die einzelnen Farben gut ineinander vermalen, abdunkeln und aufhellen lassen und dass Ihre Zeichnung im Laufe der Zeit nicht an Leuchtkraft verliert. Ich persönlich arbeite seit jeher fast ausschließlich mit Produkten von Faber-Castell und speziell mit den Aquarellbuntstiften aus der Albrecht-Dürer-Serie. Diese Stifte verfügen nicht nur über intensive Farben und eine besonders wachsig-cremige Konsistenz, sondern lassen sich sowohl mit als auch ohne Wasser benutzen. Auch die Farbpalette, besonders jene der Grautöne, finde ich sehr ansprechend. Es ist sicher nicht unbedingt notwendig, jeden einzelnen Farbstift aus der Reihe zu besitzen, da sich viele Töne und Verläufe ohnehin durch das Schichten mehrerer Farben ergeben. Allerdings können Sie diesen Prozess des Mischens erheblich verkürzen, wenn Sie bereits eine große Auswahl verschiedener Farbfamilien zur Verfügung haben. Natürlich können Ihre Vorlieben und Materialien ganz anders sein.

Buntstifte

Prinzipiell können Sie bei der Wahl der Buntstifte eigentlich nicht viel falsch machen. Dennoch gibt es sicherlich je nach Vorliebe und Verwendungszweck qualitativ mehr oder weniger geeignete. Die Aquarell-Buntstifte von Faber-Castell sind definitiv eine gute Investition. Sie bieten Ihnen neben satten Farben und einem tollen Zeichengefühl auch eine große Auswahl an Farbtönen. Probieren Sie mehrere Stiftsorten unterschiedlicher Hersteller (z.B. Caran d'Ache, Koh-i-Noor, Lyra, Stabilo, Staedtler) aus, und finden Sie so die für Sie passende Produktreihe heraus. Auch eine Kombination unterschiedlicher Stifte ist möglich.

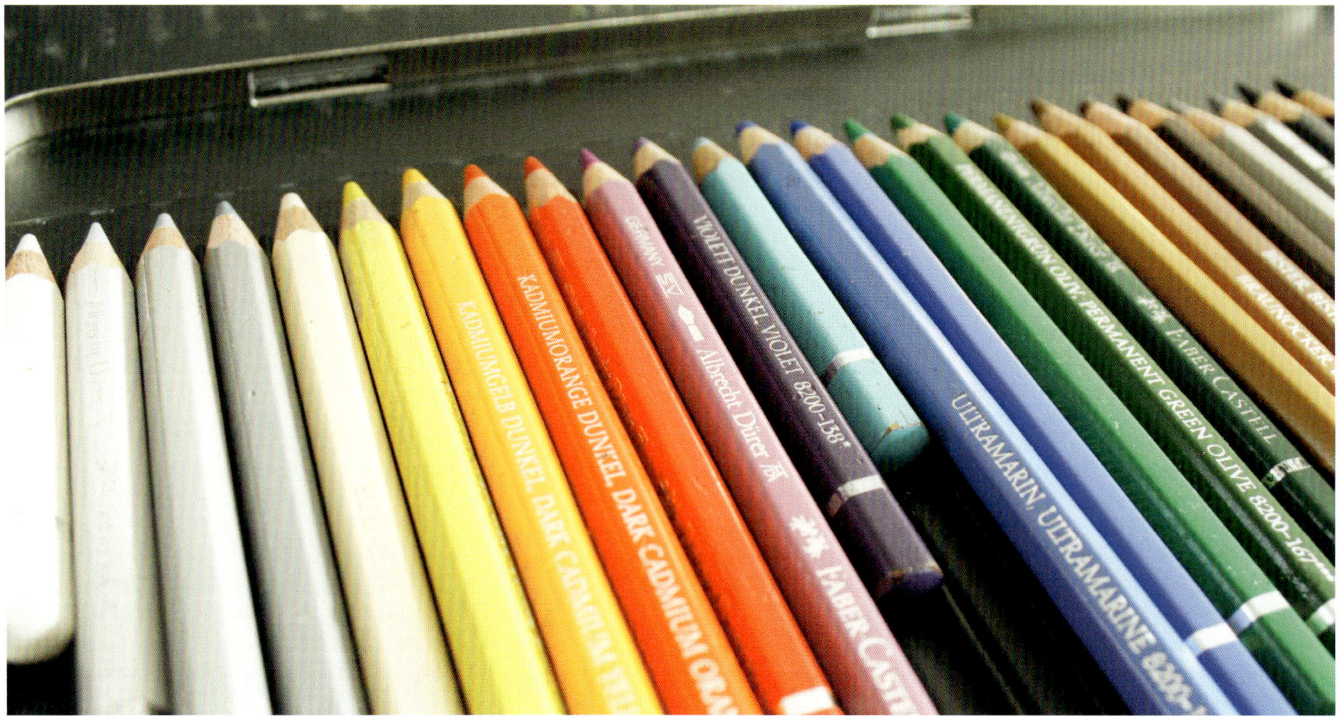

Bleistifte und Zubehör

Blei- bzw. Grafitstifte, was der treffendere Begriff ist, sind das grundlegende Hilfsmittel beim Zeichnen. Mit diesen Stiften legen Sie zunächst Ihre Skizze an oder können bei Bedarf sehr feine Details umsetzen. Ich empfehle, mehrere Härtegrade parat zu haben: einen neutralen Stift mit der Stärke HB und einen etwas weicheren, z. B. 4B. Beim Skizzieren ist es eher hilfreich, den Stift nicht allzu angespitzt zu verwenden bzw. eher mit der Seite der Mine zu arbeiten, um den Farbauftrag nicht zu intensiv und damit leicht korrigierbar zu halten. Selbstverständlich gehört dennoch ein guter Anspitzer zur Grundausstattung. Achten Sie dabei auf unterschiedliche Stiftdicken. Papierwischer für sanftes, kontrolliertes Verschmieren der Farben sind ebenfalls ein gutes Hilfsmittel.

Radiergummi

Ein Radiergummi sollte niemals zu hart sein, denn dadurch steigt die Gefahr, unschöne Schlieren und Wischspuren auf dem Papier zu erzeugen, die sich häufig nicht mehr entfernen lassen. Weiche Knetradierer sind eine gute Wahl, wie auch Radierstifte, die sich anspitzen lassen und sehr feine Korrekturarbeiten ermöglichen.

Papier

Um in mehreren Farbschichten und entsprechend viel Druck mit Buntstiften arbeiten zu können, empfehle ich einen festen Zeichenkarton. Falls Sie auch Aquarellelemente in Ihrer Zeichnung integrieren wollen, gehen Sie mit einem entsprechenden Aquarellpapier auf Nummer sicher. Diese Papiere sind in der Regel von Natur aus etwas rauer.

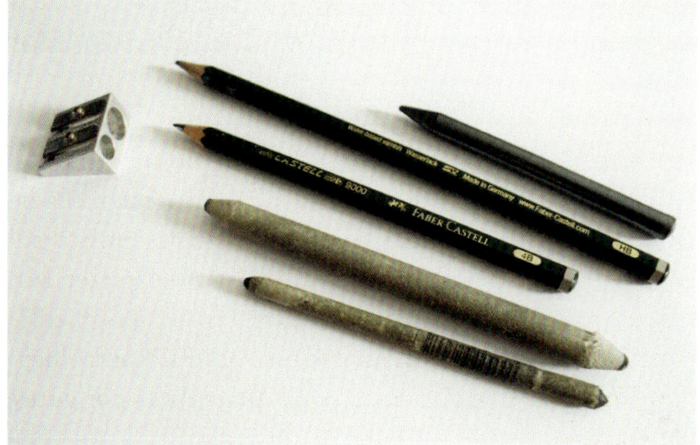

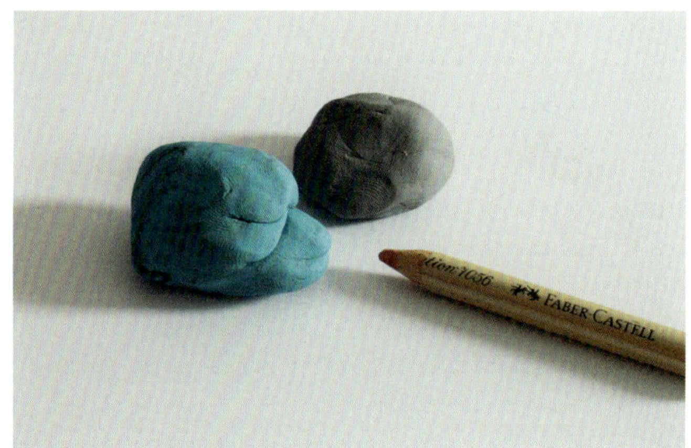

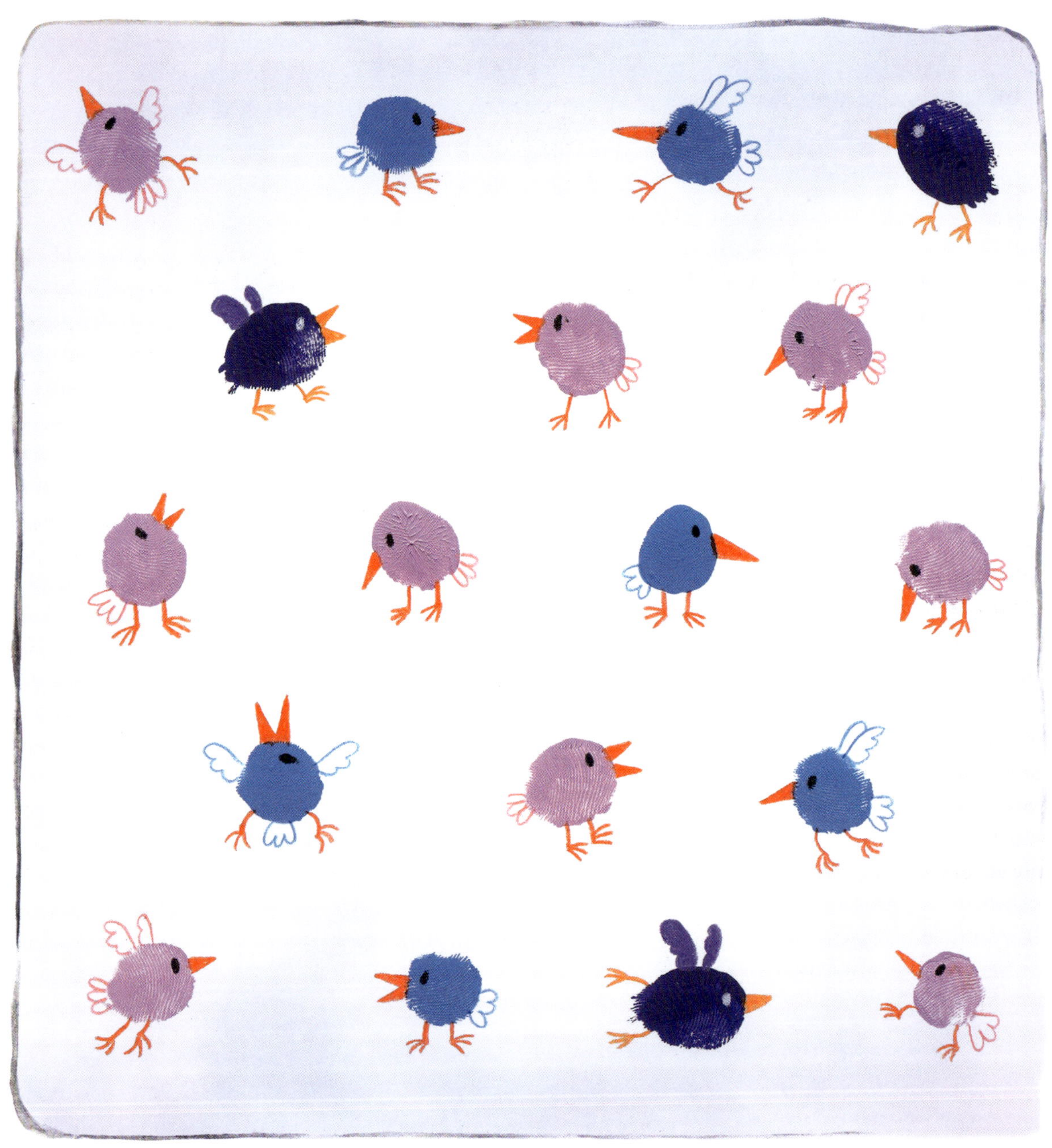

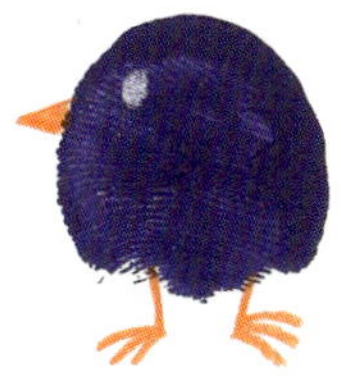

SPIELERISCH ZEICHNEN

Erstes Kapitel

Beim Zeichnen soll vor allem eines im Vordergrund stehen: der Spaß. Wer zu verkopft an die Sache herangeht und sich Druck macht, wird zwangsläufig verkrampfen und dadurch sein künstlerisches Potenzial von Anfang an einschränken. Seien Sie offen und neugierig auf Neues. Nehmen Sie auch gerne weniger gelungene Werke in Kauf – denn sie gehören zum Werdegang aller Künstler dazu. Vielleicht stehen Sie noch ganz am Anfang und haben so gut wie keine Zeichenpraxis und -erfahrung. Dann wird Ihnen dieses erste Kapitel sehr viel Freude bereiten.

Als Einstieg werden wir uns mit einfachen und spielerischen Methoden in ein künstlerisches Abenteuer stürzen. Viele lustige Übungen werden Sie Schritt für Schritt in den Gebrauch und die künstlerischen Möglichkeiten von Buntstiften einführen. Betrachten Sie es als Anregung, auch eigenständige Methoden und Techniken zu entwickeln. Für Kreativität gibt es bekanntlich keine gebrauchsfertige Rezeptur, sondern unzählige Wege, diese auszuleben. Seien Sie also gespannt, wo diese Reise Sie hinführt und welche beflügelnden Ideen auf Sie warten.

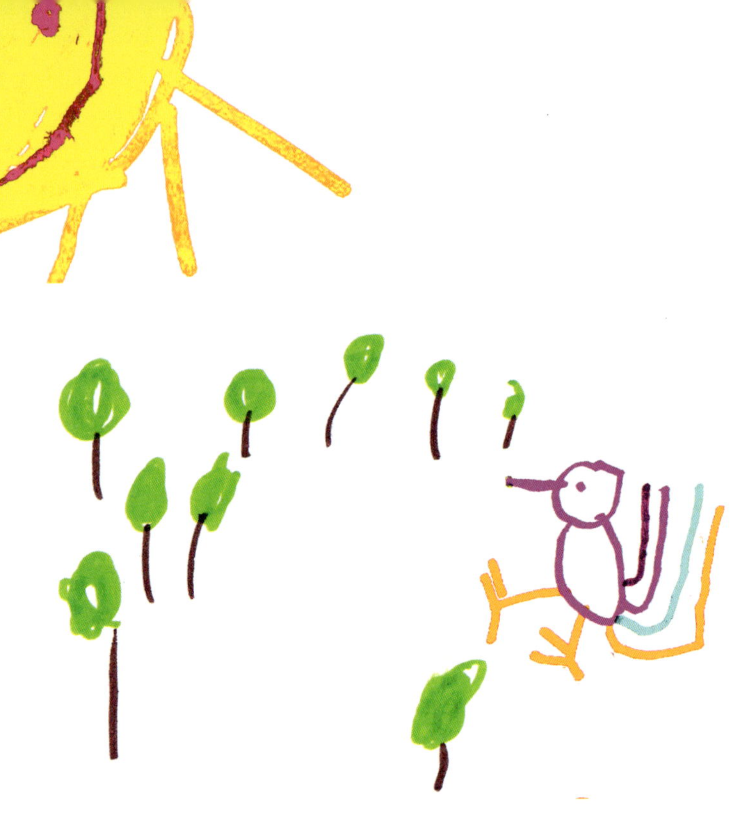

Nach vielen Jahren der Zeichenpraxis ist es für mich eine besondere Herausforderung, die Welt wieder mit den Augen eines Kindes zu sehen und die Dinge intuitiv zu vereinfachen.

Spielerisch zu zeichnen bedeutet, dass Sie sich nicht den Kopf zerbrechen und stundenlang über bestimmte Techniken und Materialien grübeln. Legen Sie stattdessen einfach los! Wie so oft zeigen uns Kinder, wie man es richtig macht. Für sie zählt in den meisten Fällen nicht die Qualität des Papiers oder wie viele unterschiedliche Farbtöne aus einer Produktlinie verfügbar sind. Nein, sie nutzen schlichtweg das, was zur Verfügung steht, und erschaffen daraus etwas Eigenes. Wir alle waren einst dazu fähig, genau auf diese Art kreativ zu sein, haben es allerdings häufig im Zuge des Erwachsenwerdens vergessen.

Um die Erinnerungen an die eigene Kindheit und die damalige Einstellung zum Zeichnen aufzufrischen, habe ich einmal in verstaubten Mappen gewühlt und bin tatsächlich fündig geworden. Zur Krönung des Ganzen waren auch einige Vögel unter den Frühwerken, die natürlich wunderbar zum tierischen Leitfaden dieses Buches passen.

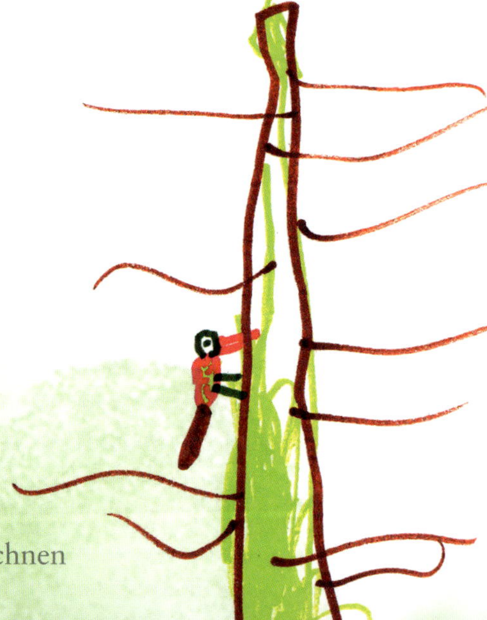

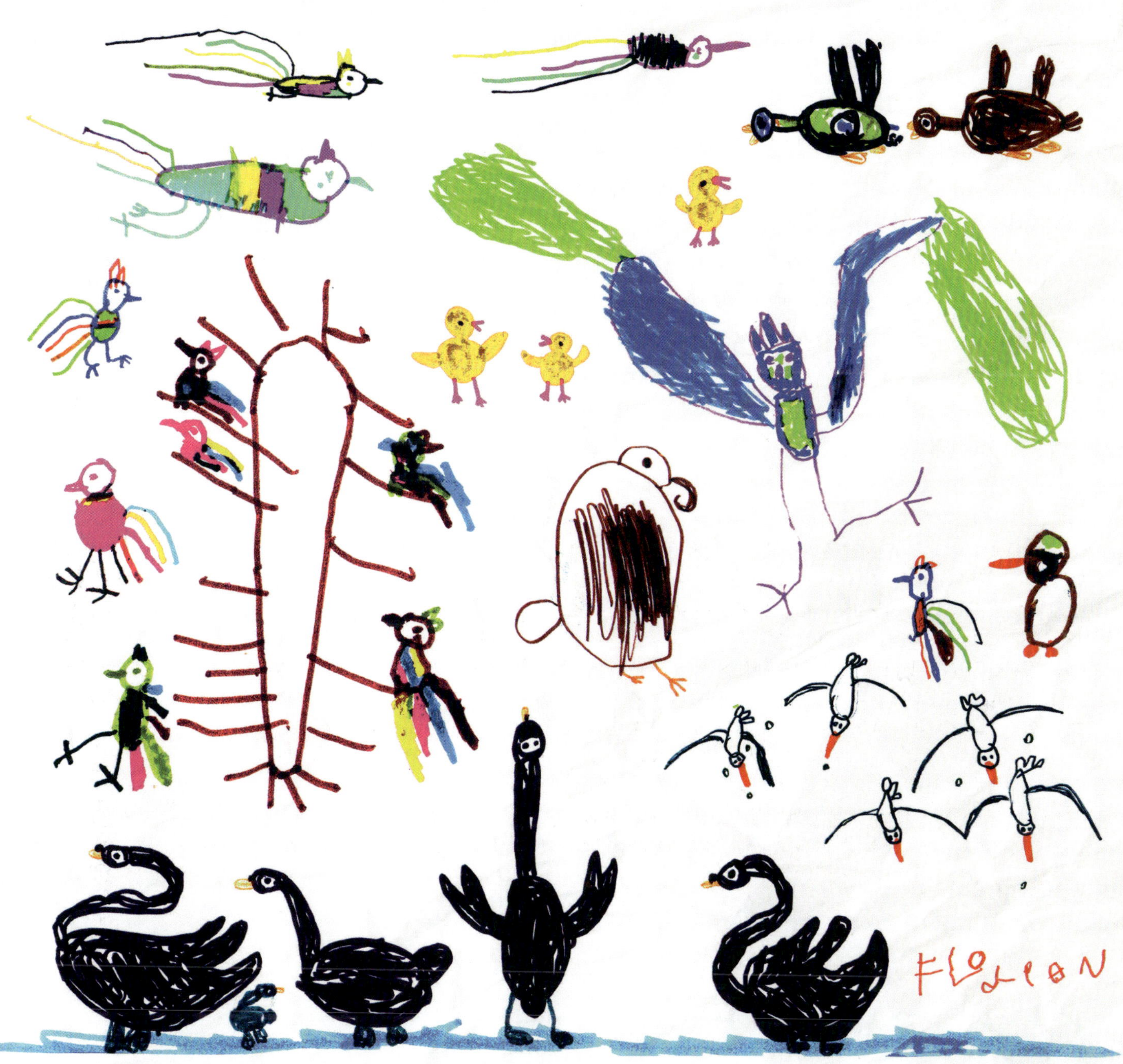

Kinderzeichnungen aus eigener Hand

Übung im Schwarm

Falls Sie noch ganz am Anfang der Entwicklung Ihrer künstlerischen Fähigkeiten stehen, wird es eventuell schon Herausforderung genug sein, überhaupt einen erkenntlichen Vogel zu Papier zu bringen. Die nebenstehende Anleitung zeigt, wie Sie das mit nur wenigen Schritten schaffen können. Im Folgenden – ganz gleich, um welche Zeichentechniken es sich handeln mag – geht es dann darum, den Ablauf zu verinnerlichen und Routine zu entwickeln. Das funktioniert am besten durch Wiederholen.

Nehmen Sie sich für Zeichenübungen die Zeit, die Sie brauchen. Sie können das Gelernte auch immer aufs Neue ein wenig abändern, variieren oder gänzlich andere Wege ausprobieren. Das Wichtigste ist, dass Sie Freude an der Beschäftigung finden und sich diese Freude auch erhalten. Gerade darum ist sehr zu empfehlen, regelmäßig frische Impulse zu setzen und nicht permanent dieselbe Übung zu wiederholen. Eine erste Maßnahme wäre z. B. die Wahl unterschiedlicher Farben oder Papiersorten. Auch die Kombination unterschiedlicher Materialien und Werkzeuge kann überraschende Ergebnisse und Methoden hervorbringen. Experimentieren Sie, forschen Sie und verabschieden Sie sich vor allem von dem Druck, jeden einzelnen Strich perfekt ausführen zu wollen. Viel Spaß!

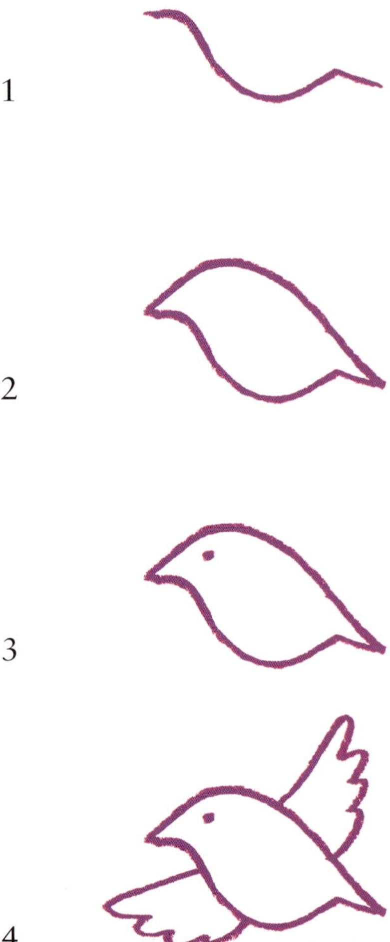

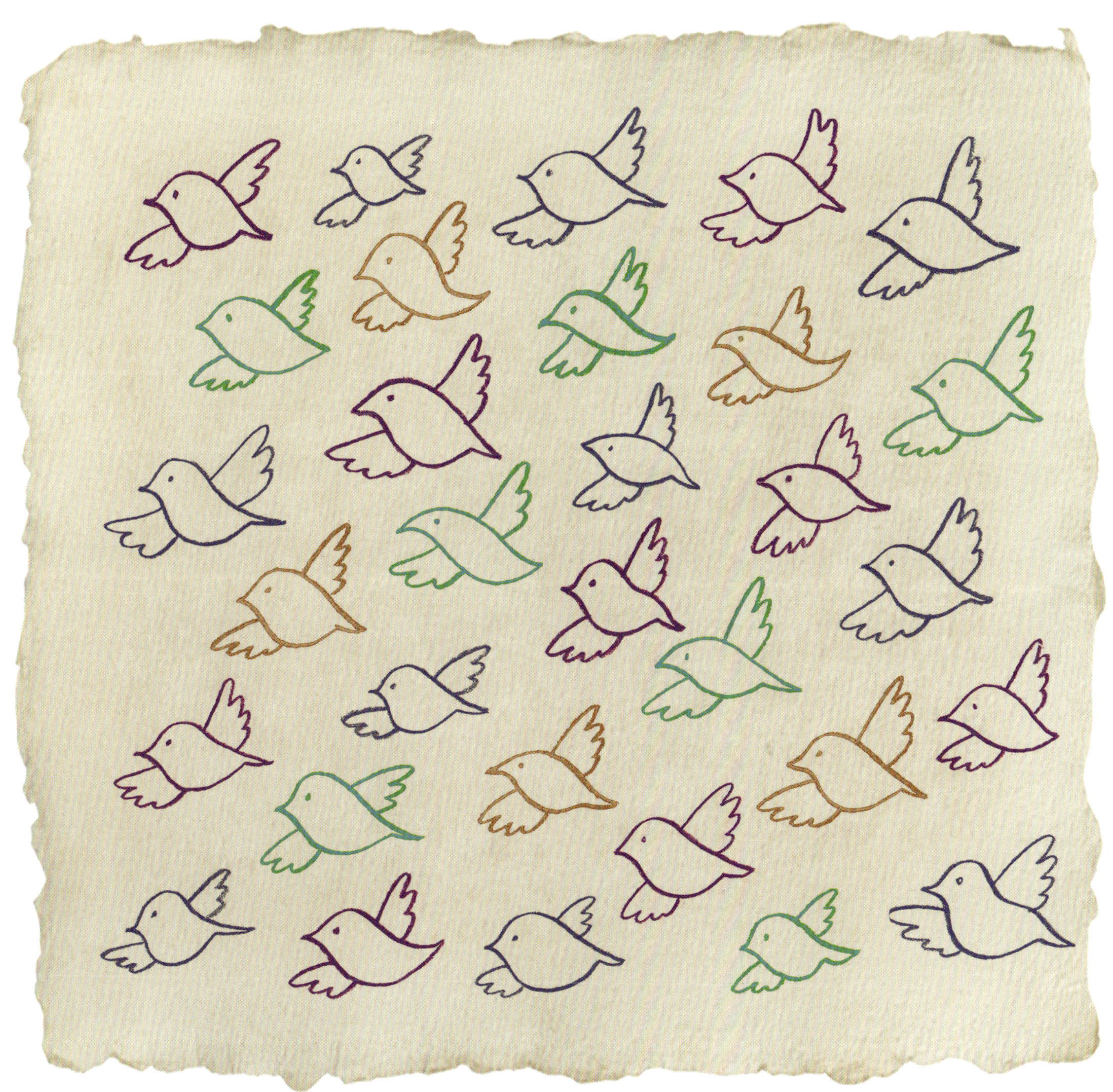

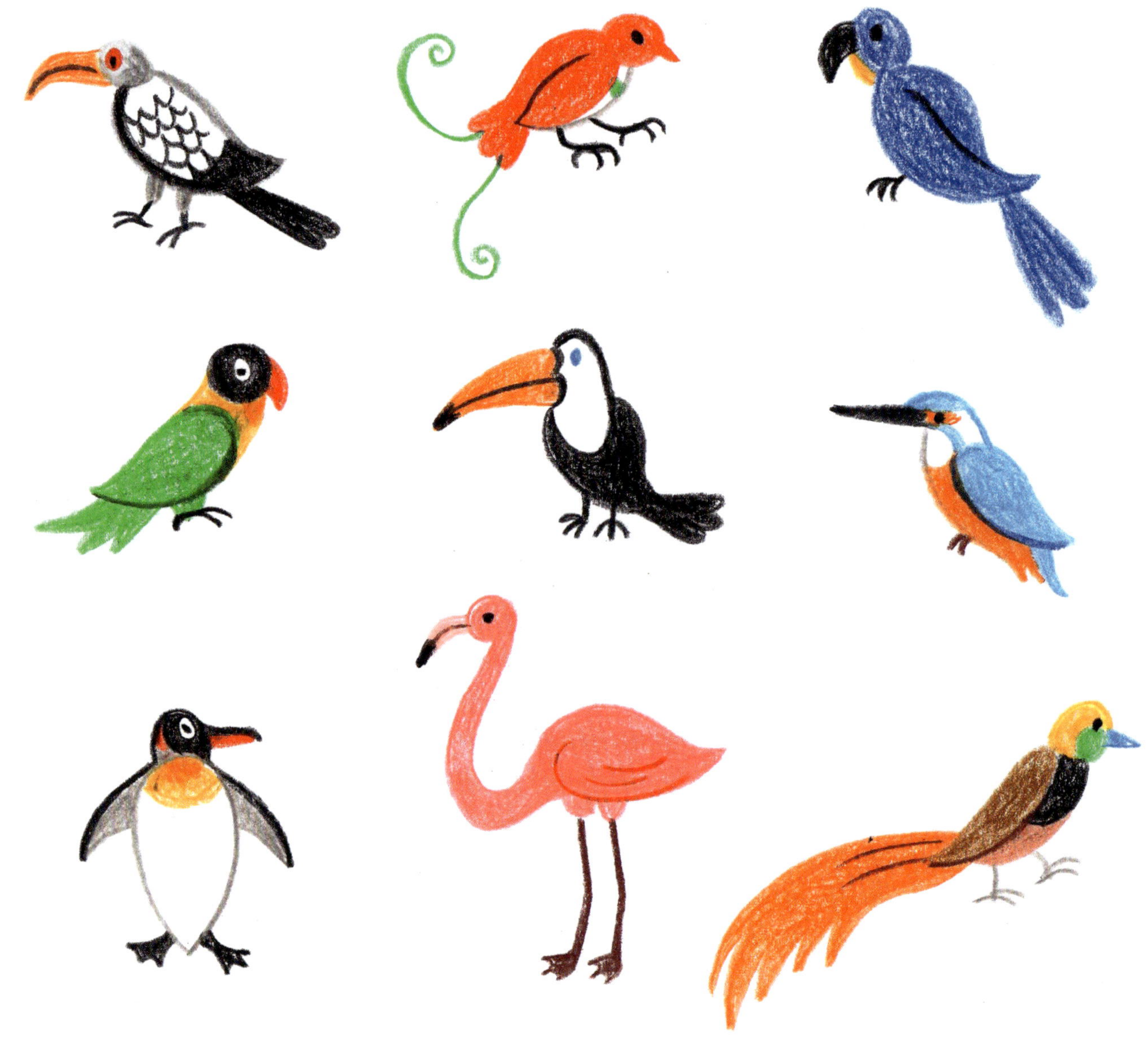

Bunte Vogelsammlung

Einfache Vögel zeichnen

Bereits mit wenigen Mitteln und geringem Zeitaufwand können Sie mit Buntstiften lustige Vögel unterschiedlichster Form und Farbe zeichnen. Wie die Beispiele unten zeigen, gehen wir je nach Lust und Laune von unterschiedlichen Grundkörpern aus, die jeweils um ein weiteres Element erweitert werden. Beginnen Sie dabei mit dem Körper und dem Kopf, und arbeiten Sie sich dann schrittweise bis zu den kleinen Details vor. Probieren Sie doch einfach bunte Farben aus, oder verpassen Sie dem einen oder anderen Vogel Schuhe, einen Schal oder eine Sonnenbrille. Ihrer Kreativität sind keine Grenzen gesetzt.

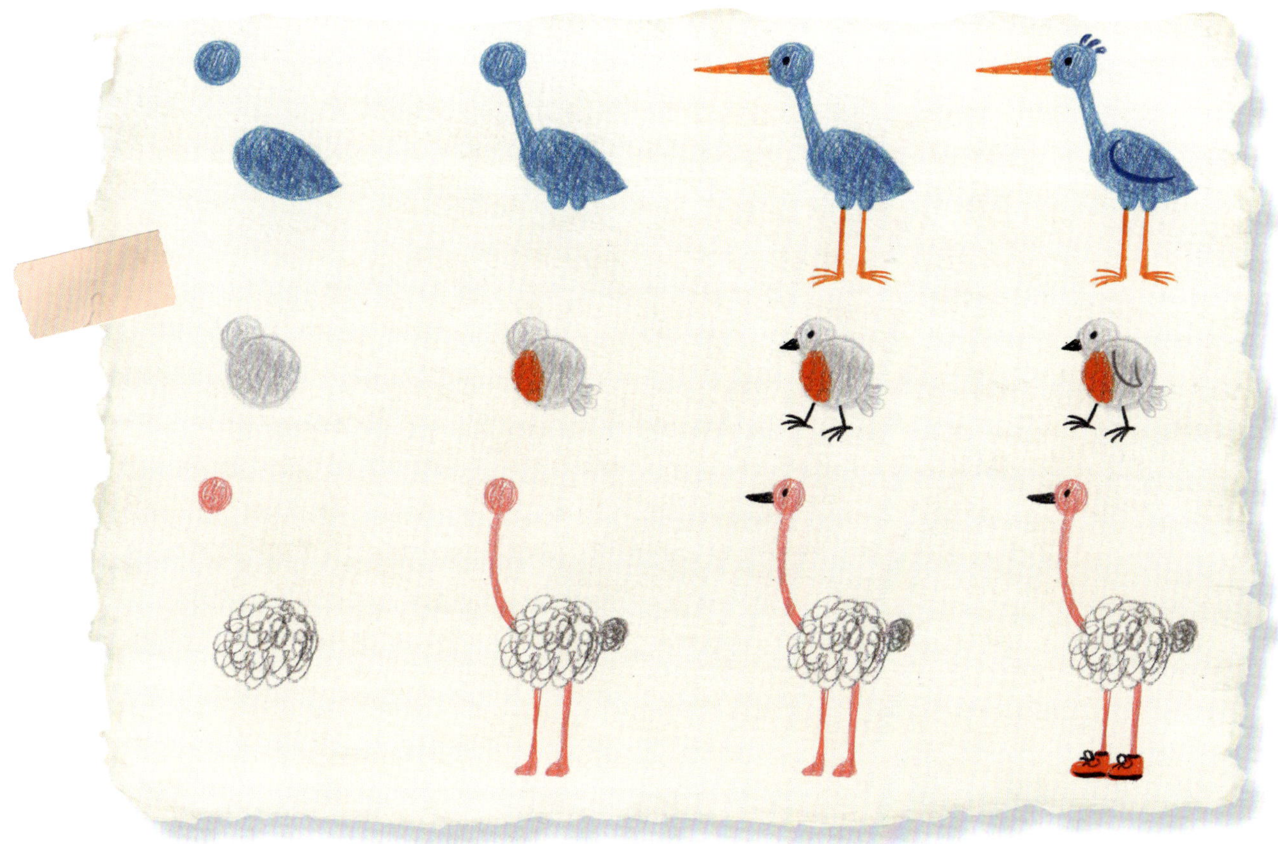

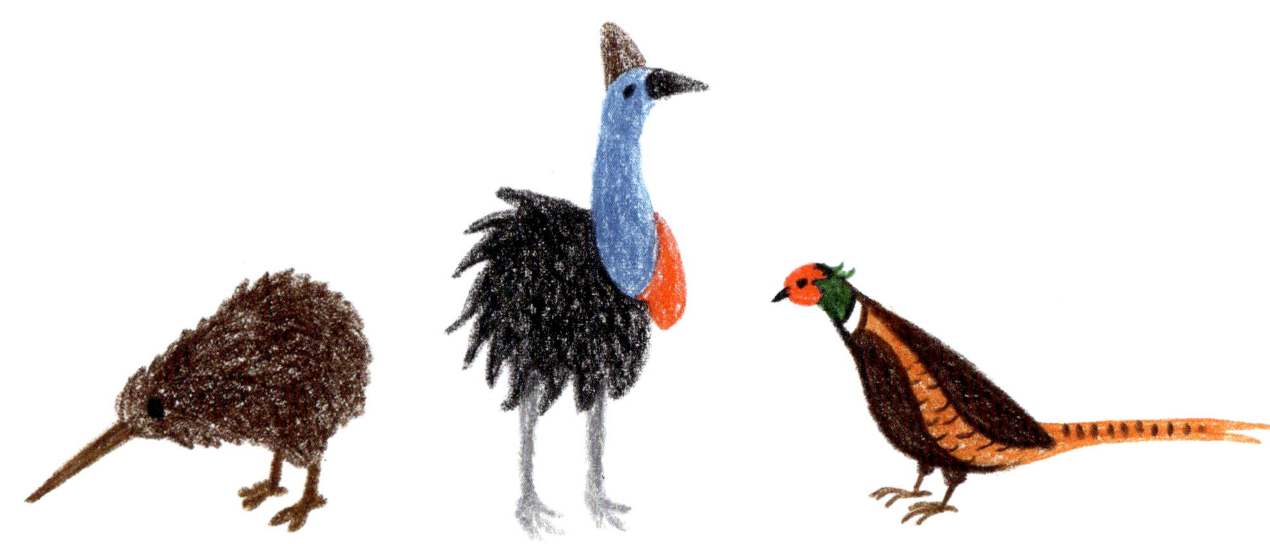

Denken Sie daran, dass nicht immer eine einzelne Zeichnung im Vordergrund stehen und zu diesem Zweck möglichst perfekt sein muss. Eine Sammlung vieler kleiner Vögel, die sich ein großes Blatt Papier teilen, ist mindestens ebenso reizvoll. Mit dieser Vorgehensweise gibt es für das Auge viel zu entdecken und Betrachter können sich lange mit dem Werk beschäftigen. Ergänzen Sie beispielsweise als Langzeitprojekt wöchentlich einen Vogel, und das über ein ganzes Jahr hinweg.

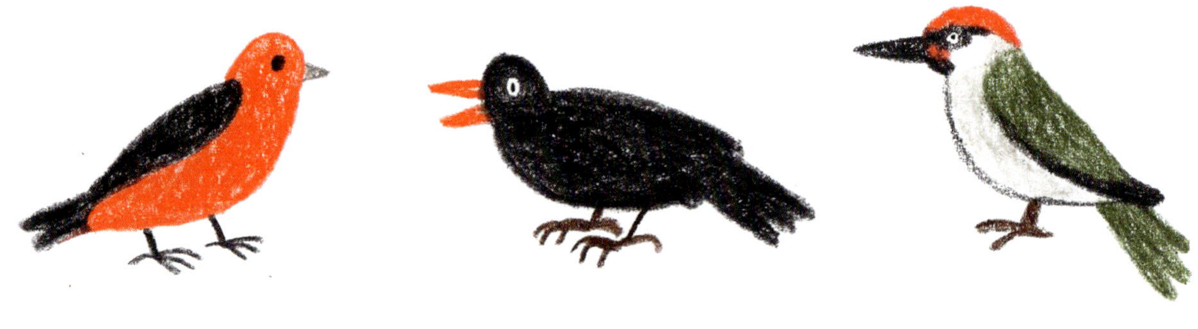

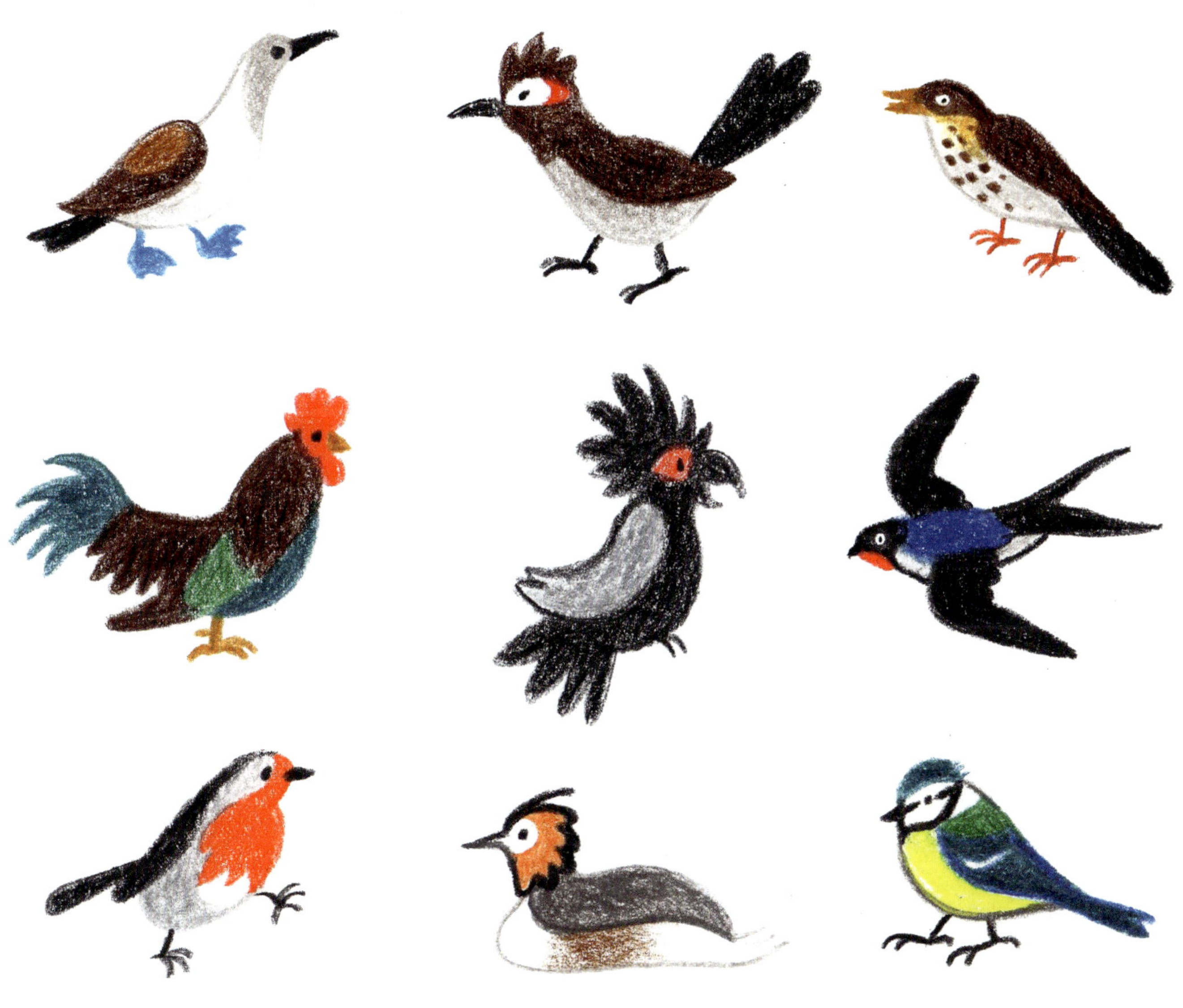

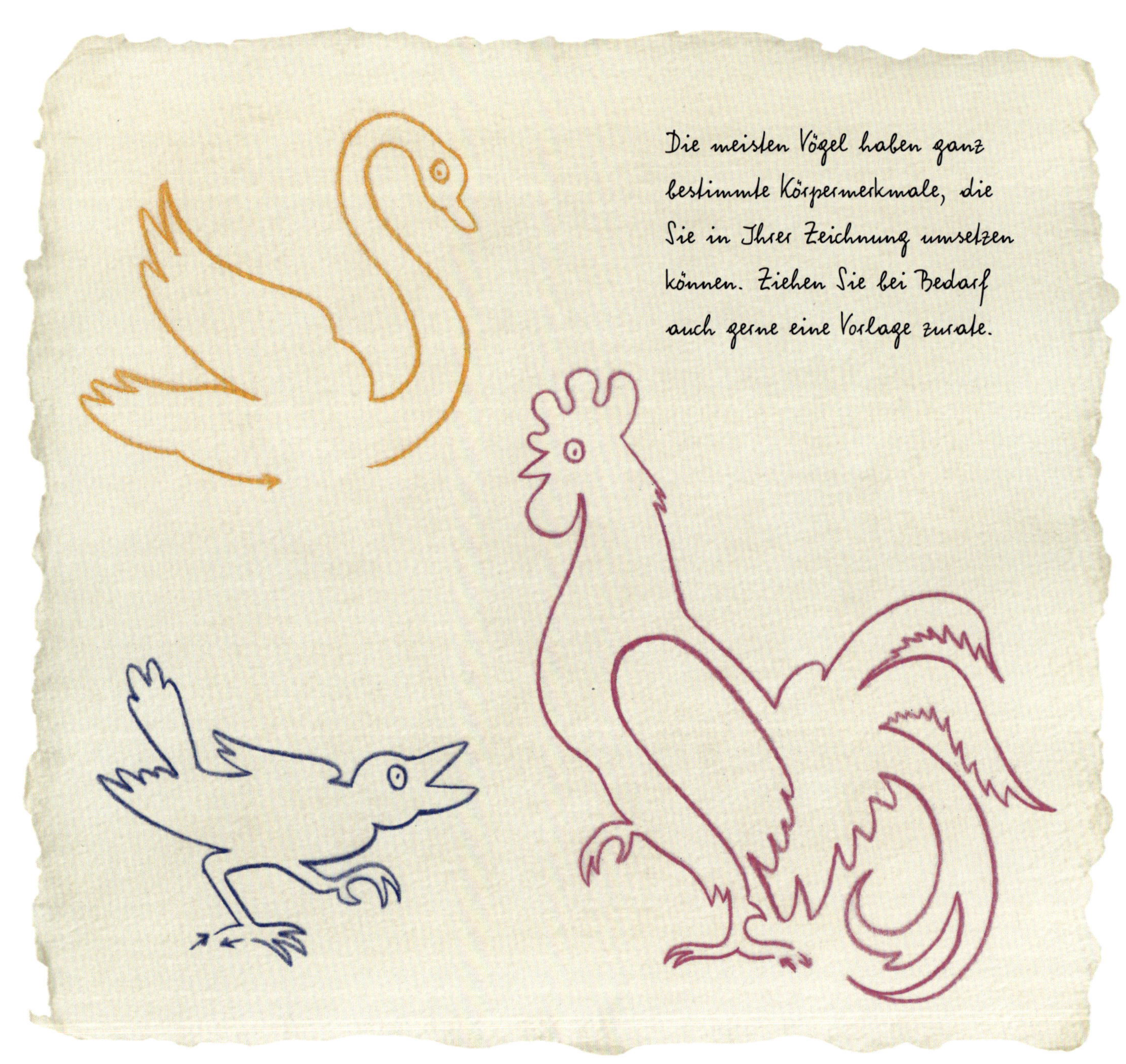
Die meisten Vögel haben ganz
bestimmte Körpermerkmale, die
Sie in Ihrer Zeichnung umsetzen
können. Ziehen Sie bei Bedarf
auch gerne eine Vorlage zurate.

Zeichnen mit einer einzigen Linie

Bei dieser Zeichenübung wird die Sache tatsächlich in einem Stück durchgezogen. Versuchen Sie nach Möglichkeit, bei jedem Vogel mit nur einer Linie zu arbeiten und den Stift während des gesamten Zeichenprozesses nicht ein einziges Mal abzusetzen. Die Füße sind häufig ein guter Startpunkt, an dem Sie letztendlich den Kreis wieder schließen. Im Fokus steht hierbei zunächst die Konturlinie. Im Nachhinein können Sie natürlich weitere Details wie Augen, eine Mund- bzw. Schnabellinie und einige einzelne Federn ergänzen. Für besonders abwechslungsreiche Werke zeichnen Sie am besten mehrere Vögel auf einer Seite und benutzen jeweils eine andere Farbe. Für einen erhöhten Schwierigkeitsgrad probieren Sie doch einfach, gleich zwei, drei oder noch mehr Vögel mit einer durchgehenden Linie zu zeichnen.

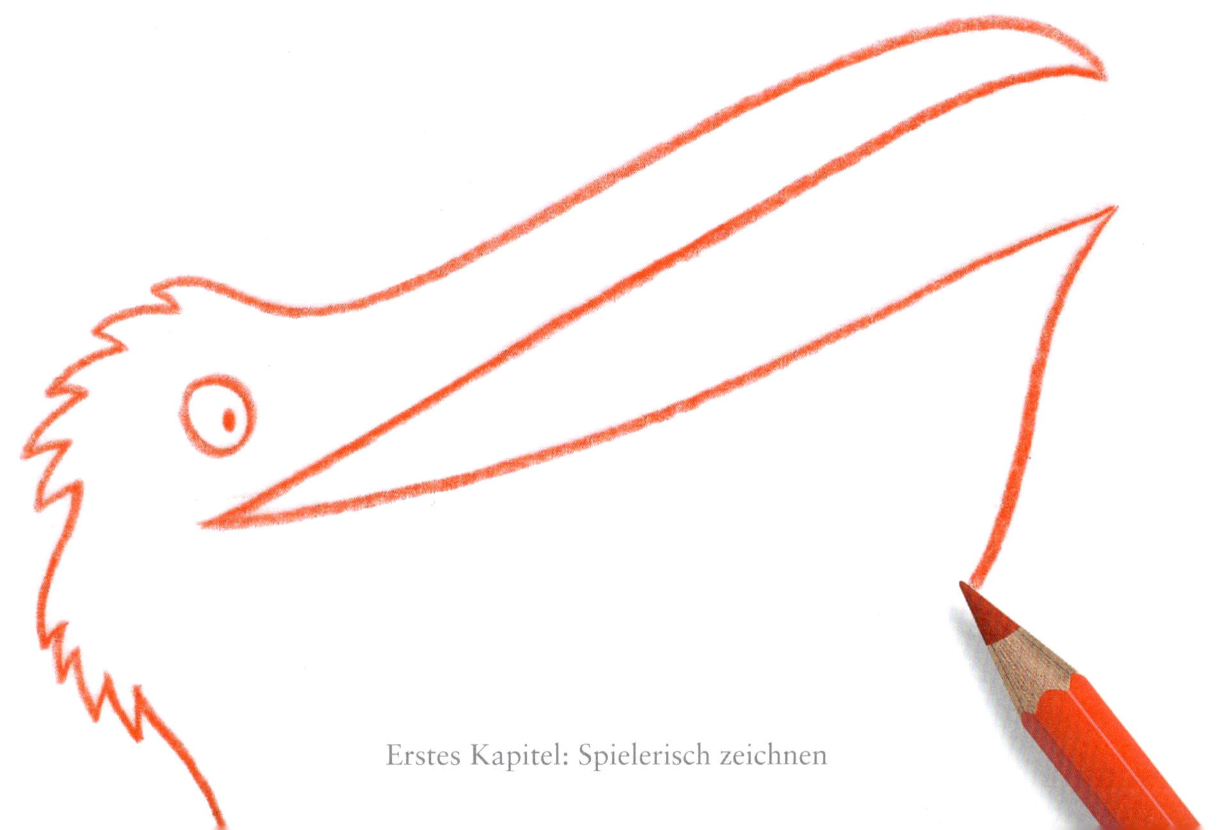

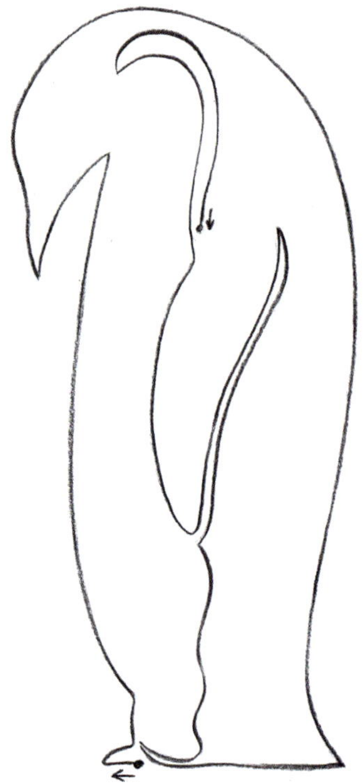

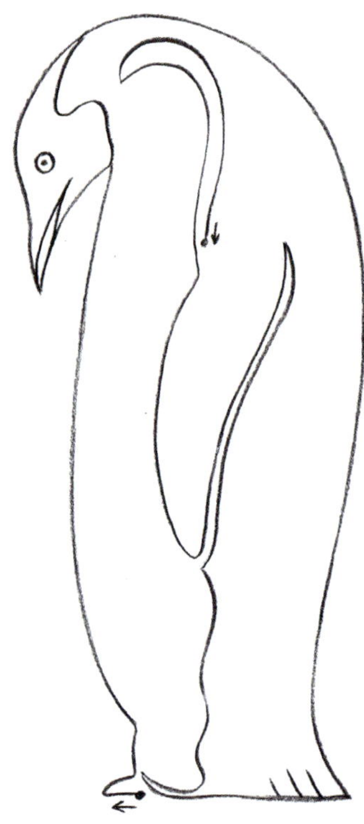

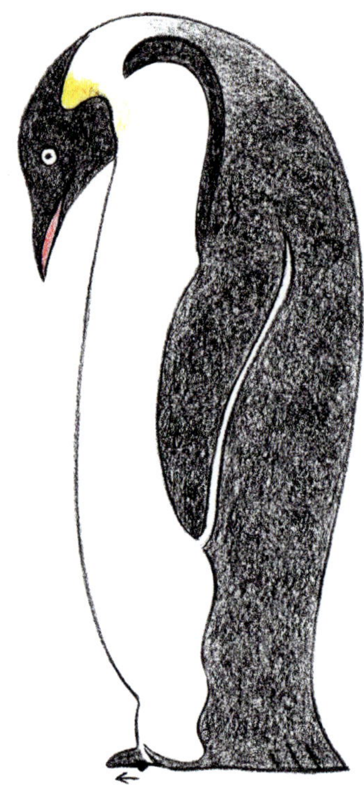

Die Kontur des Pinguins wird mit einer einzigen Linie gezogen. Falls Sie nicht genau wissen, wie der Vogel aussieht, den Sie zeichnen möchten, suchen Sie sich zunächst Referenzmaterial und orientieren sich daran.

Im Folgenden werden wenn nötig Linien ergänzt, die mit einem Strich nicht umsetzbar waren. In diesem Beispiel waren das einige Details am Kopf wie das Auge und einige Linien am Schwanzende.

Zu guter Letzt können Sie die Flächen der Zeichnung farbig gestalten. Für den Pinguin war nur eine kleine Auswahl an Buntstiften nötig. Natürlich können Sie auch eine nicht naturalistische Farbgebung wählen.

Pinguin aus (fast) einer Linie

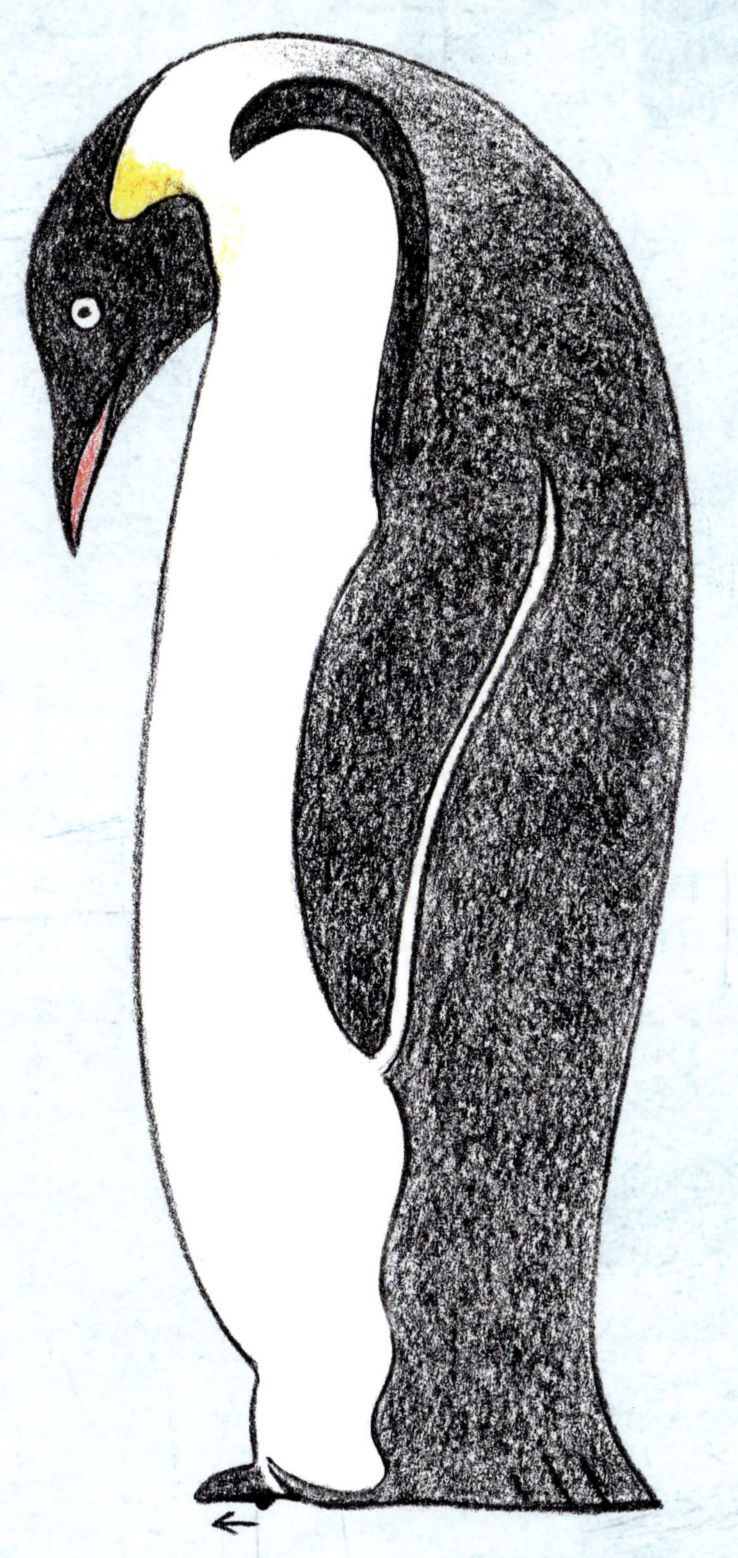

Reduktion auf Silhouetten

Um sich die vielen kleinen Details zu sparen, die einen bestimmten Vogel als eben solchen identifizieren (beispielsweise den farbigen Brustbereich des Rotkehlchens), können Sie sich auf die bloßen Umrisse beschränken. Die Flächen werden im Anschluss schwarz gefüllt. Wenn Sie dabei auf einem farbigen Papier oder Karton arbeiten, können Sie zudem eine geheimnisvolle Sonnenuntergangsstimmung erzeugen. Auf jeden Fall sollte bei dieser Übung ein Anspitzer bereitliegen, der Ihre Stiftspitze immer schön geschärft hält, damit die Konturen einen klaren Abschluss bilden. Achten Sie zudem darauf, die schwarz gezeichneten Bereiche nicht mit der Hand zu verwischen. Ein separates Blatt Papier zum Unterlegen schafft schnell und einfach Abhilfe. Natürlich können Sie das Motiv auch noch mit Pflanzen oder zusätzlichen Dschungeltieren erweitern. Je mehr Kleinigkeiten im Bild versteckt sind, desto besser.

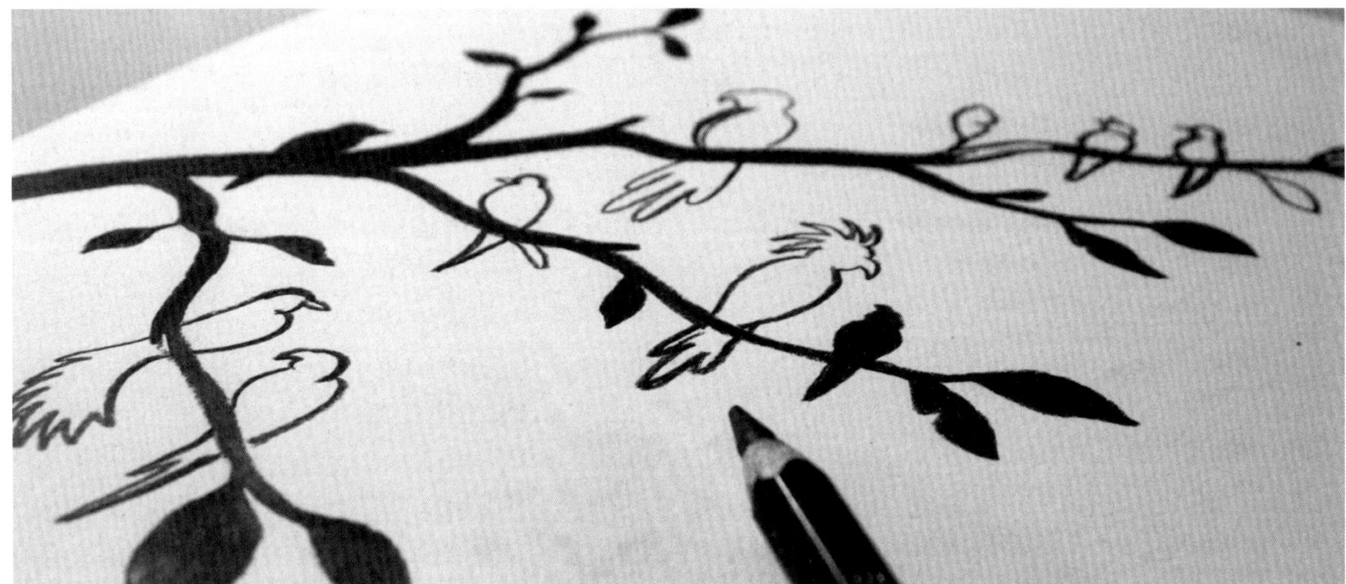

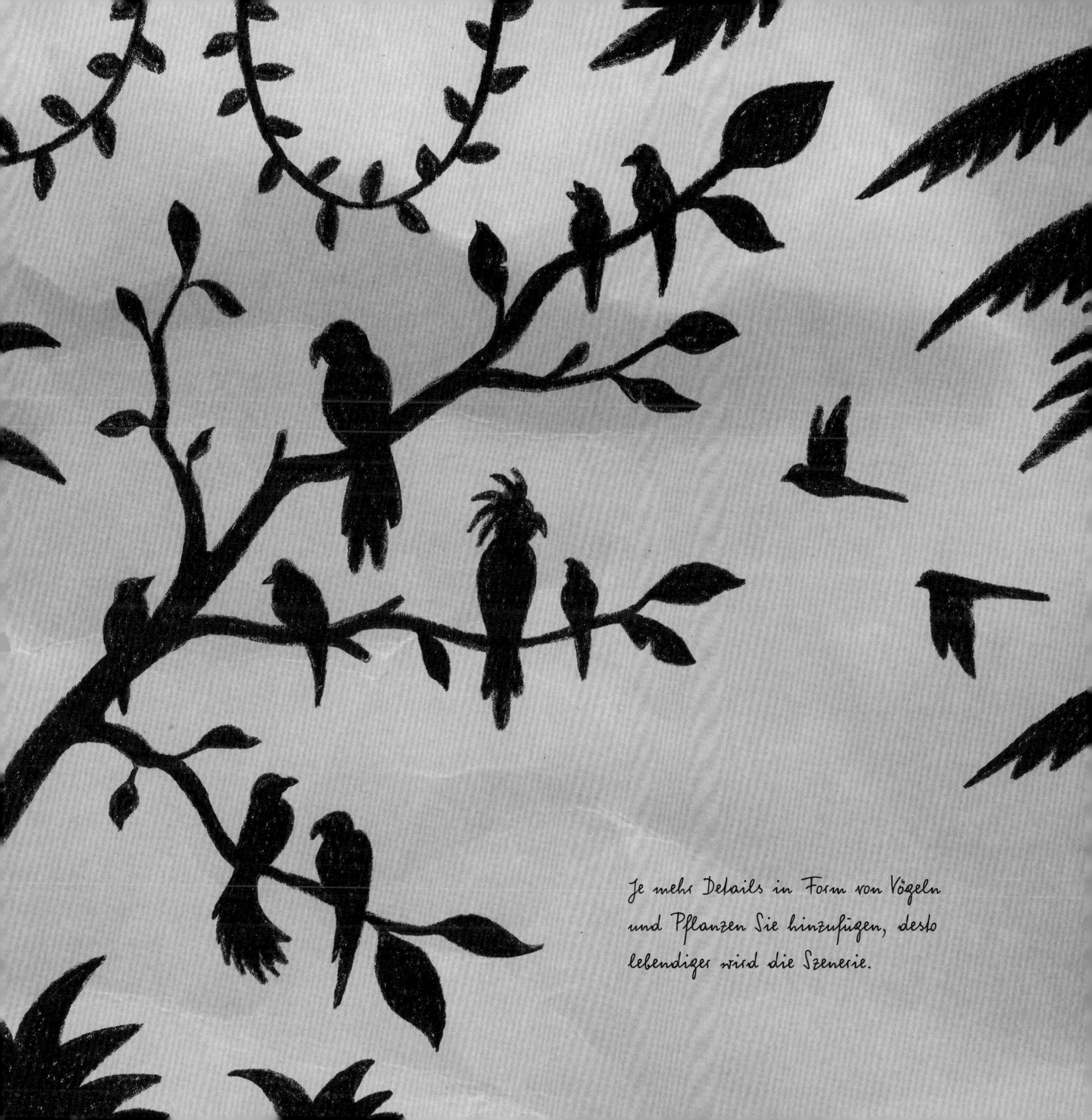

Je mehr Details in Form von Vögeln und Pflanzen Sie hinzufügen, desto lebendiger wird die Szenerie.

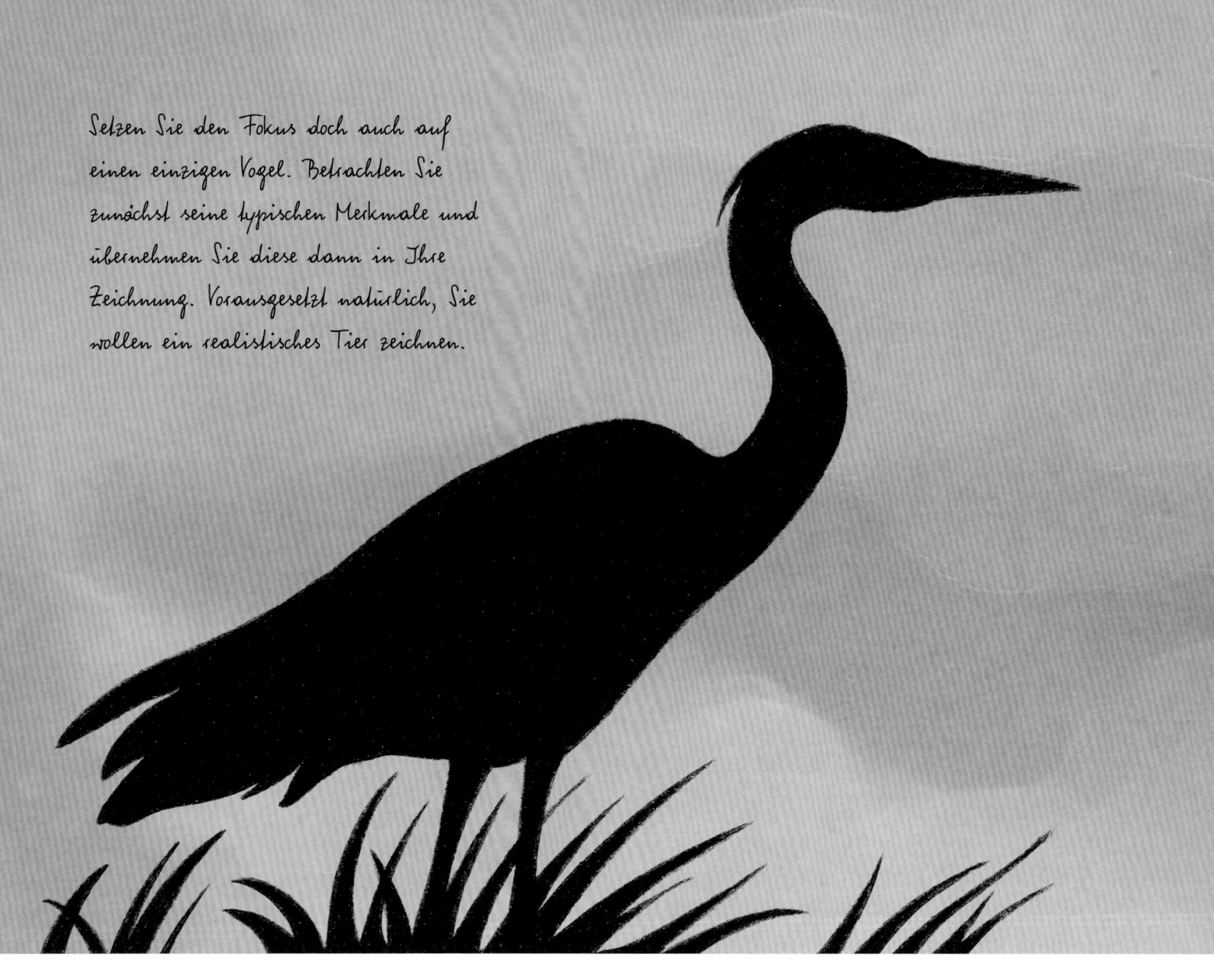

Graureiher-Silhouette

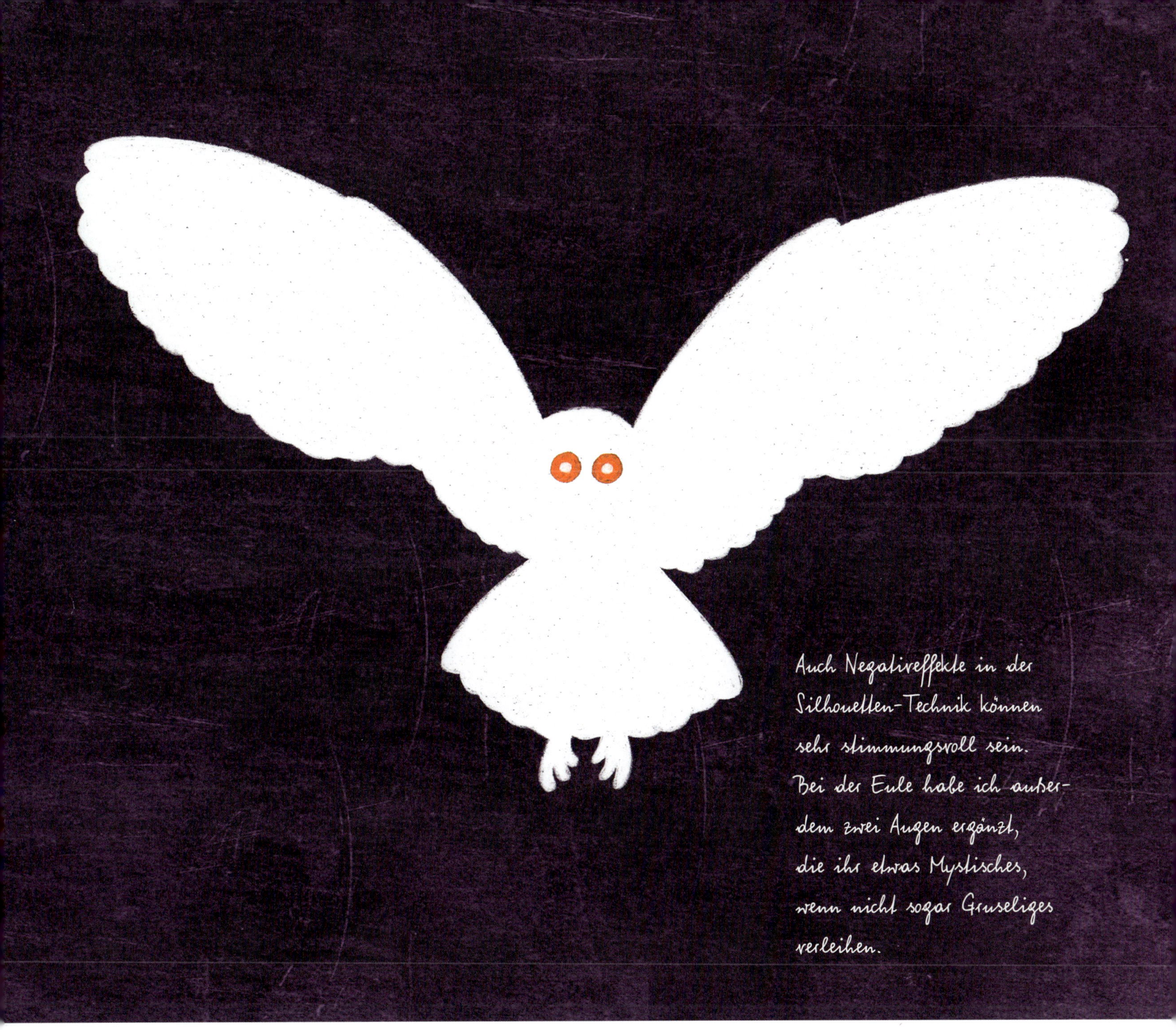

Geister-Eule

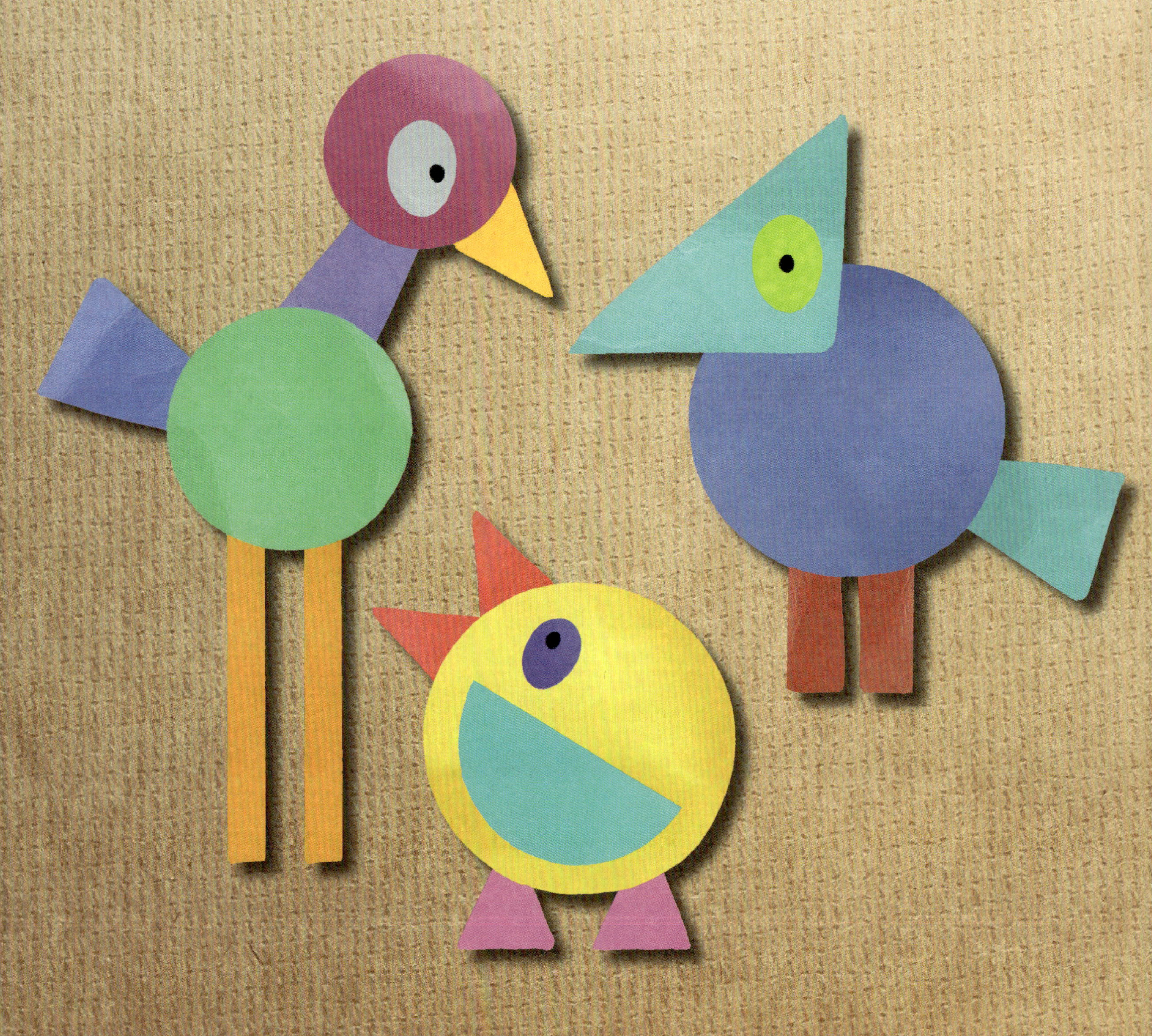

Vögel aus geometrischen Grundflächen

Häufig fehlen die Ideen. Diese Situation kennen nicht nur Anfänger, sondern auch die Profis. Wie schafft man Abhilfe? Eine bewährte Möglichkeit ist die Nutzung des Zufalls.

Mit der hier vorgestellten Technik können Sie Ihrer Kreativität freien Lauf lassen, ohne dabei viel direkte Eigenkonzeption aufzuwenden. Schneiden Sie zunächst verschiedenste einfache Formen zurecht: Kreise, Dreiecke, Quadrate, Balken, Trapeze usw. Variieren Sie die Größe und nach Möglichkeit auch die Farbigkeit der einzelnen Bausteine, indem Sie verschiedene Papiere oder Kartons benutzen. Es empfiehlt sich, ruhig eine große Auswahl zurechtzuschneiden, um im nächsten Schritt umso freier und mit mehr Möglichkeiten vorgehen zu können.

Denn jetzt gilt es, aus den abstrakten Grundflächen etwas konkret Figürliches zu erschaffen, indem Sie die Elemente aneinanderlegen. Entweder setzen Sie sich selbst ein ungefähres Ziel, was dabei entstehen soll, – wie anhand der abgebildeten Beispiele Vögel – oder überlassen Sie es dem Zufall.

Diese Methode eignet sich auch für fortgeschrittene Künstler, die einen neuen Input für die grundsätzliche Ideenfindung setzen wollen. Sobald erst einmal eine Idee geboren ist, kann darauf aufgebaut, getüftelt und modifiziert werden. Das Prinzip ließe sich alternativ auch mit einfachen Bauklötzen oder Klemmbausteinen anwenden. Lassen Sie sich einfach überraschen.

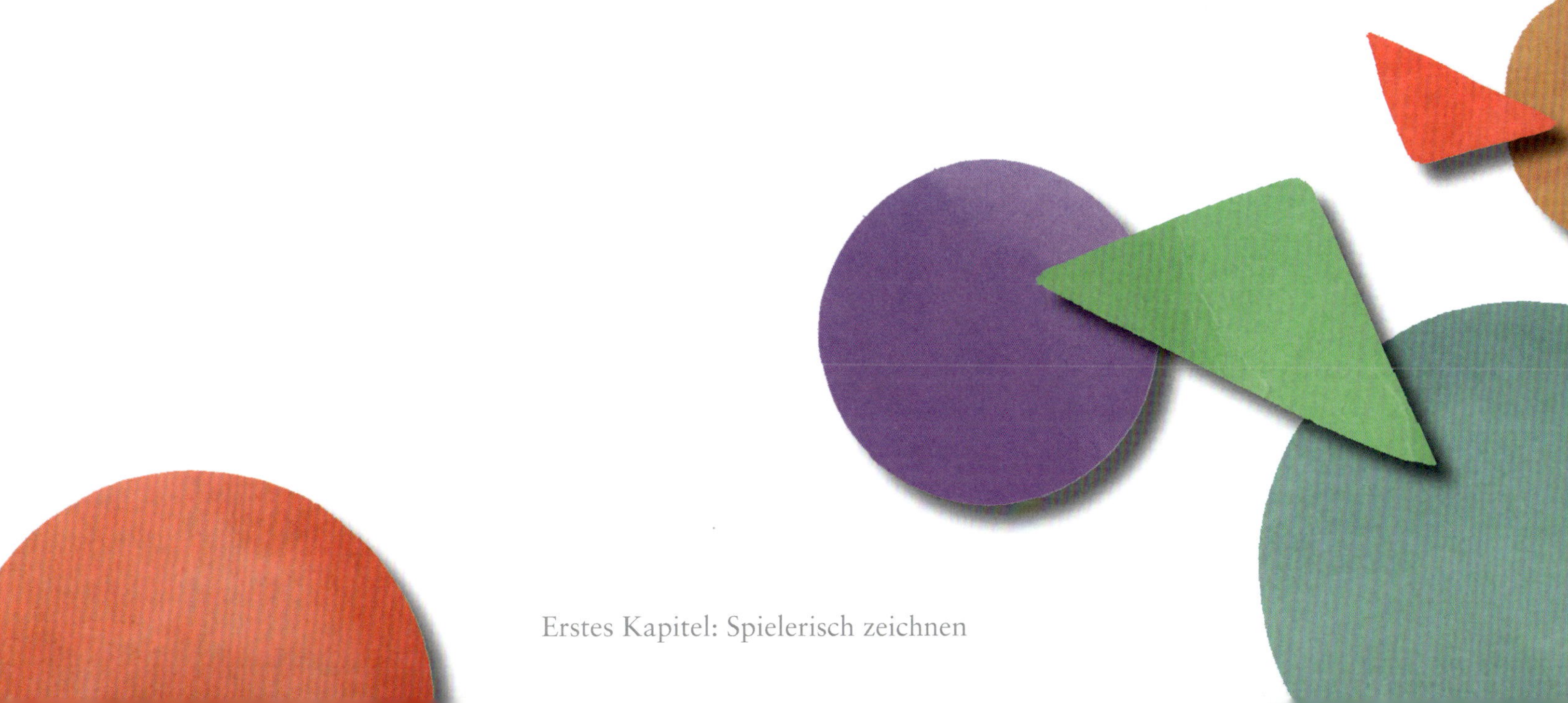

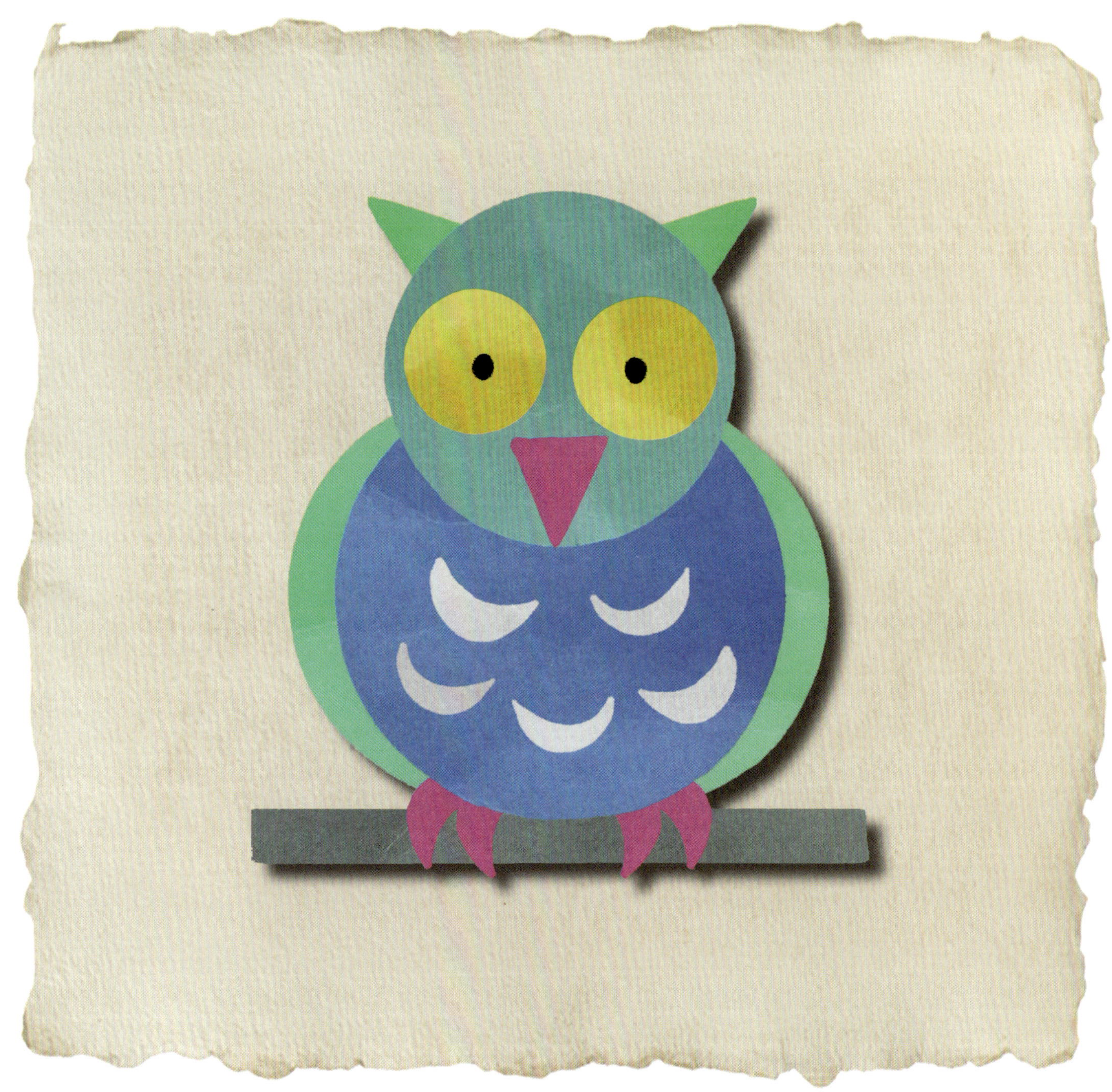

Schnipsel-Eule

Für diesen Hahn habe ich mir zunächst einmal die Farben einiger real existierender Arten angeschaut und mir eine entsprechende Auswahl an Flächen zurechtgeschnitten. Die Eule ist in dieser Hinsicht ein reines Fantasieprodukt.

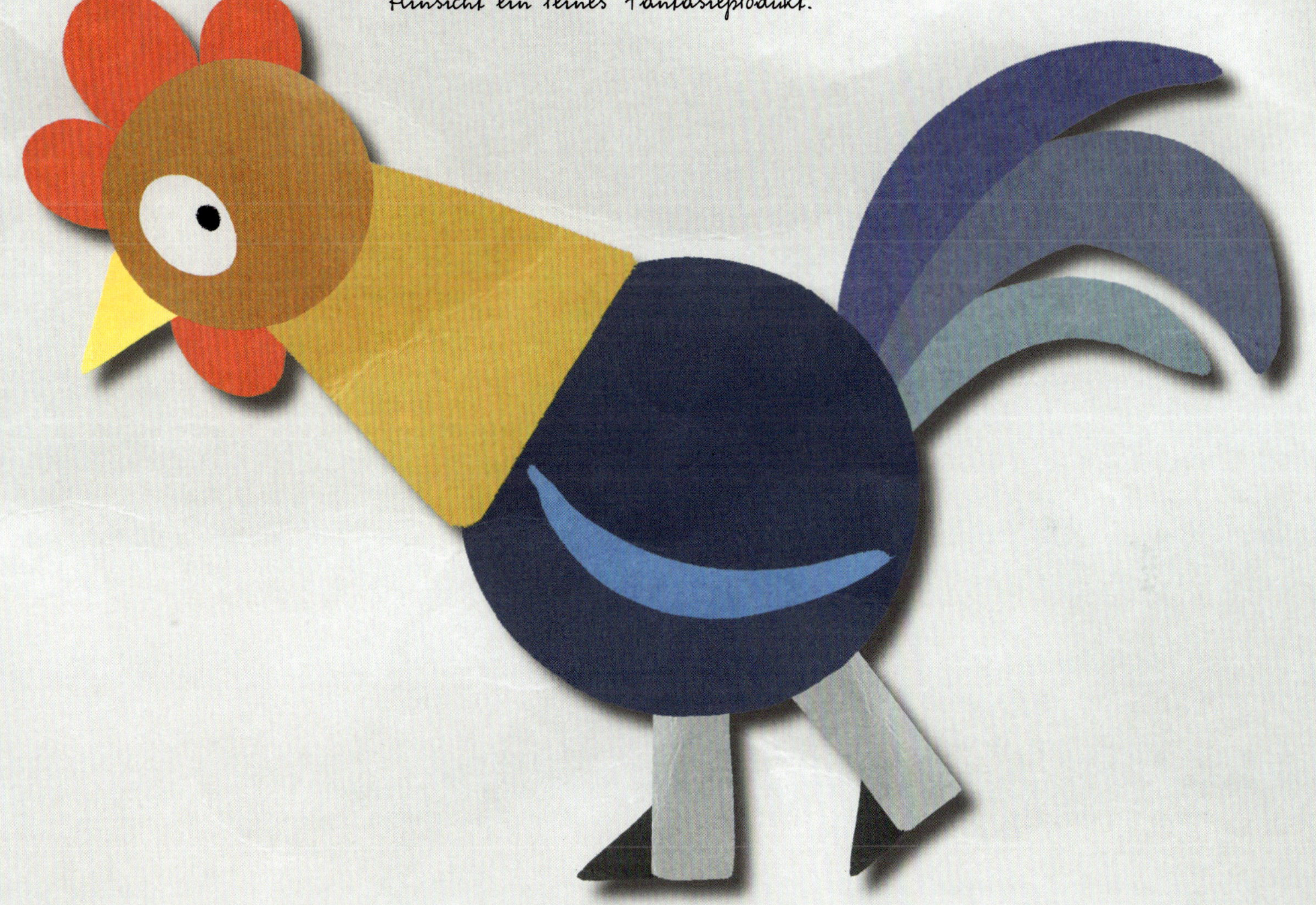

Gockel

Foto-Vögel

Anstelle von farbigen Papieren oder bunten Pappkartons können Sie aus Ihren letzten Urlaubsfotos den Grundkörper eines Vogels herausschneiden. Nutzen Sie dazu eine Schablone. Die Schablone hat den Vorteil, dass Sie die Kontrolle darüber haben, auch einen passenden Bildausschnitt zu erwischen. Das gilt vor allem, wenn die Schablone durchsichtig ist. Bewegen Sie sie einfach über das Foto, bis Sie einen ästhetischen Bereich gefunden haben.

Im nächsten Arbeitsschritt ergänzen Sie noch ein paar Beine, einen Schnabel und ein Auge, um den Vogel auch wirklich zu einem solchen zu machen. Die Augen der Beispiel-Vögel habe ich ebenfalls separat ausgeschnitten und aufgeklebt.

Mit dieser Technik können Sie aus Fotos noch einmal etwas komplett Neues erschaffen, ohne dabei auf die Erinnerung verzichten zu müssen. Sammeln Sie die Fotos beispielsweise über das Jahr hinweg, und basteln Sie am Jahresende einen Kalender daraus mit einem Vogel für jeden Monat. Auf diese Weise erhalten Sie nicht nur ein außergewöhnliches Fotoalbum voller schöner Erinnerungen, sondern direkt auch ein tolles und sehr persönliches Weihnachtsgeschenk für die Familie, Freunde oder für sich selbst.

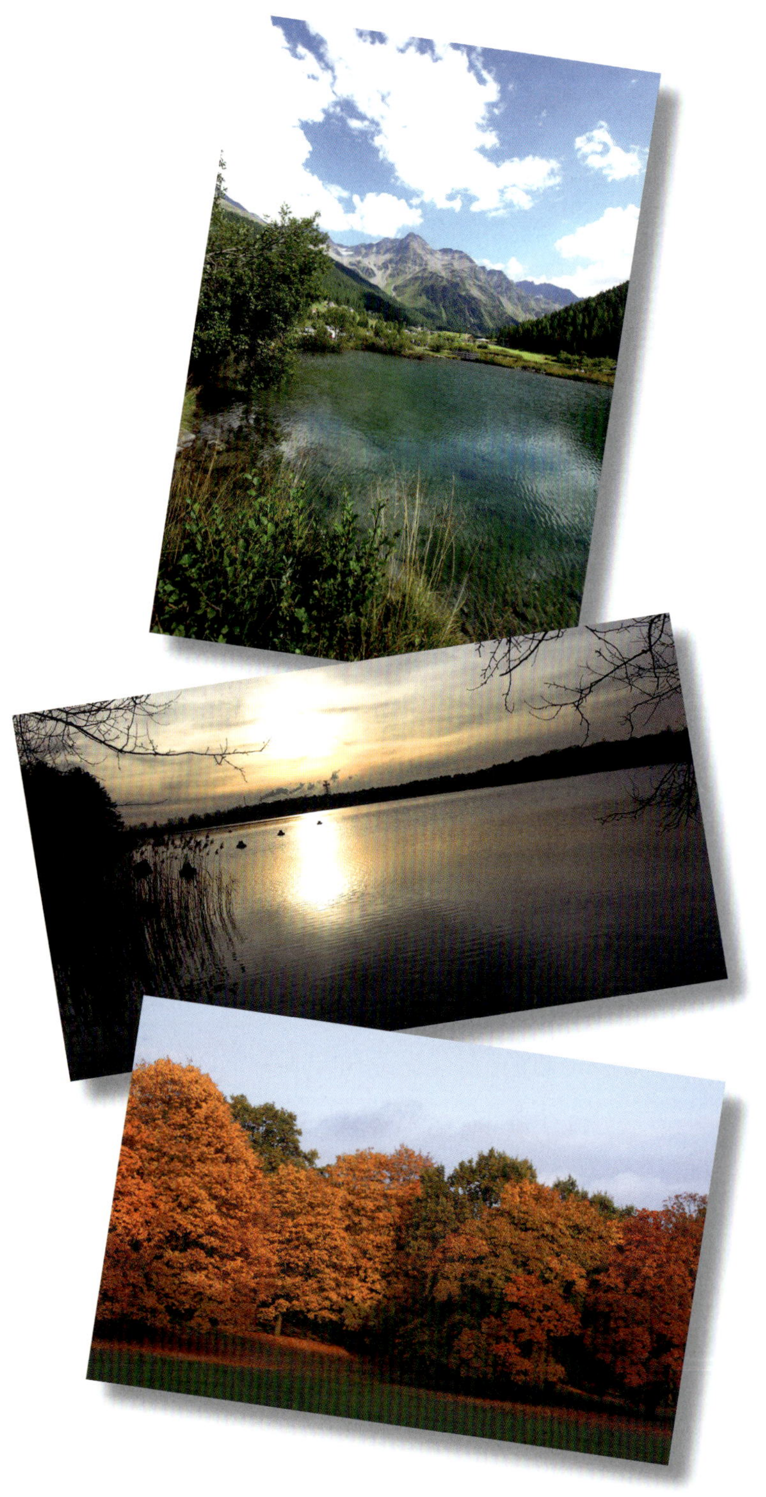

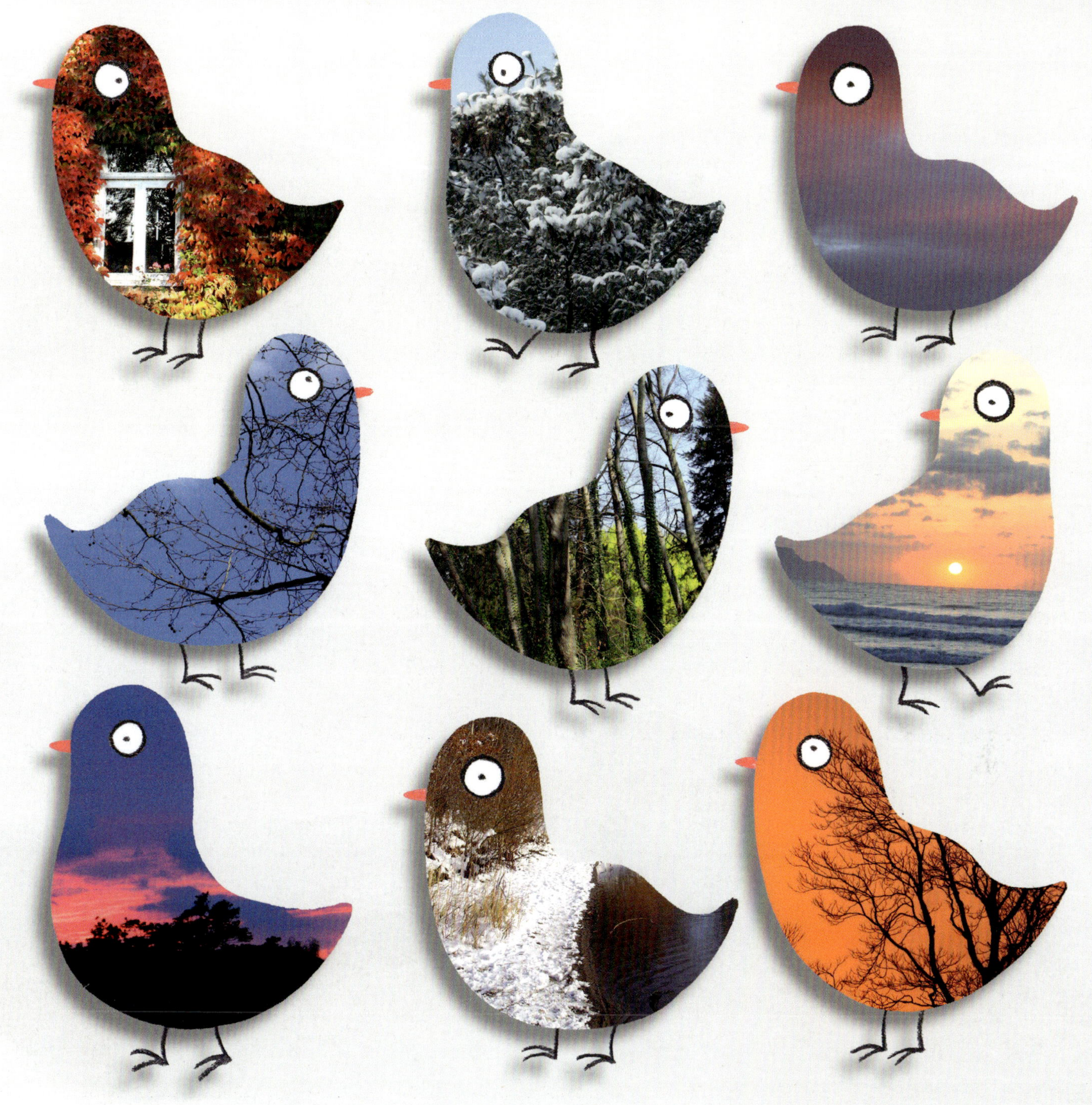

Foto-Tauben

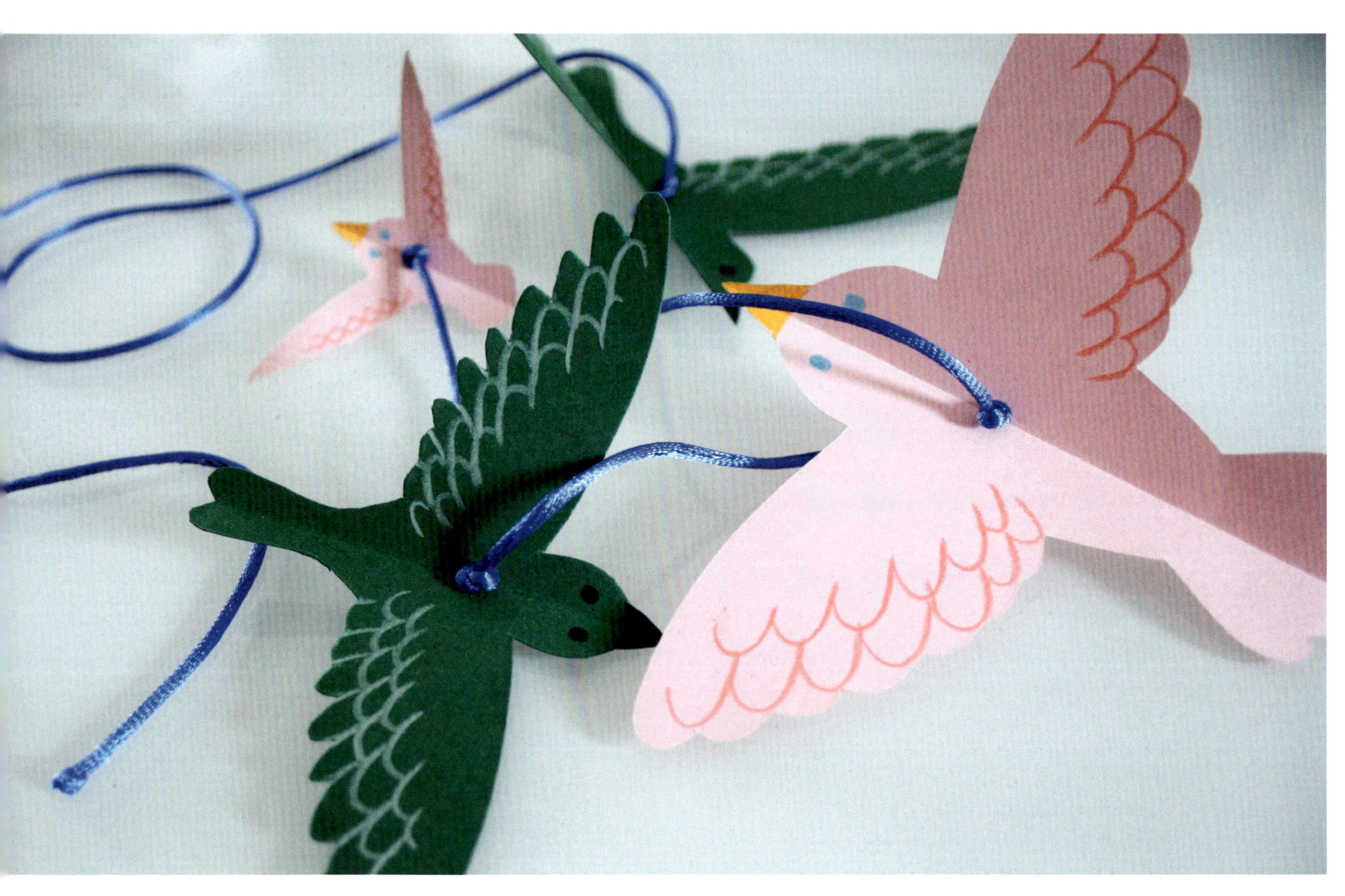

Vogel-Mobile

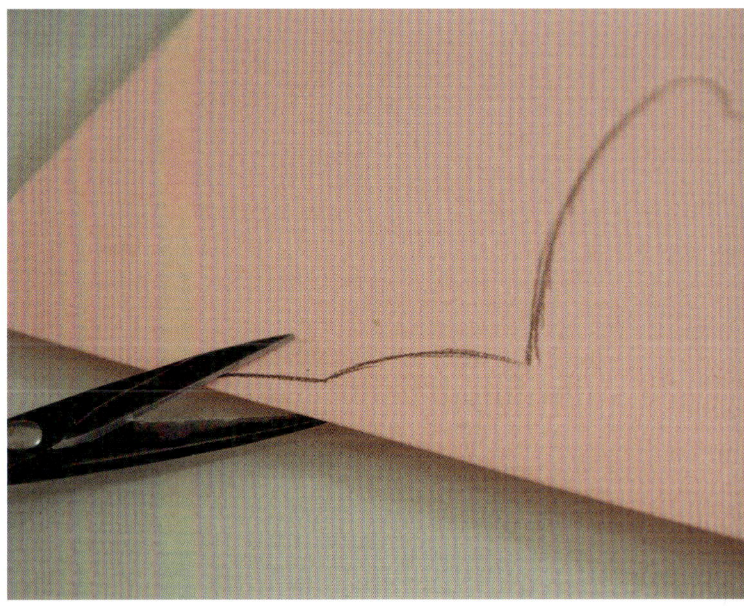

Die perfekte zeichnerische Symmetrie, also beide Körperseiten exakt gleich zu Papier zu bringen, ist eine große Herausforderung. Zum Glück gibt es aber auch ein paar einfache Tricks, um sich diesen Arbeitsschritt zu erleichtern. Falten Sie einen Bogen Papier und skizzieren Sie den Umriss eines halben Vogels an der Falzseite. Schneiden Sie das Motiv anschließend mit einer Schere aus. Nun lässt sich der Bogen aufklappen und Sie erhalten einen komplett symmetrischen Vogel. Einige Details wie Augen, ein farbiger Schnabel und ein paar Federn machen ihn noch lebendiger.

Natürlich können Sie auf diese Weise auch gleich einen ganzen Vogelschwarm herstellen. Durch die Wahl von verschiedenen Papieren in unterschiedlichen Farben wird das Ergebnis umso farbenfroher.

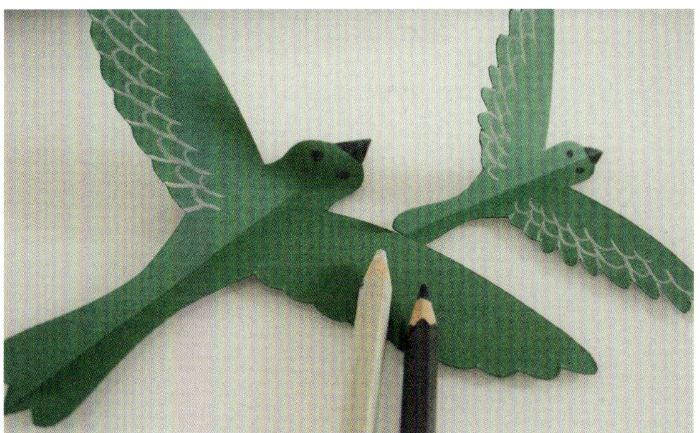

Zudem besteht die Möglichkeit, aus allen Vögeln ein tolles Mobile zu gestalten. Schneiden Sie dafür ein kleines Loch in jedes einzelne Exemplar. Dann ziehen Sie die Vögel der Reihe nach auf eine Schnur. Durch Knoten werden sie in der gewünschten Position fixiert. Selbstverständlich sind auch komplexere Varianten denkbar, etwa über ein hölzernes Kreuzgestell, an dessen Enden insgesamt gleich vier oder mehr Schnüre angebracht werden können. Auch die Schnurlänge richtet sich ganz nach Ihren individuellen Vorstellungen.

Vögel mit echten Federn

Ein einfacher Trick, um einem Vogel ein unverkennbares Merkmal zu verleihen, besteht darin, eben jenes Merkmal direkt im Werk zu verwenden, z.B. eine Feder. Sie können daraus schnell und effektvoll einen Flügel oder einen Schwanz herstellen, indem Sie die Feder an der gewünschten Stelle der Zeichnung mit ein paar Tropfen Klebstoff fixieren. Verändern Sie bei jedem einzelnen Vogel ein wenig die Körperform und den Winkel, in dem die Feder angebracht wird. Auf diese Weise entstehen mehr Variation und der Eindruck von Lebendigkeit in der Gruppe der Tiere.

Sie können aber nicht nur Federn, sondern auch viele andere Materialien verwenden. Auch mit Blättern, Blüten oder Gräsern können Sie Ihre Zeichnung erweitern. Ein kurzer Spaziergang im Wald oder entlang der Felder beschert Ihnen unter Garantie eine Vielzahl interessanter Gegenstände. Es gilt also, die Augen offen zu halten und experimentierfreudig zu sein.

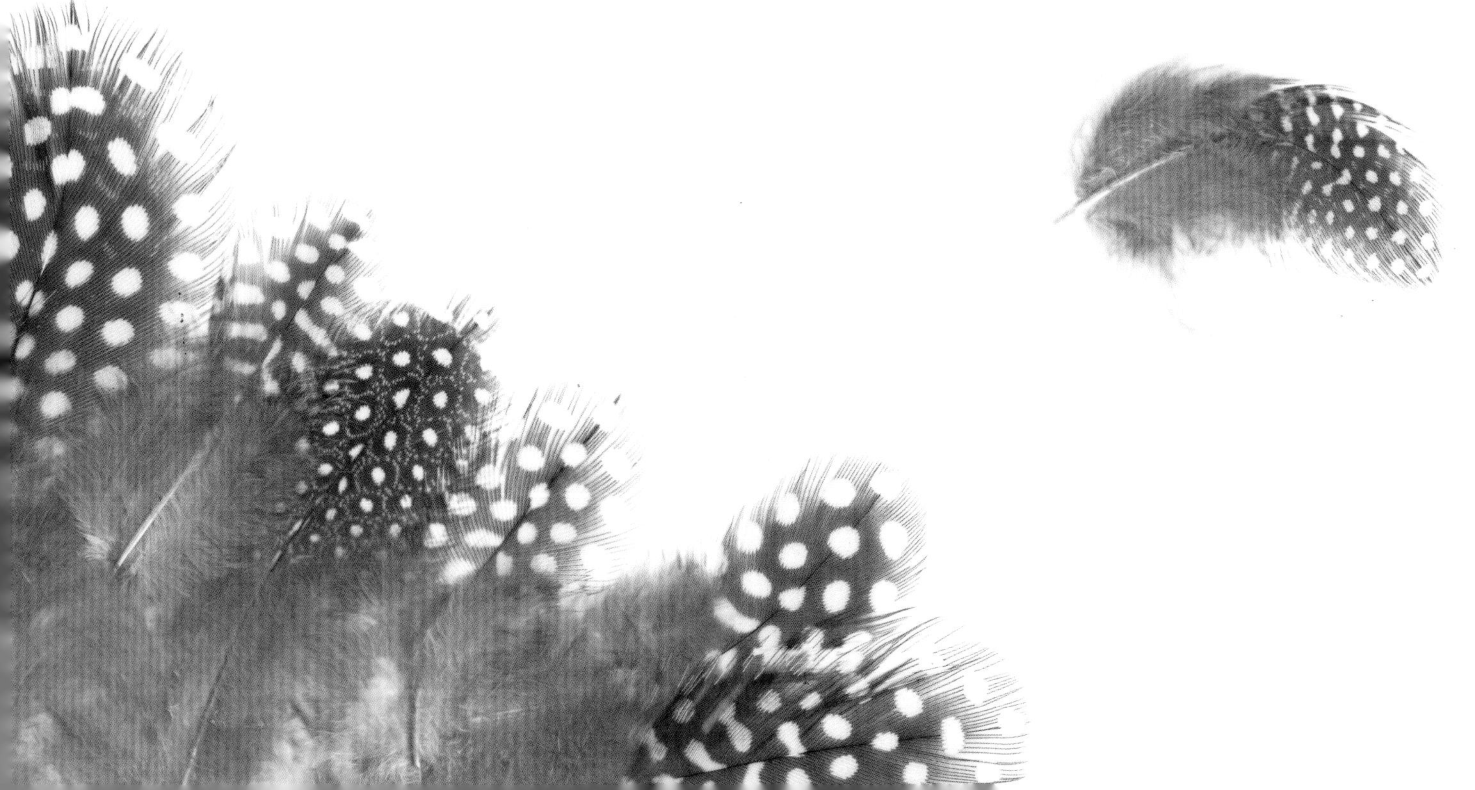

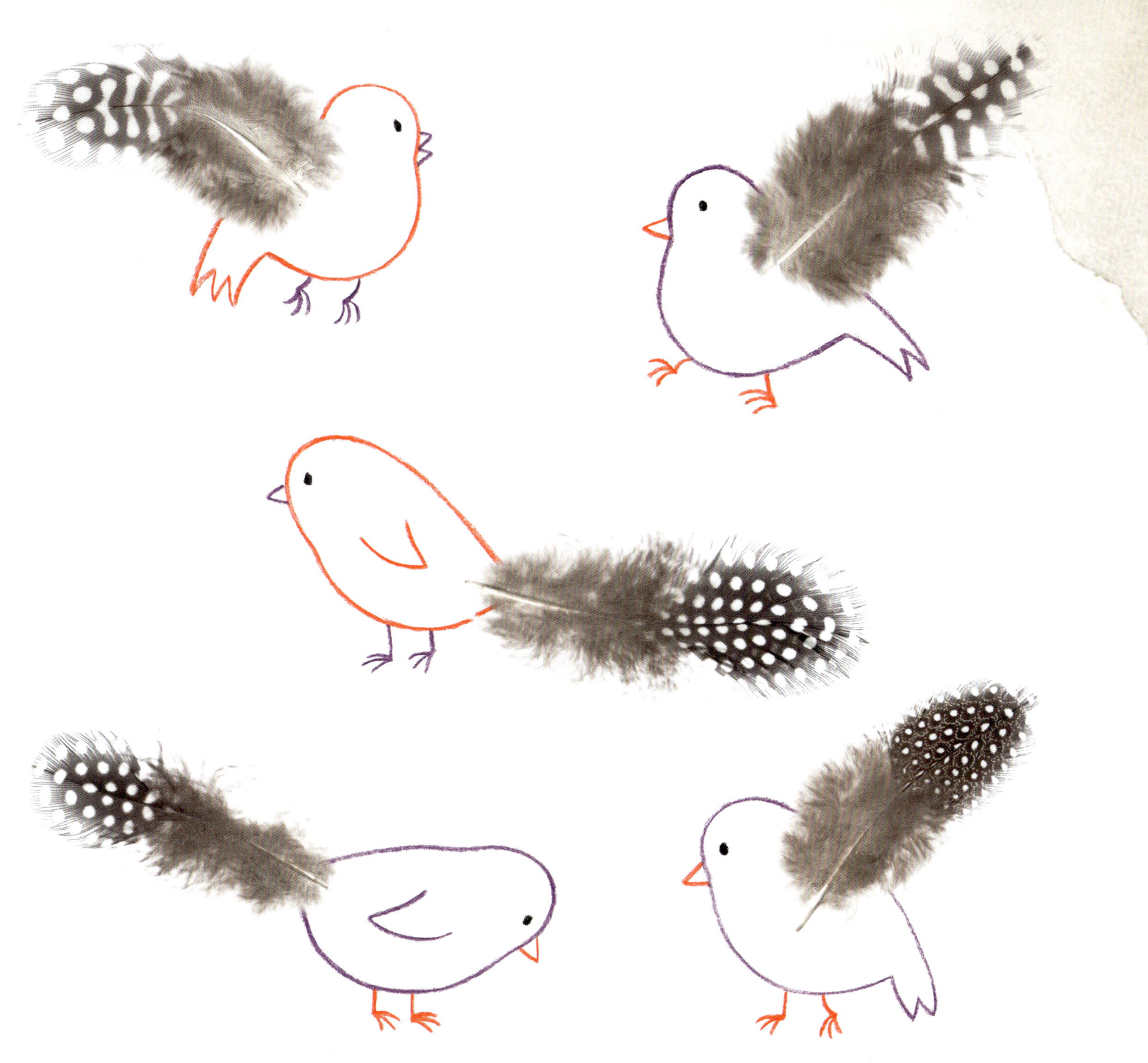

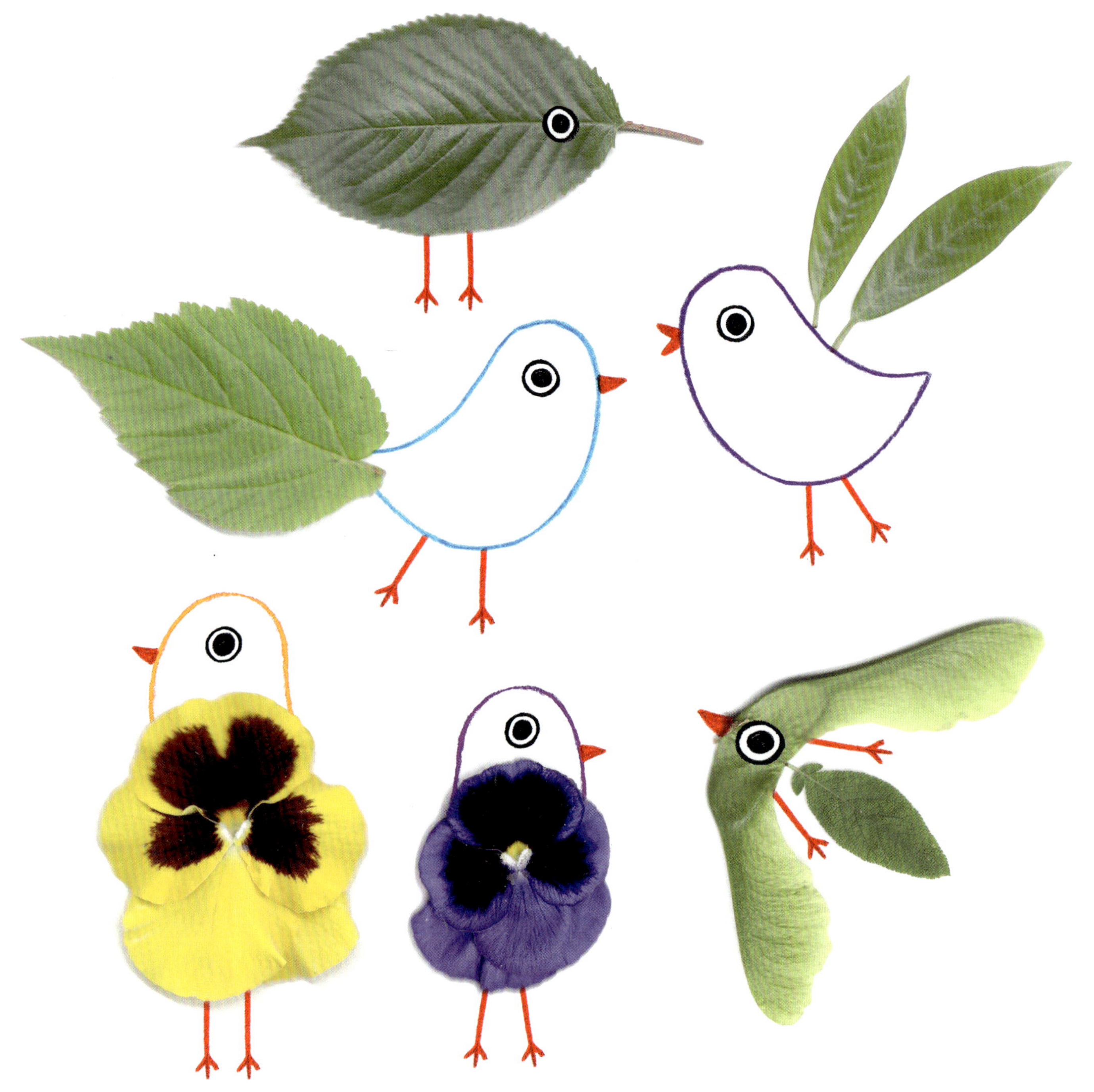

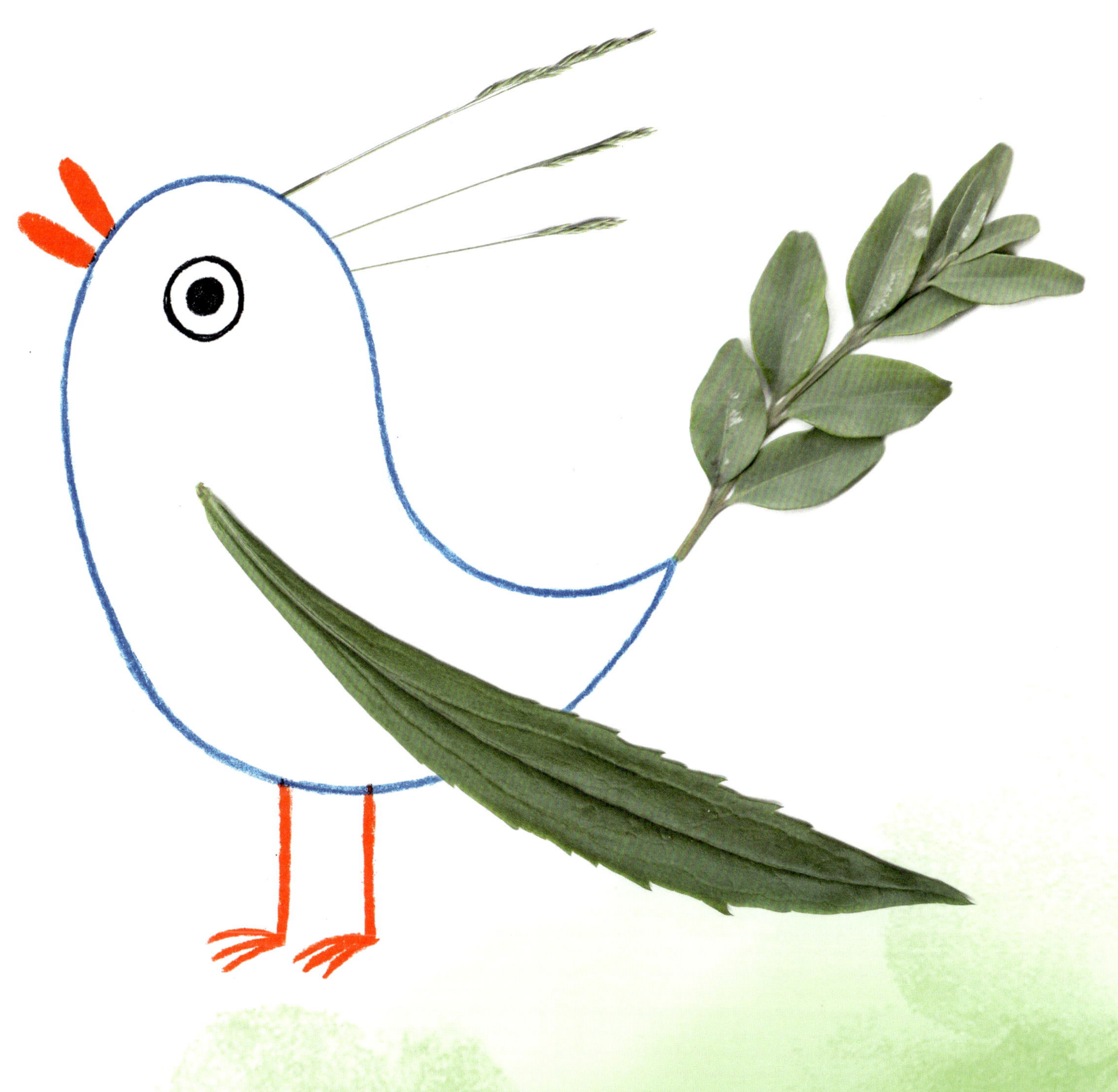

Farbklecks-Vögel

Manchmal müssen Sie nicht unbedingt einen ausgetüftelten Plan verfolgen, um tolle Zeichnungen zu erschaffen. Der Zufall ist eine bedeutende Größe, der Sie einen wesentlichen Stellenwert einräumen sollten.

Tragen Sie mit dem Pinsel einfach willkürlich Farbflecken auf das Papier auf. Hierfür eignen sich vor allem stark verdünnte Aquarellfarben. Sie können auch einen Strohhalm zu Hilfe nehmen, um die Farbe durch Pusten weiter auf dem Papier zu verteilen und dadurch dünne Tropfenstrukturen zu kreieren.

Wenn Sie einige Salzkrümel auf die noch nasse Farbe geben, entstehen spannende Strukturen. Das Salz nimmt das Wasser mit der gelösten Farbe auf, wodurch an dieser Stelle ein kleiner heller Punkt entsteht. Seien Sie experimentierfreudig!

Nach diesem Arbeitsschritt heißt es vorerst, die Farben gut durchtrocknen zu lassen.

Betrachten Sie nun die einzelnen Farbflecken, drehen Sie sie hin und her und versuchen Sie, eine bestimmte Form oder Figur darin zu erkennen. Sobald dies geschehen ist, machen Sie sie sichtbar, indem Sie beispielsweise ein paar Details mit einem Stift ergänzen. Bei den folgenden Exemplaren genügte es bereits, ein Auge und Beinchen hinzuzufügen. Auch einige zusätzliche Federn, Strukturen oder von Hand gezeichnete Schattierungen sind denkbar.

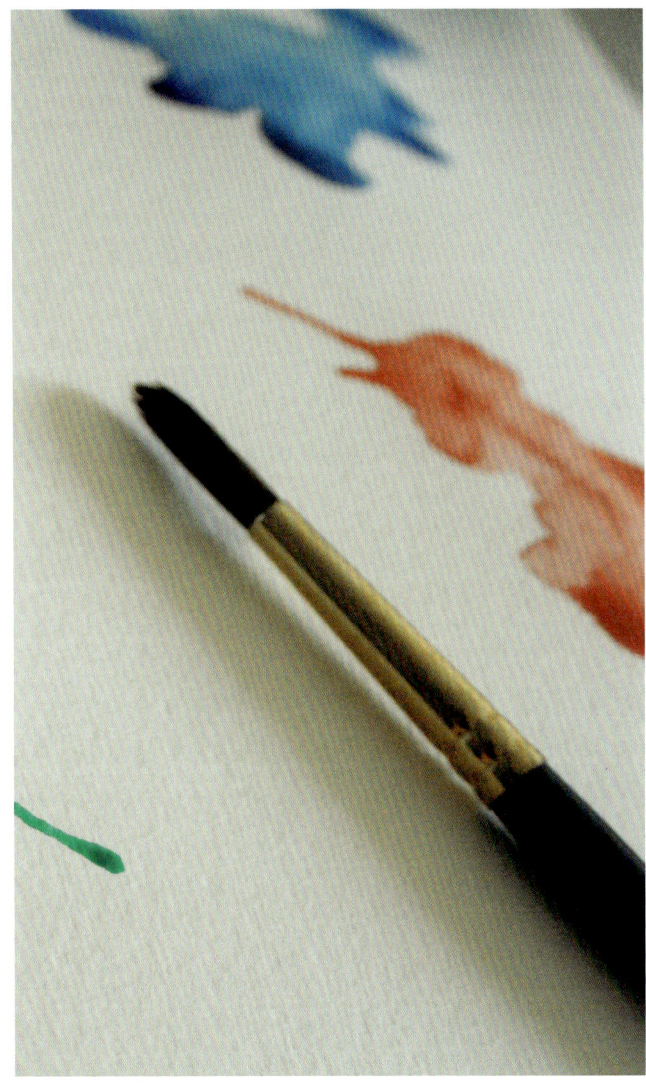

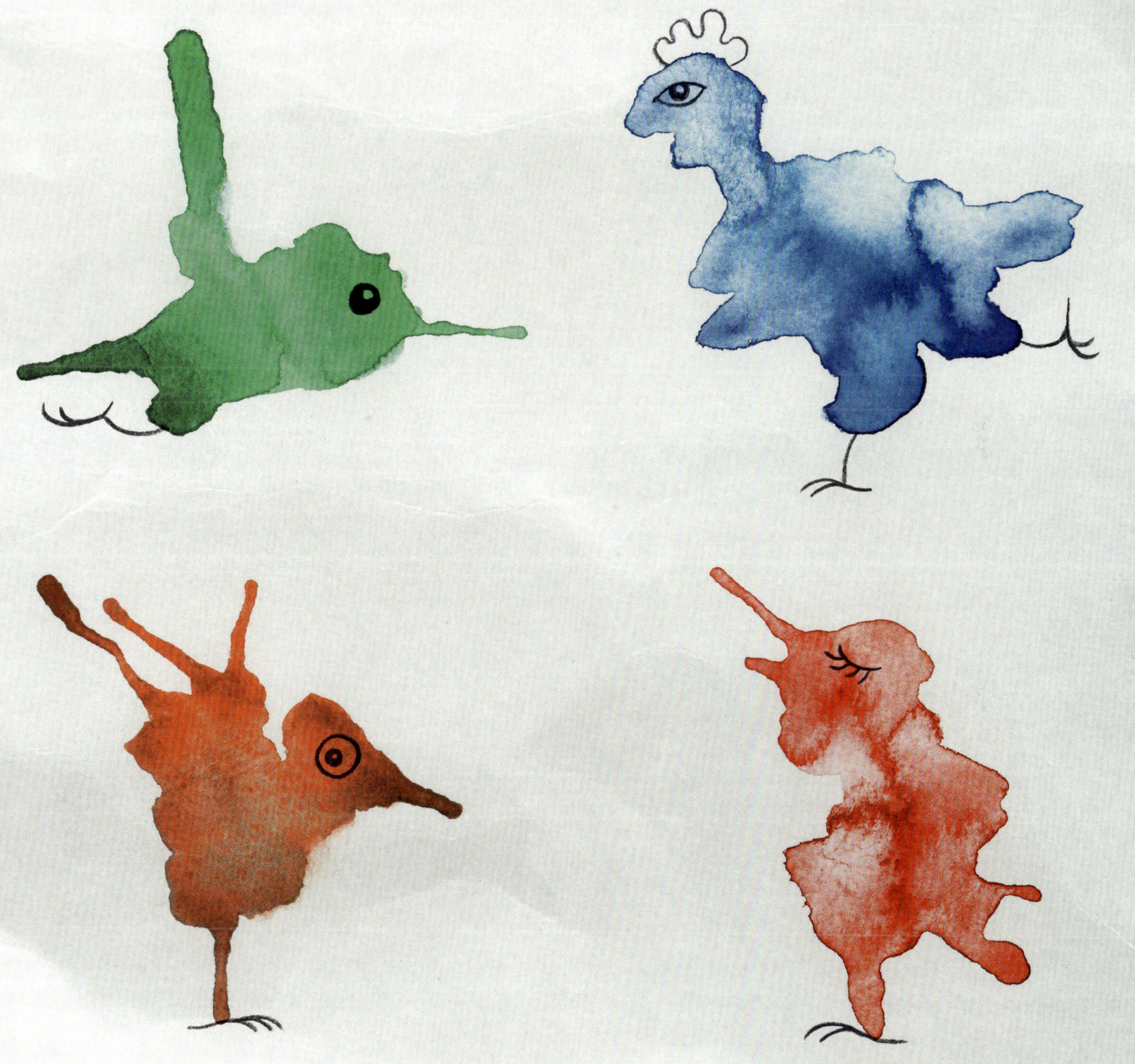

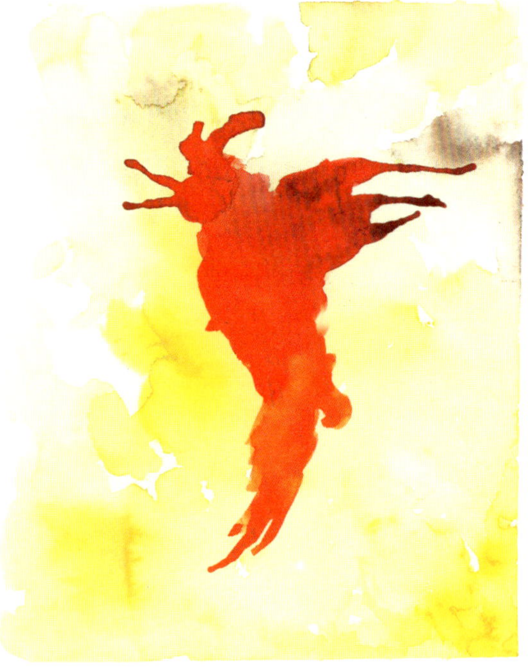

Um dem Werk noch mehr Stimmung und Komplexität zu verleihen, beginnen Sie mit einem Hintergrund. Auch dieser kann aus reinen, abstrakten Farbflächen bestehen, die sich durch Zufall ergeben. Die Verwendung von Aquarellpapier ist bei dieser Technik zu empfehlen. Dieses Papier können Sie vor dem Farbauftrag mit klarem Wasser bepinseln, wodurch sich die Saugfähigkeit erhöht und die Farben sich direkt flächiger auf dem Papier verteilen.

Bevor Sie weitere Elemente umsetzen, sollte der Hintergrund zunächst komplett durchtrocknen, was besonders bei der Verwendung von viel Wasser der Fall ist. Andernfalls können eventuell ungewollte Mischfarben entstehen oder die Farben ineinander verschwimmen.

Genau wie bei den vorangegangenen Bildbeispielen habe ich zunächst einen Farbfleck aufgetragen und durch Pusten einige Verläufe erzeugt.

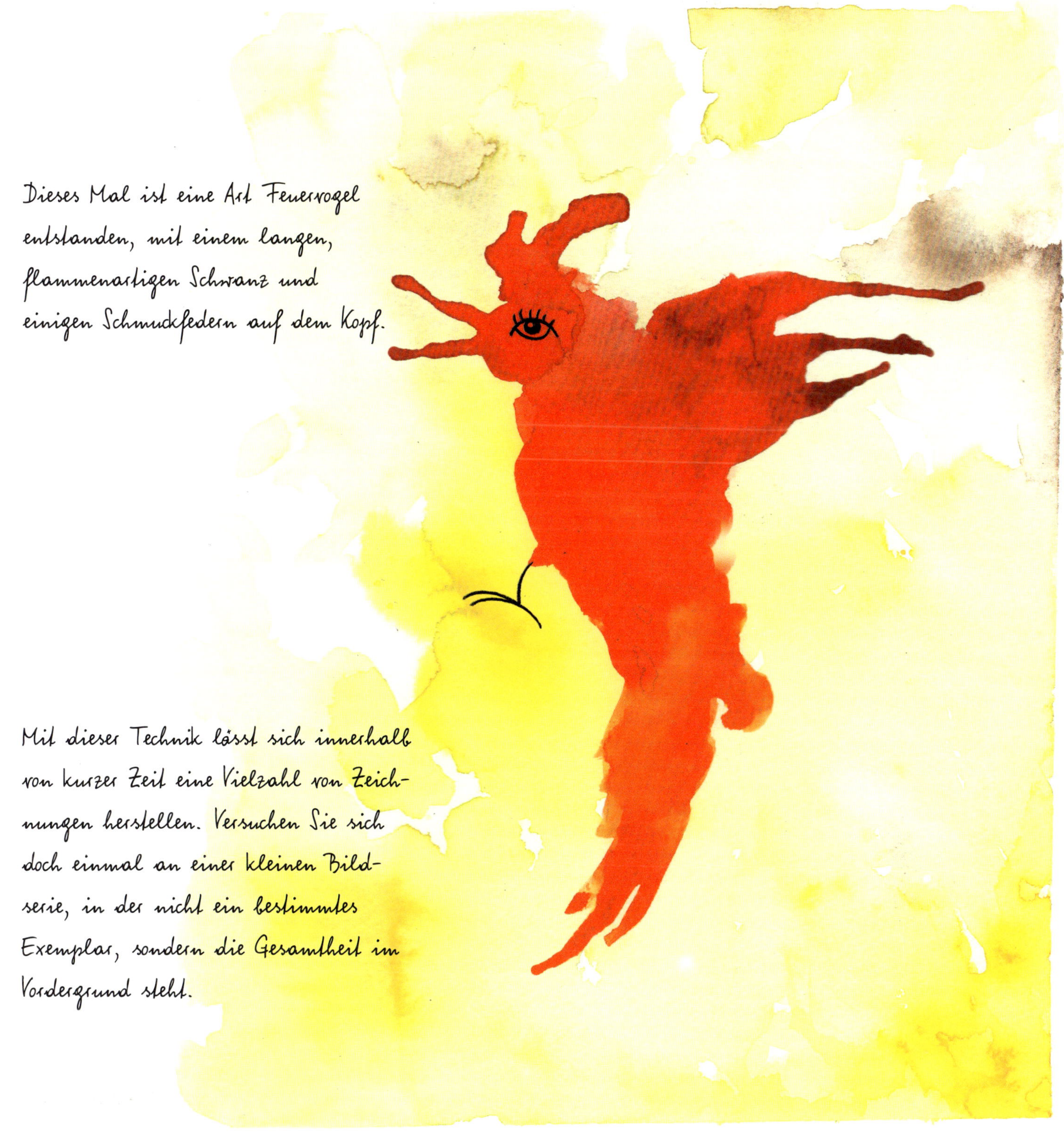

Dieses Mal ist eine Art Feuervogel entstanden, mit einem langen, flammenartigen Schwanz und einigen Schmuckfedern auf dem Kopf.

Mit dieser Technik lässt sich innerhalb von kurzer Zeit eine Vielzahl von Zeichnungen herstellen. Versuchen Sie sich doch einmal an einer kleinen Bildserie, in der nicht ein bestimmtes Exemplar, sondern die Gesamtheit im Vordergrund steht.

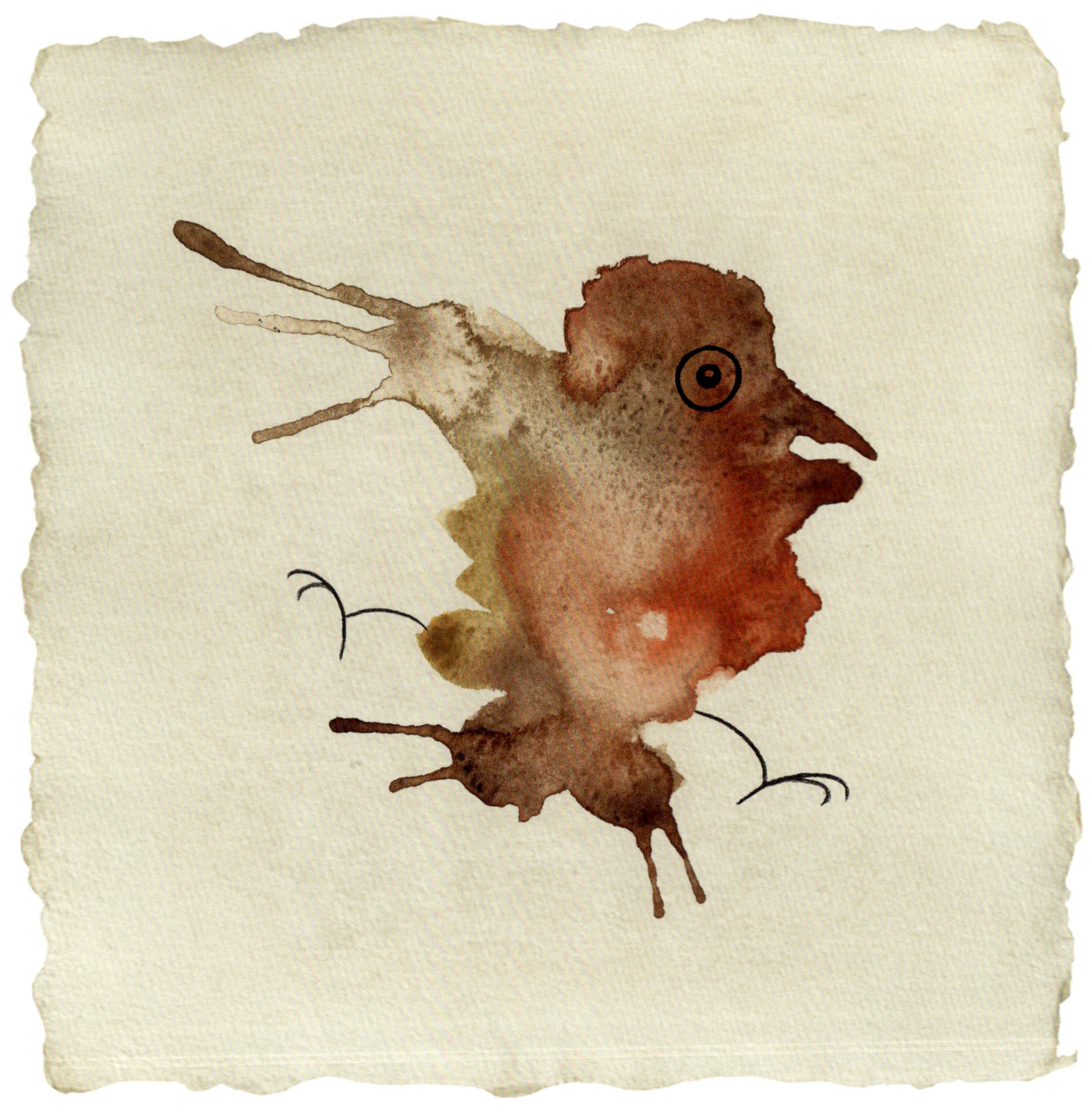

Rotkehlchen

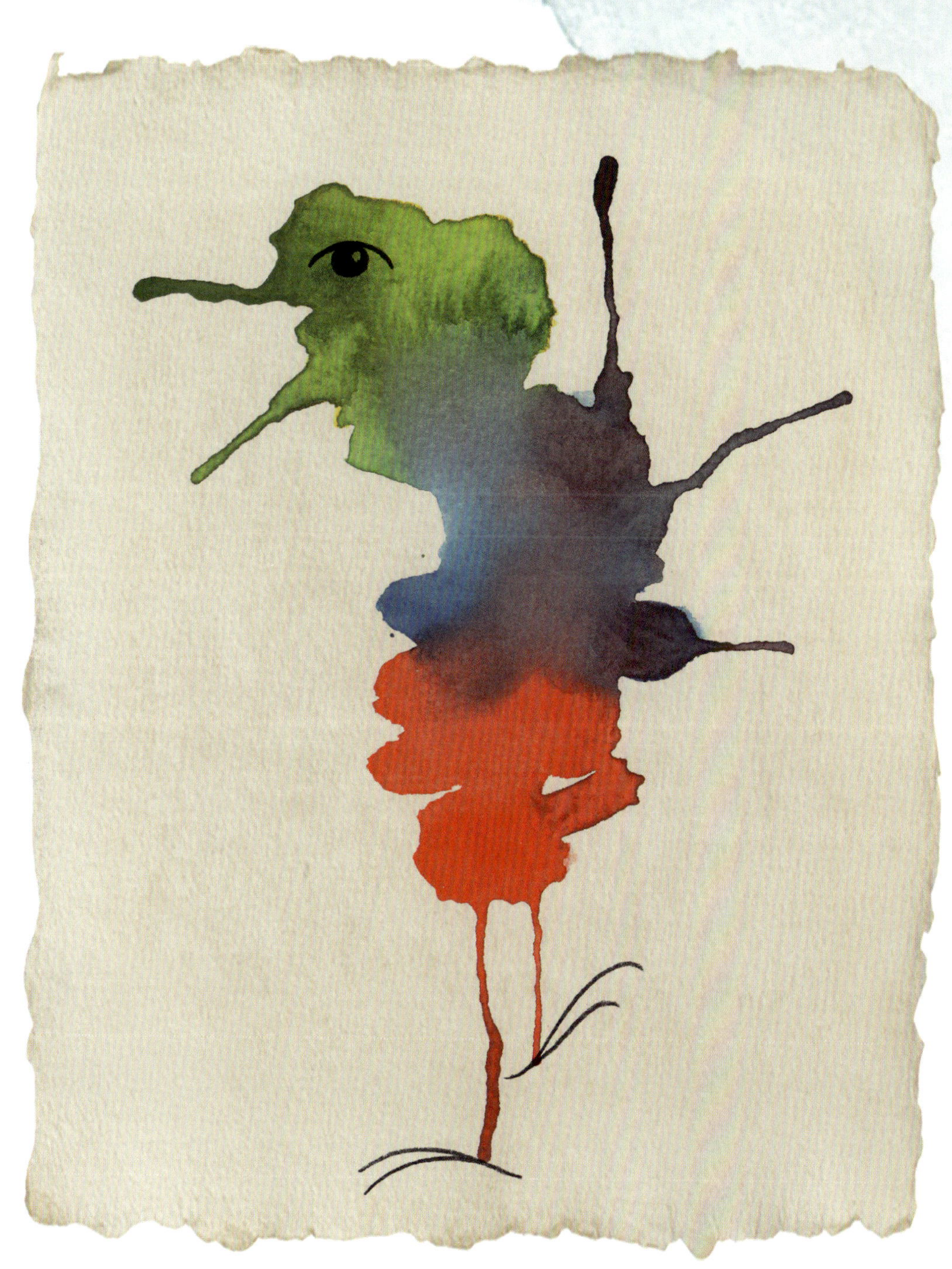

Bunter Paradiesvogel

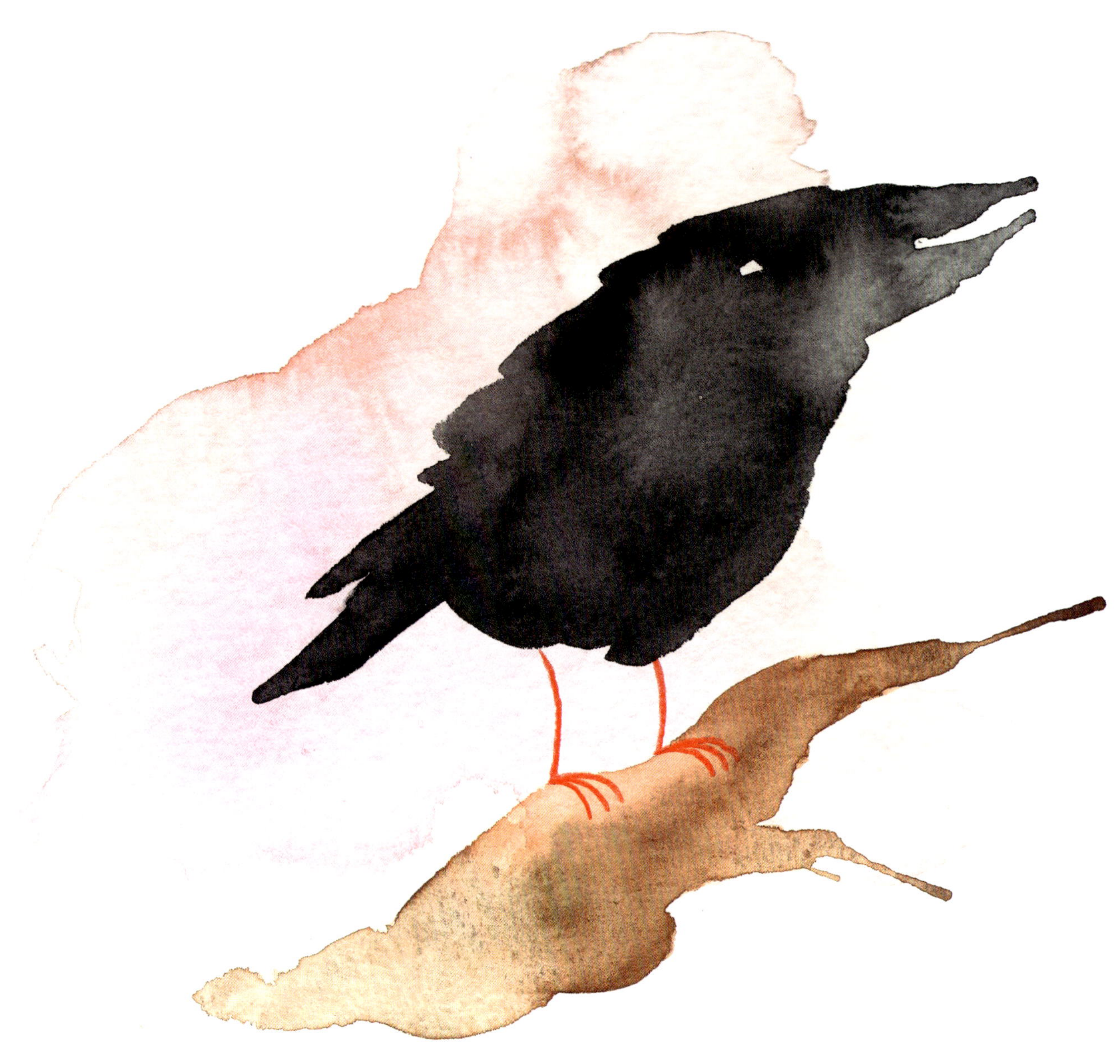

Rabe

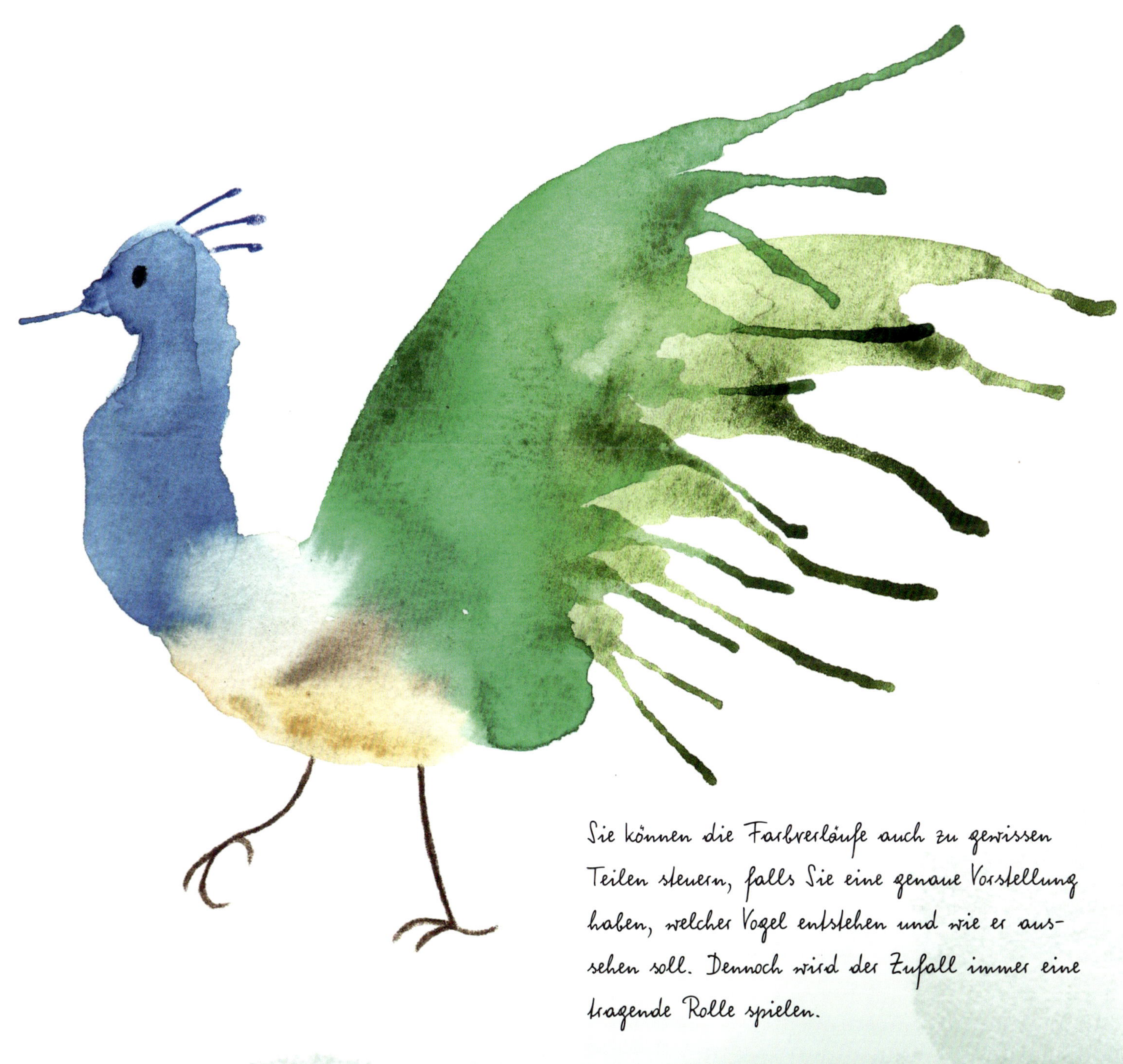

Sie können die Farbverläufe auch zu gewissen Teilen steuern, falls Sie eine genaue Vorstellung haben, welcher Vogel entstehen und wie er aussehen soll. Dennoch wird der Zufall immer eine tragende Rolle spielen.

Pfau

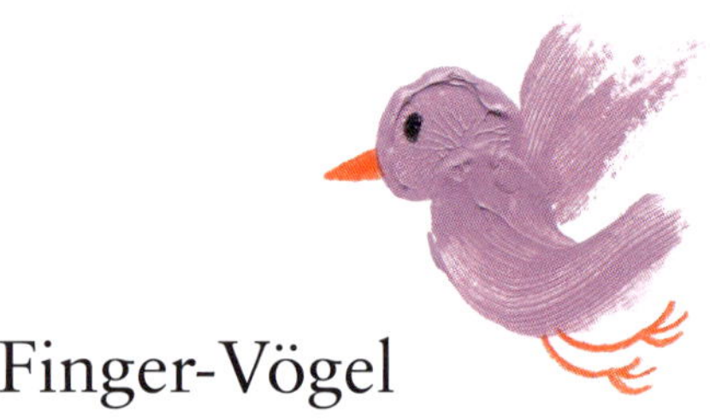

Finger-Vögel

Den Grundkörper für einen kleinen Vogel können Sie ganz einfach durch einen Fingerabdruck zu Papier bringen. Nutzen Sie dafür Acryl- oder andere Flüssigfarben. Je nachdem, welchen Finger Sie benutzen, entstehen unterschiedlich korpulente Tiere. Der Daumen legt beispielsweise die Basis für einen besonders fülligen Piepmatz. Auch die Anzahl der Abdrücke, aus denen sich die Vögel zusammensetzen, lässt sich variieren. So entsteht eine deutliche Trennung zwischen Körper und Kopf. Durch Verwischen können Sie zudem lange Hälse oder auch Flügel kreieren. Schnabel, Beine und Augen lassen sich hervorragend mit Buntstiften ergänzen.

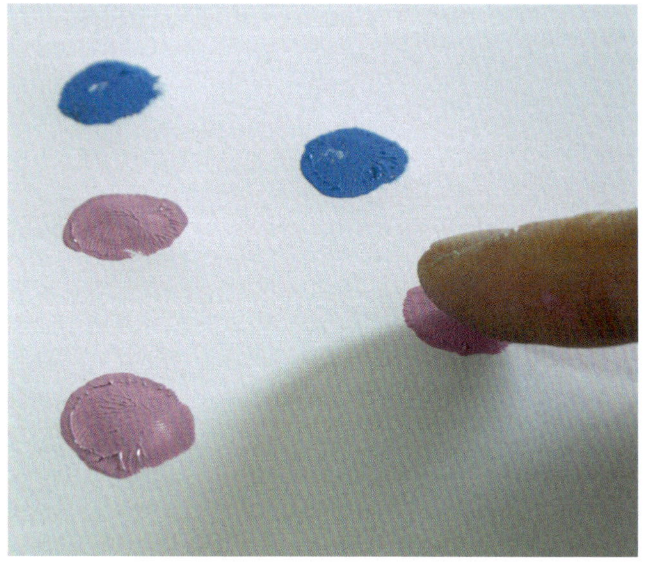

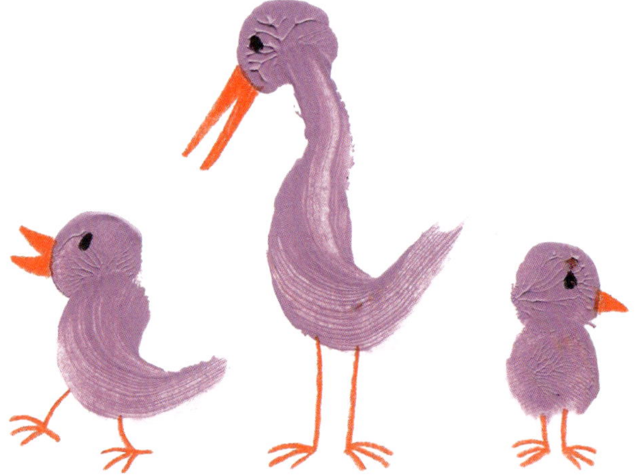

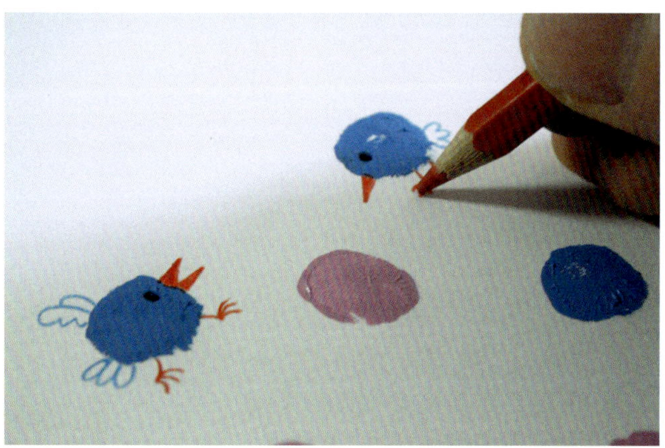

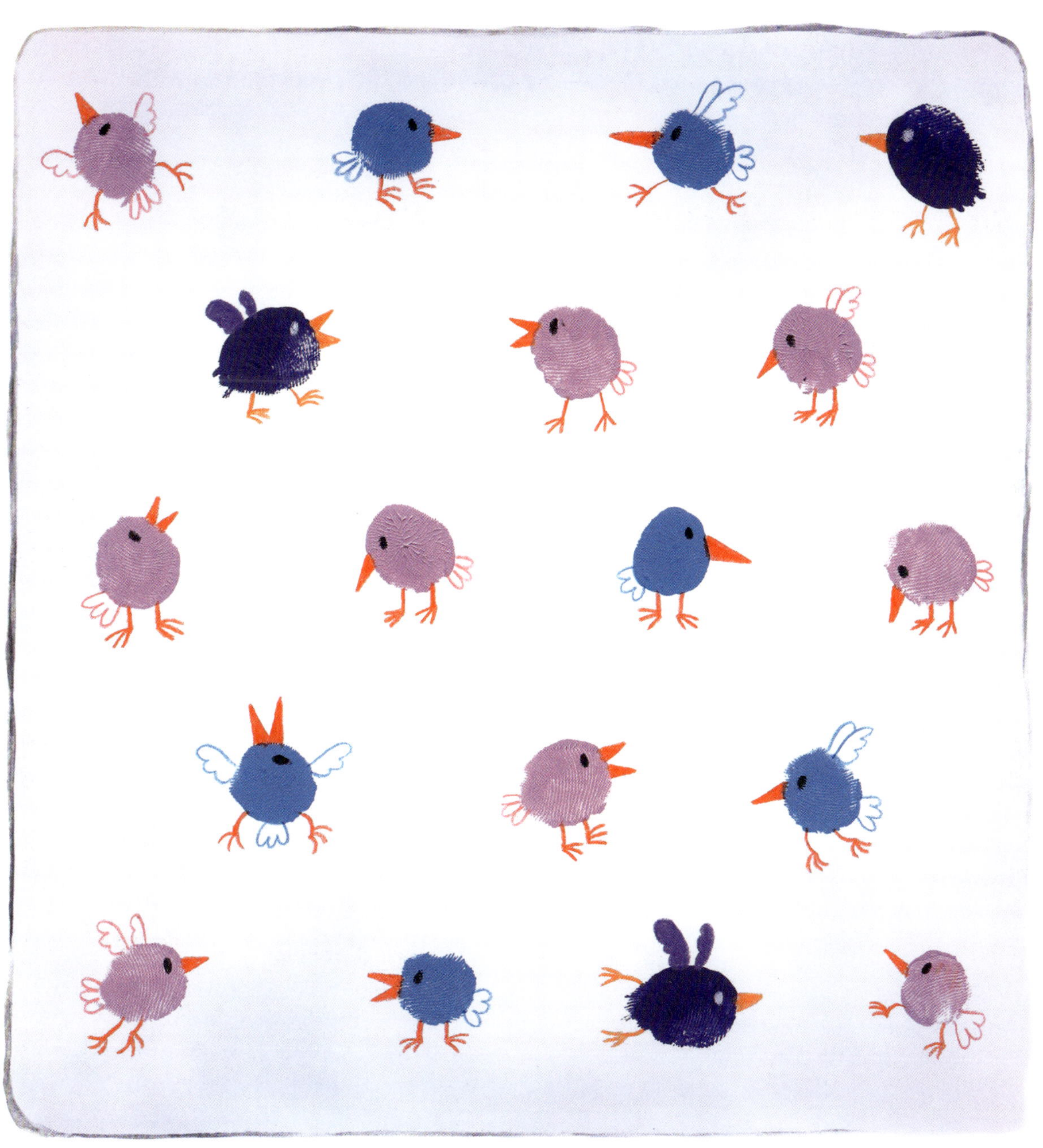

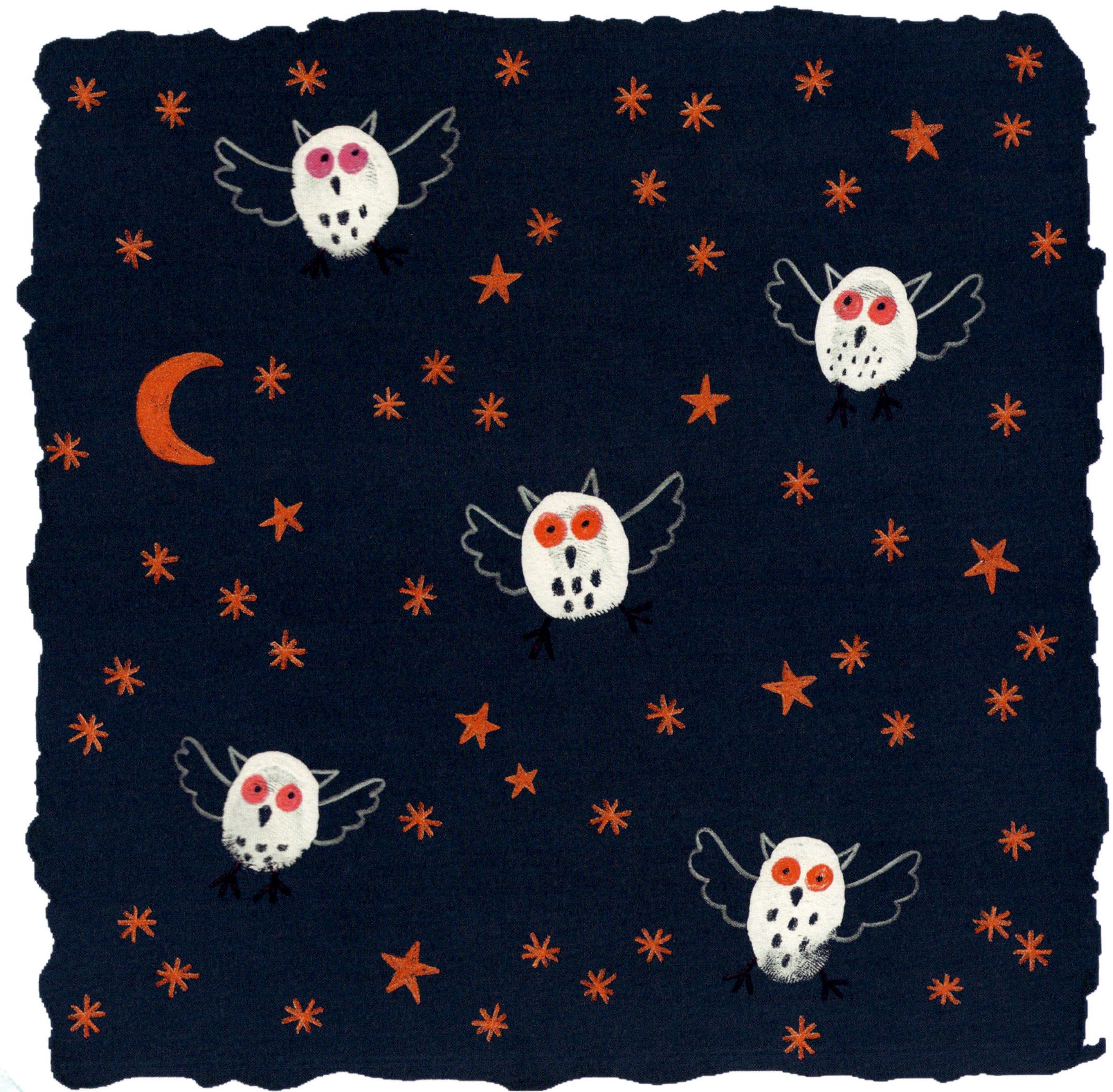

Finger-Eulen auf farbigem Pappkarton

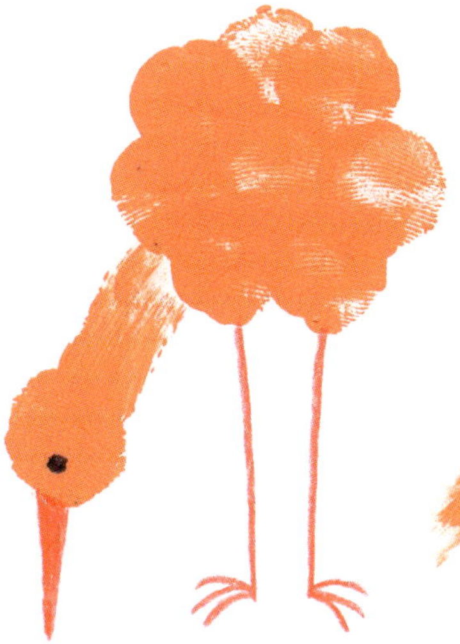

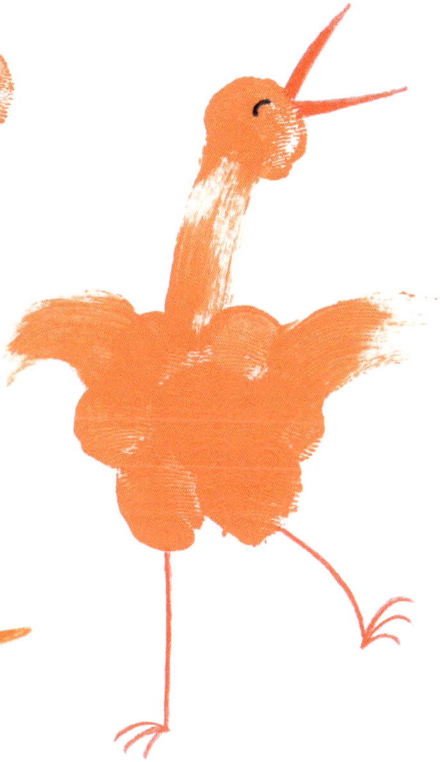

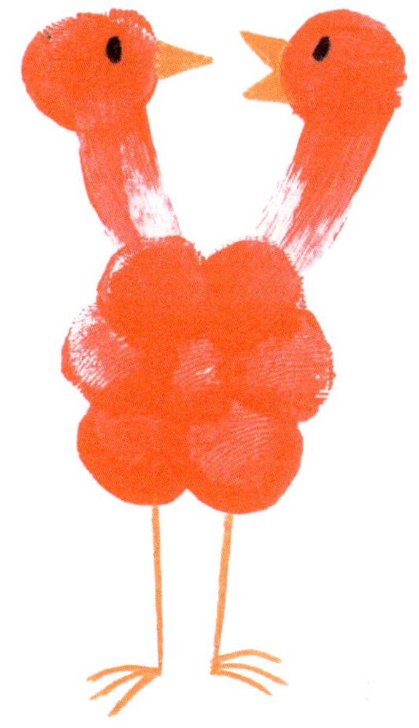

Mit vielen Fingerabdrücken nebeneinander können Sie dem Vogel noch mehr Fülle verleihen und ihn aufplustern. Mit dieser Technik lassen sich auch sehr gut Wolken, Bäume und Büsche ergänzen.

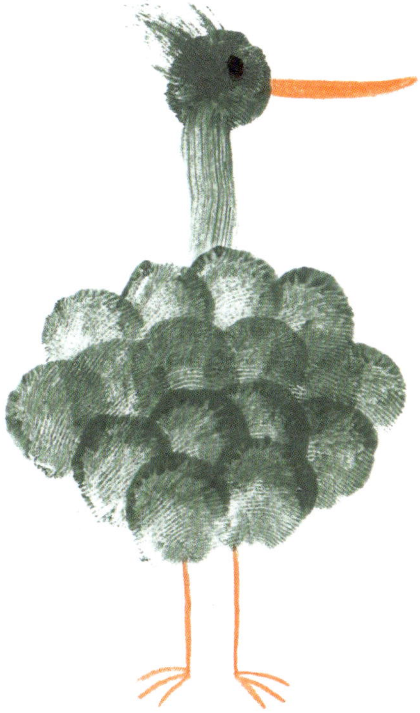

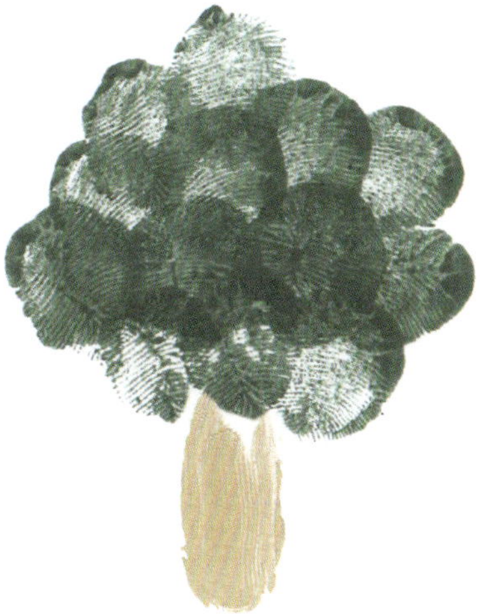

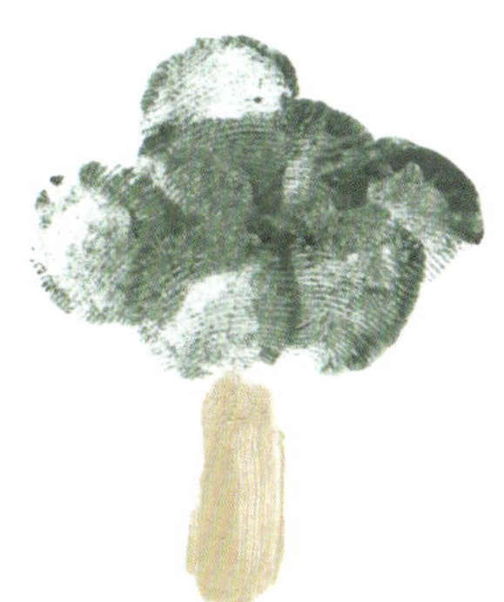

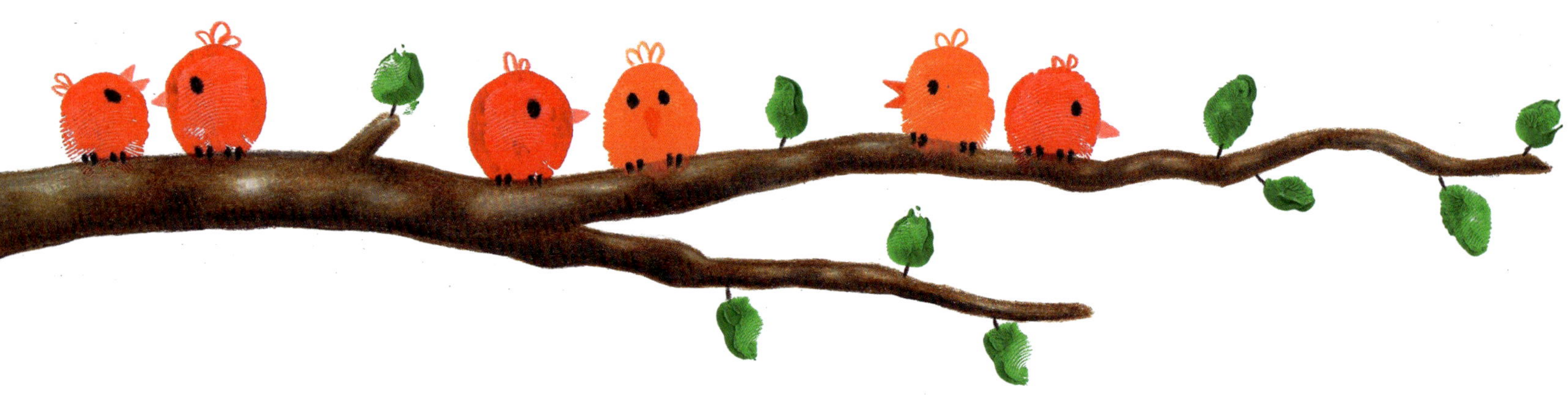

Die Abdrucktechnik bietet an sich ein großes, buntes Spektrum an Möglichkeiten. So können Sie sie als Ergänzung einsetzen, um schnell ein paar Vögel auf einem zuvor gezeichneten Ast zu platzieren. Auch die Blätter lassen sich so ganz einfach hinzufügen. Oder aber Sie nutzen nicht nur den Finger, um einen Abdruck zu erzeugen, sondern gleich die ganze Hand oder die Außenseite eines Fingers. Riskieren Sie dabei auch einmal das ein oder andere Missgeschick oder einen Fehlgriff. Mit einem Bunt- oder anderen Farbstift kreieren Sie als Abschluss noch die entsprechenden Details.

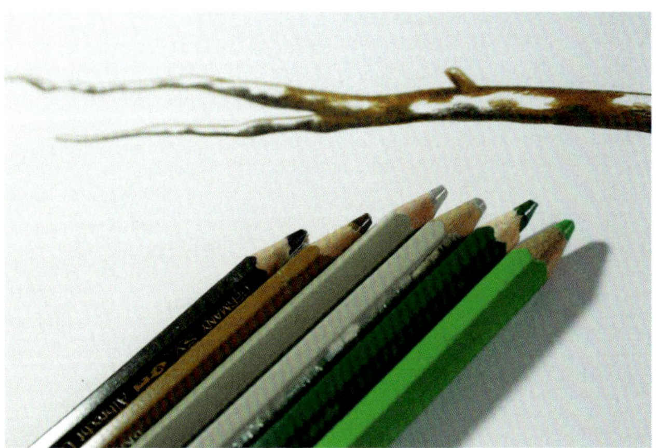

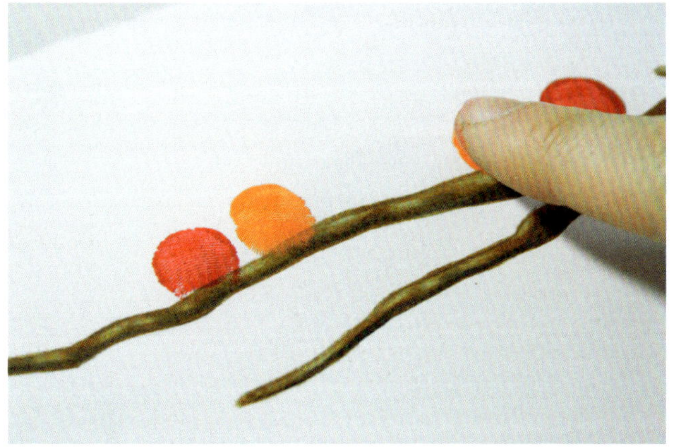

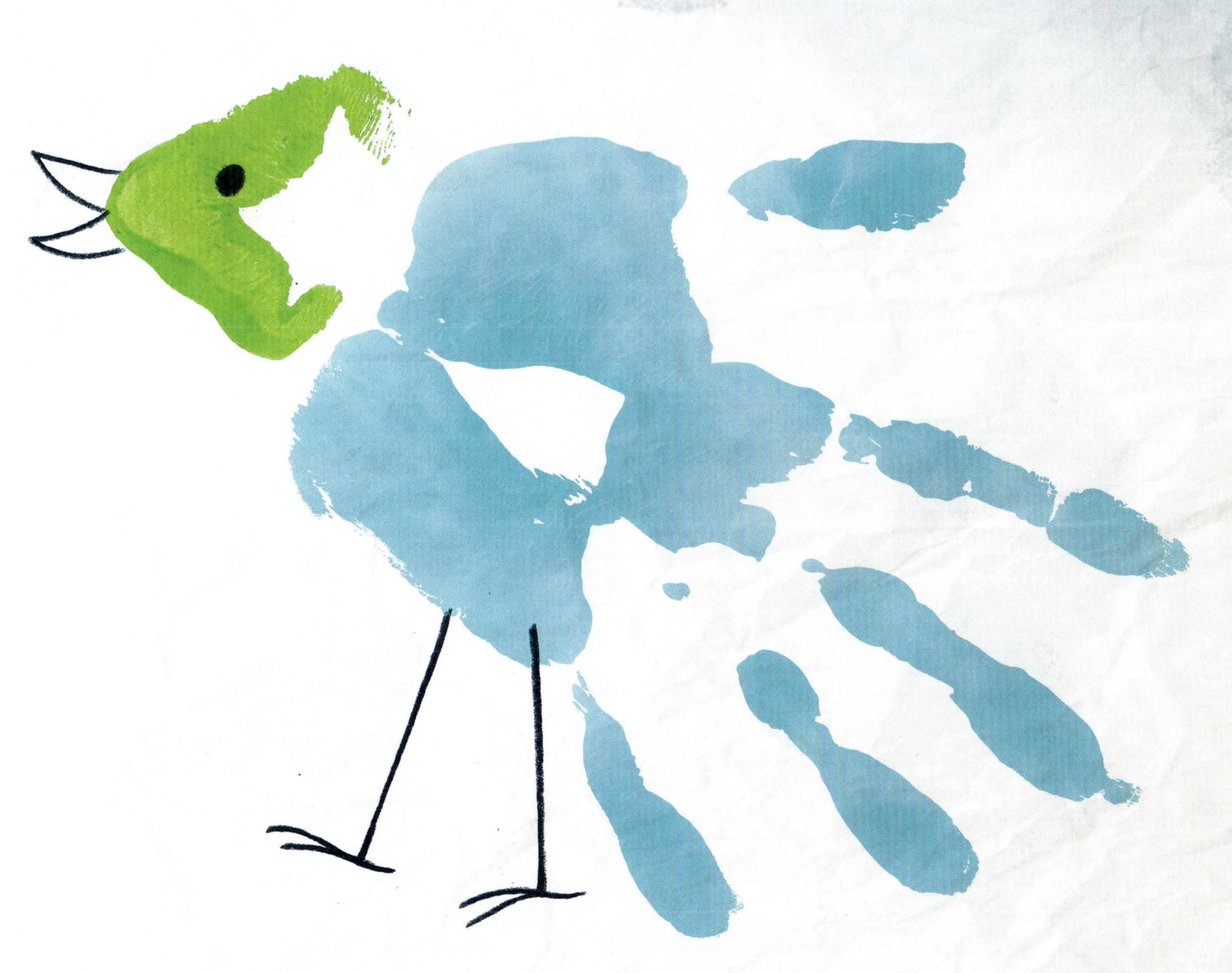

Hand-Vogel

Es muss nicht immer nur der einzelne Fingerabdruck sein, mit dem Sie die Farbe aufs Papier auftragen. Sie können mit dem Finger auch ebenso gut über das Papier wischen und somit auch ganz konkrete Formen erschaffen und steuern.

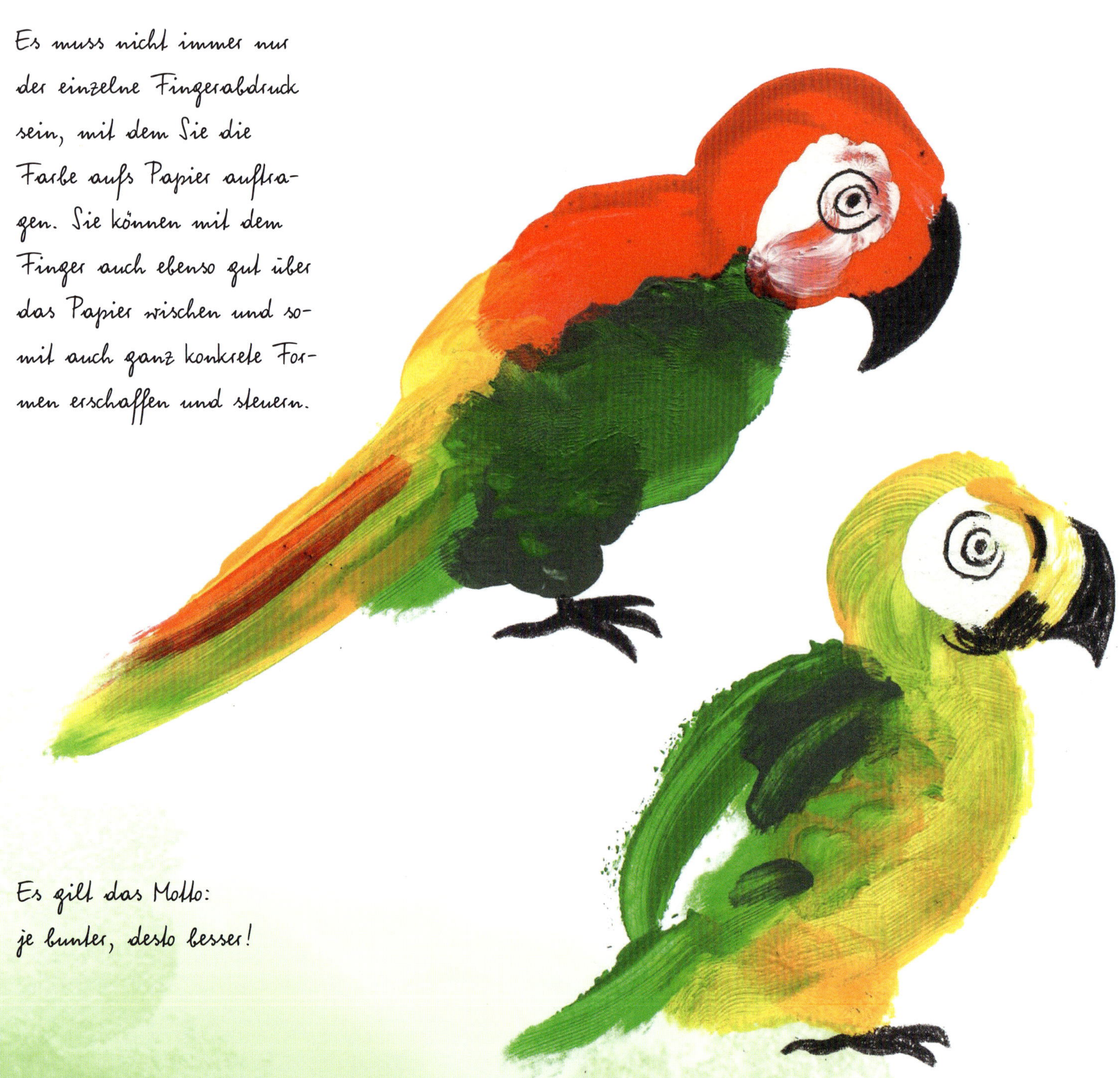

Es gilt das Motto:
je bunter, desto besser!

Wie lerne ich, gut zu zeichnen?

1. **Sammeln Sie Wissen, verinnerlichen Sie es und dekonstruieren Sie es anschließend. Das heißt, machen Sie Ihr Wissen durch die eigene Anwendung erklärbarer, sodass Methoden und Abläufe für Sie selbst noch besser funktionieren.**

2. Lassen Sie sich zunächst Zeit, ehe Sie versuchen, auf schnelle Weise überzeugende Resultate zu erzielen.

3. **Visualisieren Sie in Gedanken und machen Sie so die Inhalte greifbar, bevor Sie beginnen.**

4. Wärmen Sie sich auf, beispielsweise mithilfe von Übungen in einem Skizzenbuch und durch viel Probieren. Erwarten Sie auch weniger gute Zeichnungen.

5. **Üben und wiederholen Sie.**

Wie mache ich stetige Fortschritte in meiner künstlerischen Entwicklung?

1. **Beziehen Sie Ihre Informationen und Inspiration nicht nur aus einer einzigen Quelle, sonst erzeugen Sie lediglich eine Kopie. Schaffen Sie sich stattdessen stetig mehr Optionen, schöpfen Sie aus dem Vollen und erweitern Sie auf diese Weise Ihr eigenes Wissen und somit auch Ihre Persönlichkeit.**

2. Stumpfen Sie nicht ab und stagnieren Sie nicht: Auch in schwierigen, anspruchsvollen Situationen sollten Sie versuchen, Aspekte in der Sache zu finden, die Ihnen Freude bereiten und die Sie motivieren. Setzen Sie wenn nötig gezielt neue Impulse.

3. **Hören Sie niemals auf zu lernen. Bereits reines Wissen bewirkt, dass Sie besser werden.**

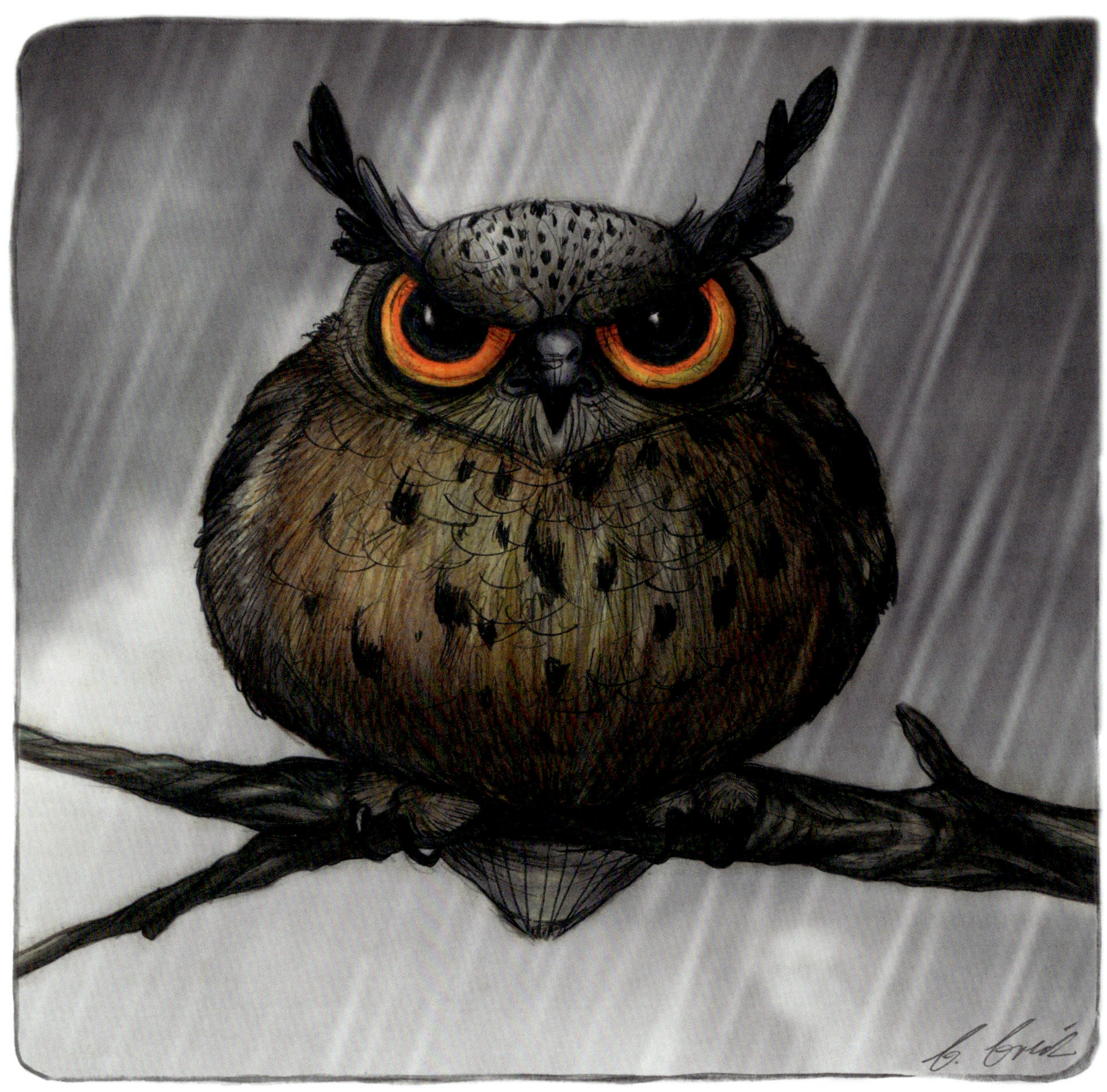

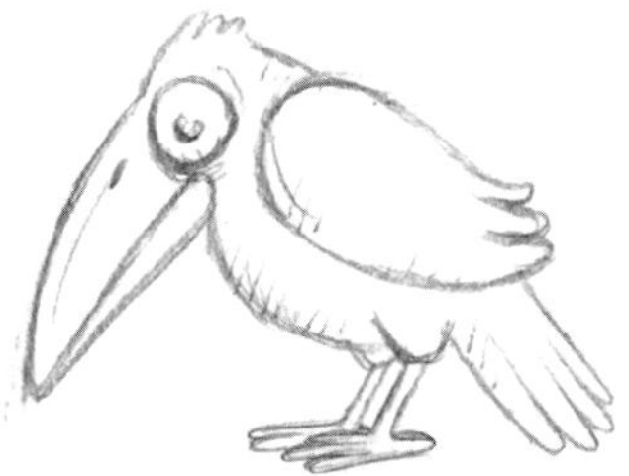

METHODISCH ZEICHNEN

Zweites Kapitel

Um Ihre eigenen Zeichenfähigkeiten zu verbessern und stetig Fortschritte zu machen, müssen Sie vor allem häufig üben. Allerdings sind auch einige Regeln und Gesetzmäßigkeiten ein wichtiger Aspekt und fundamentaler Grundpfeiler des Zeichnens. Der richtige Umgang mit Kontrasten und der Komposition sowie Kenntnisse in der Farblehre und in Schraffurtechniken werden Sie in die Lage versetzen, bereits von Anfang an ein Werk detailliert und schlüssig konzipieren zu können und es dementsprechend umzusetzen.

Sie werden in diesem Kapitel erfahren, wie und mit welchen Mitteln eine fundierte Skizze entsteht, mit deren Hilfe die Zeichnung definiert und weiter ausgearbeitet wird. Welche Farben sollten Sie lieber nicht miteinander mischen bzw. was passiert, wenn Sie es doch tun? Wie entstehen Licht und Schatten? Wie baue ich einen spannenden Bildinhalt auf? An den folgenden Beispielen dieses Kapitels mit vielen bunten und urigen Vögeln werden wir eine Reise durch die zeichnerischen Grundlagen unternehmen. Sie erwerben dadurch viele künstlerische Fähigkeiten, die Sie bewusst anwenden und frei kombinieren können.

Richtig skizzieren

Beim Skizzieren sollten Sie immer im Hinterkopf behalten, dass es sich in diesem Arbeitsschritt um das zeichnerische Grundgerüst handelt, aus dem das eigentliche Werk erst während des Prozesses hervorgeht. Vermeiden Sie daher festes Aufdrücken, um Beschädigungen der Papierstruktur zu vermeiden, die sich auch mit einem Radiergummi nicht mehr entfernen lassen. Auch ein permanentes Anspitzen ist nicht nötig, im Gegenteil. Für meine Skizzen und Vorzeichnungen benutze ich einen HB-Bleistift, den ich locker und leicht über das Papier bewege. Um eventuell einige Konturen zu betonen, benutze ich einen weicheren Bleistift der Stärke B bis 4B. Je höher die B-Zahl ist, desto weicher ist der Stift. Bei der H-Serie wird er umso härter.

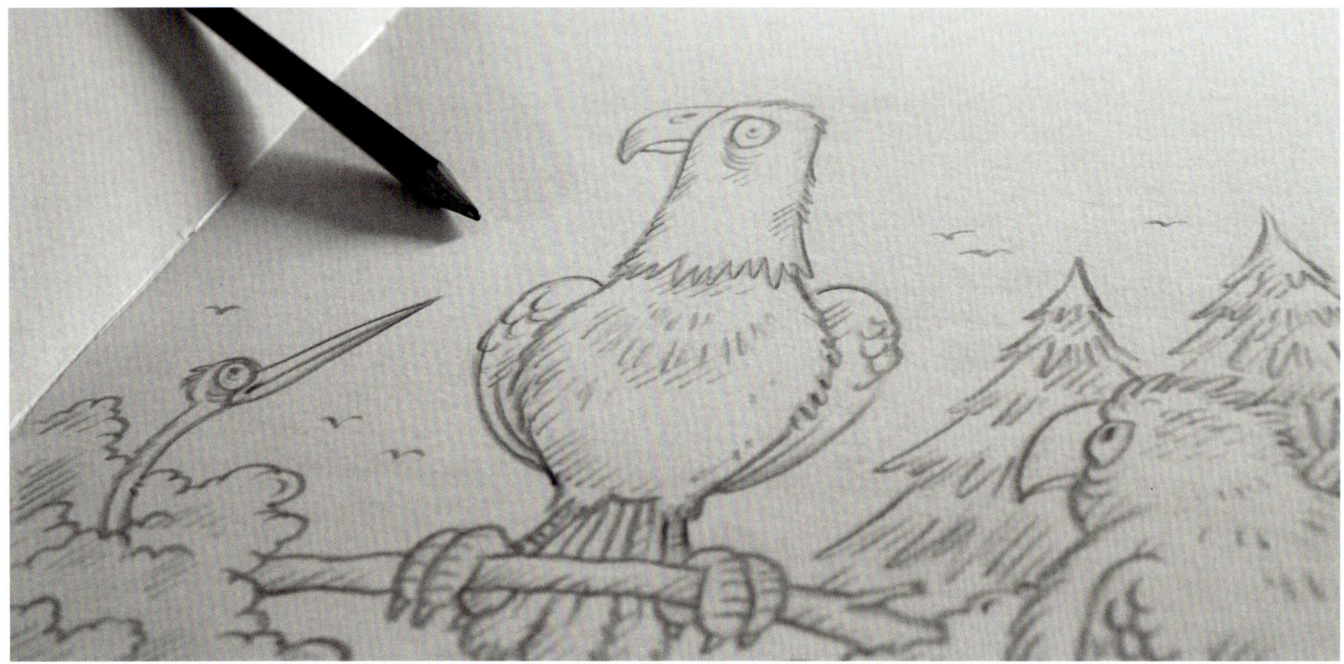

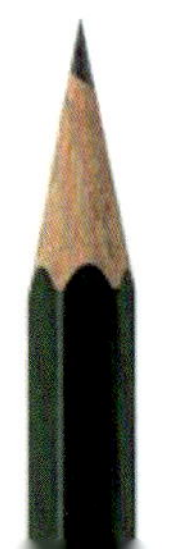

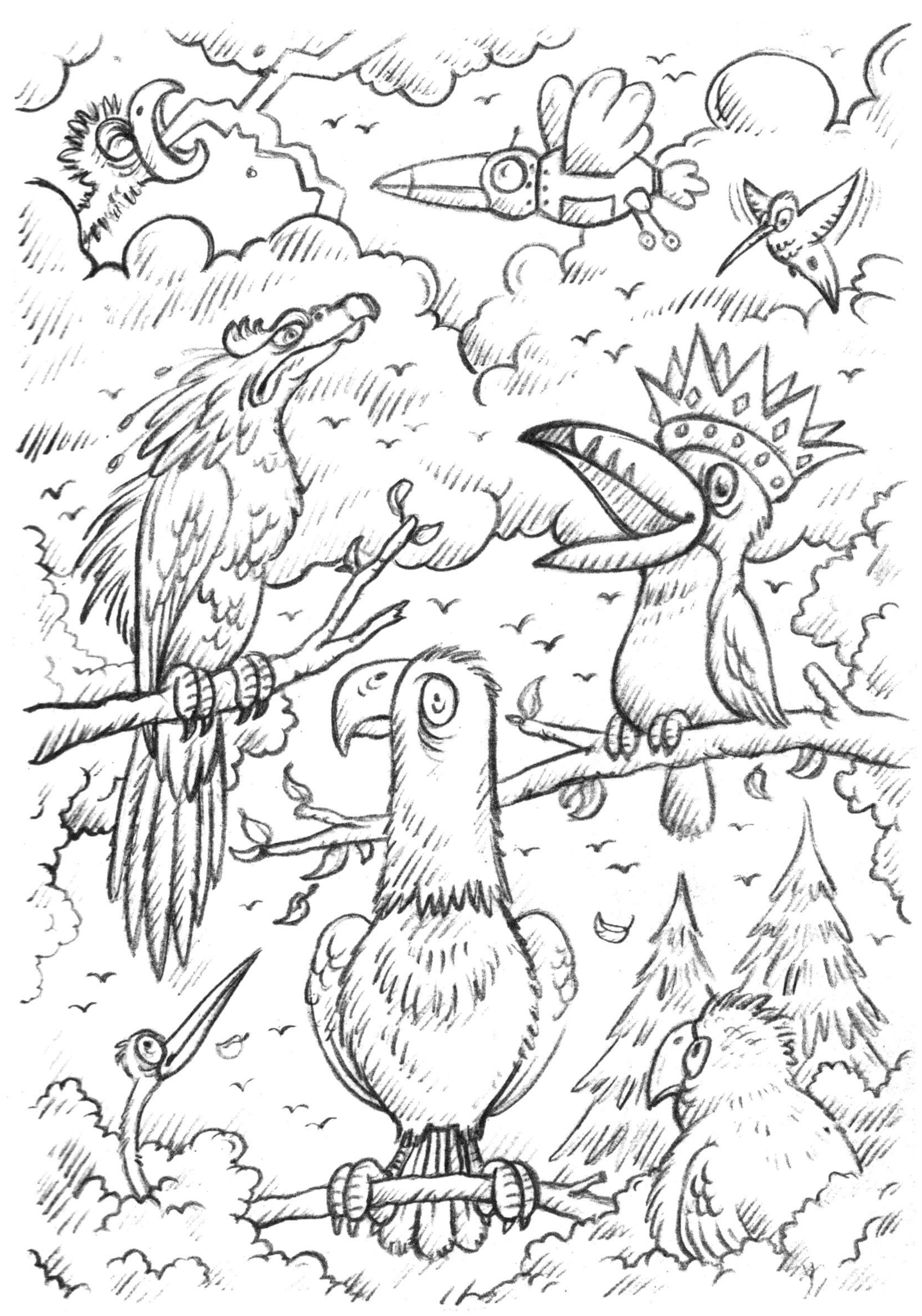

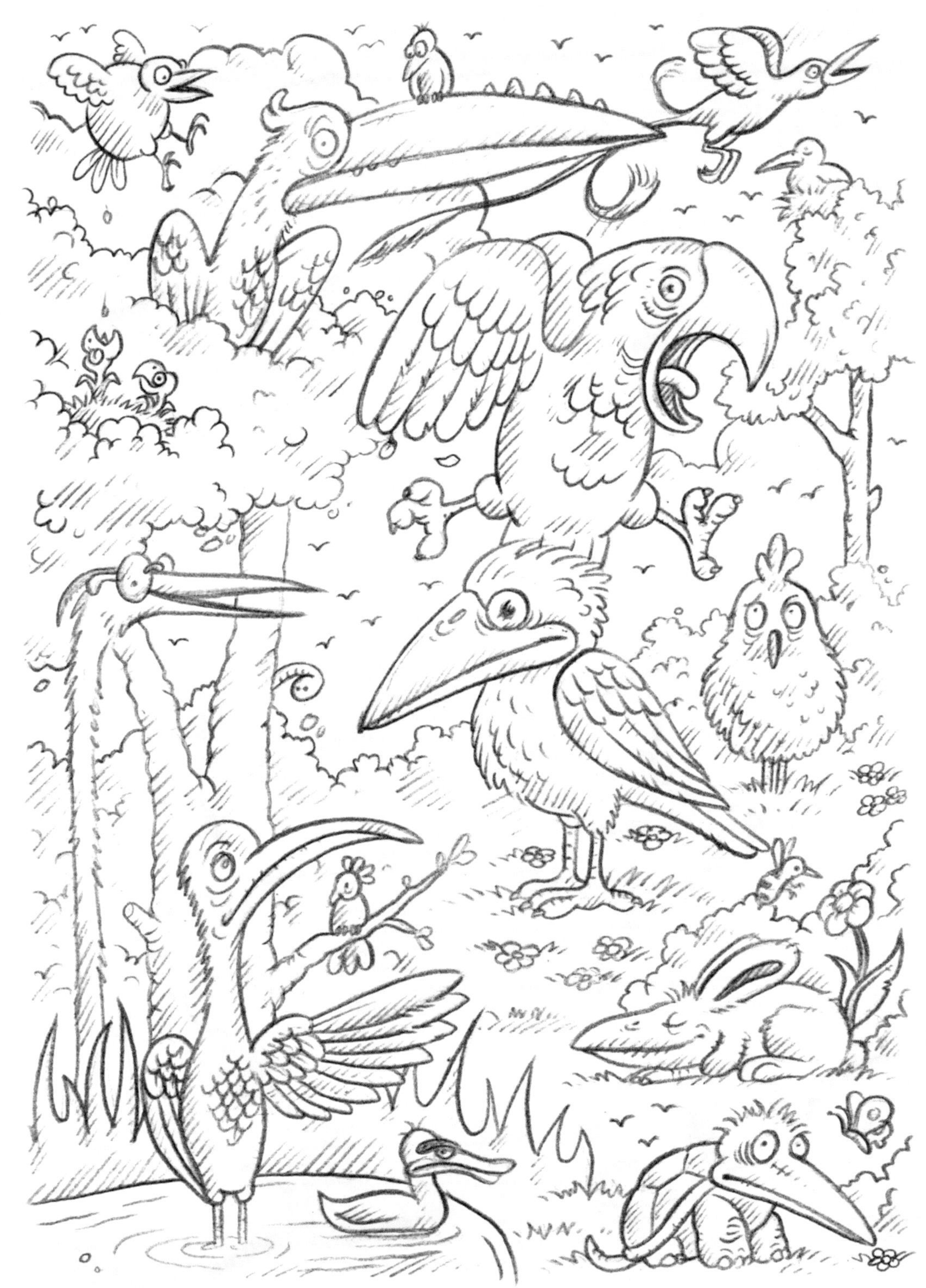

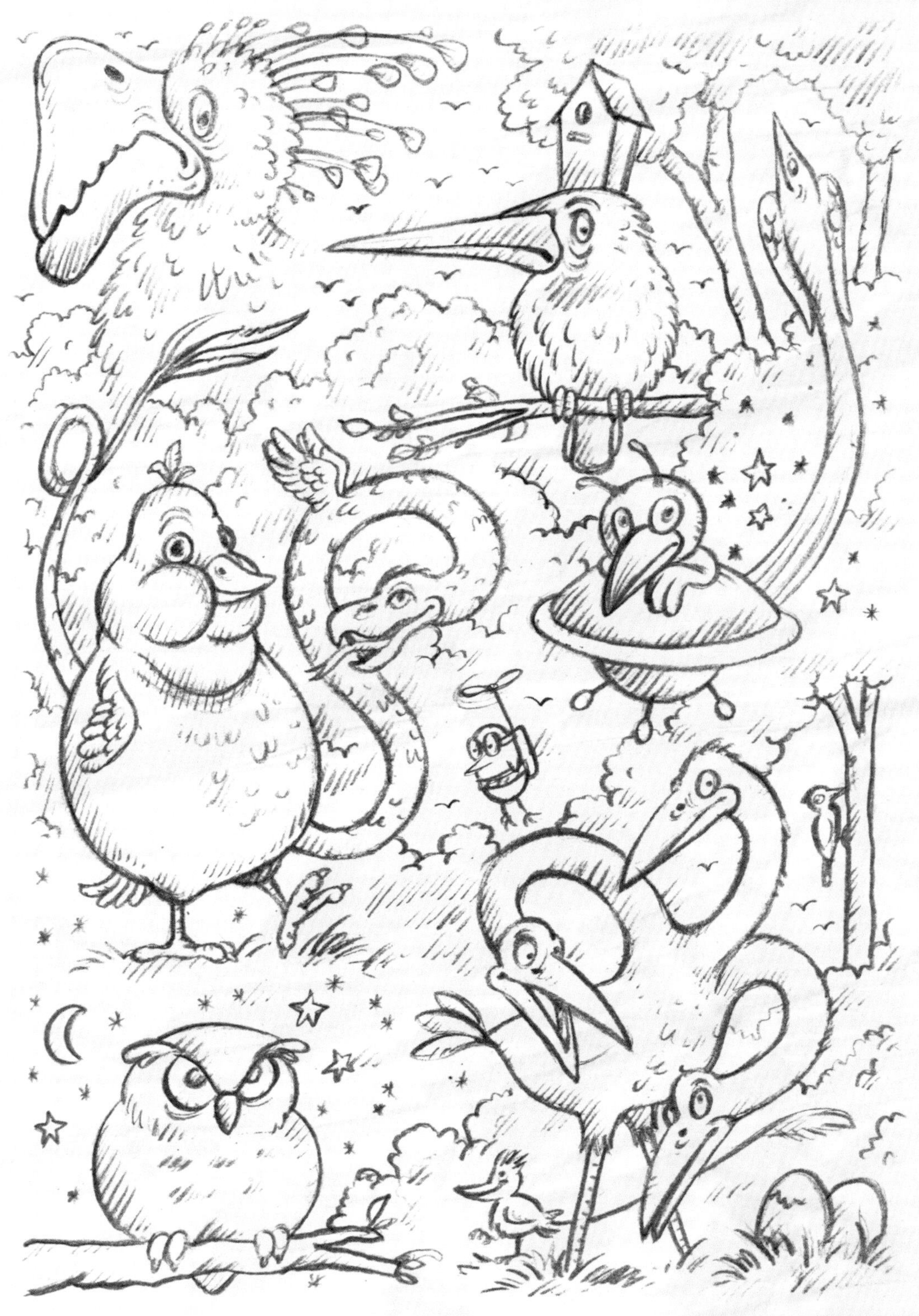

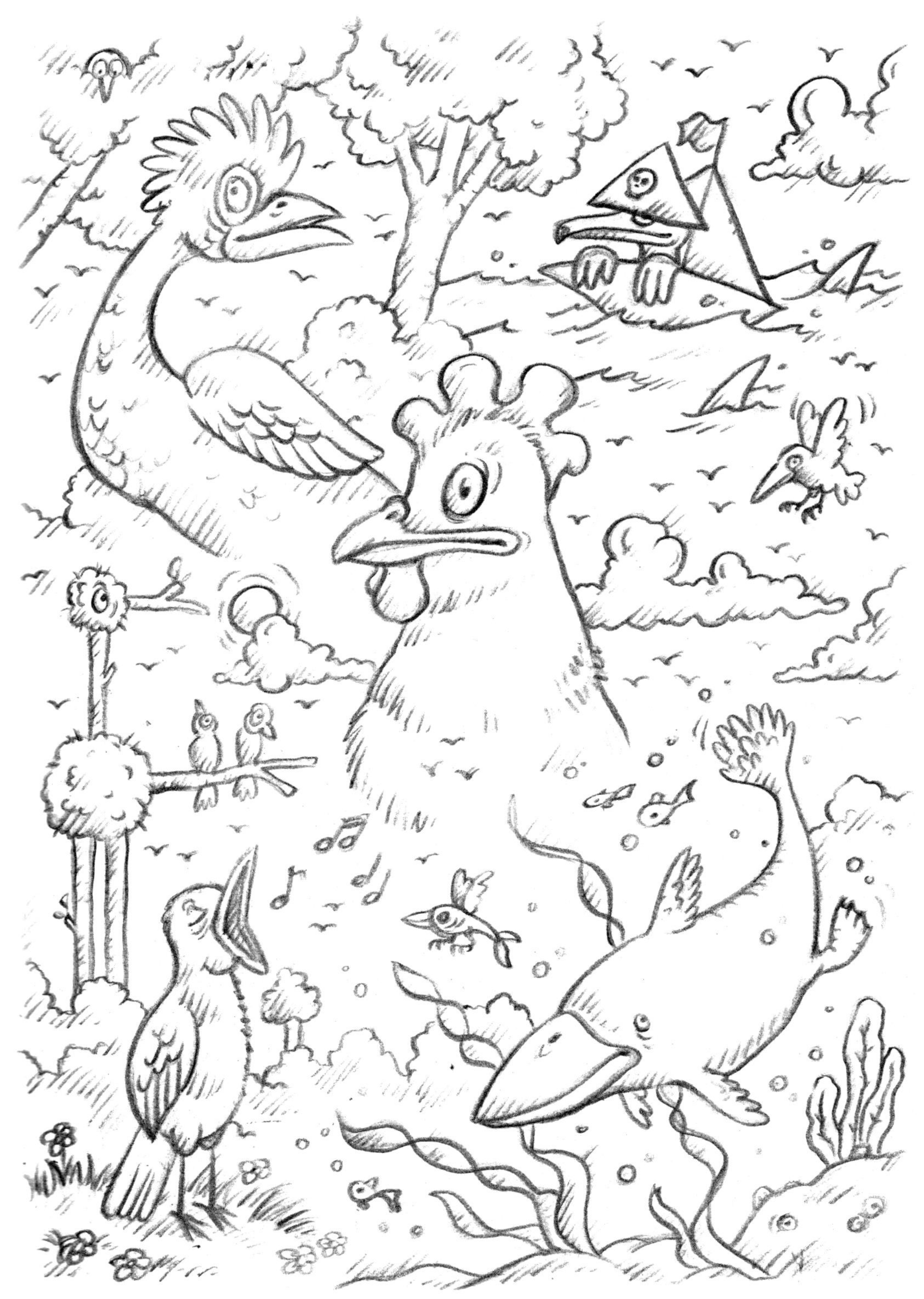

Wie kann ich meine künstlerische Produktivität steigern?

1. Integrieren Sie die Kunst schrittweise in Ihren Alltag. Ein Skizzenbuch ist ein guter Anfang, um mehr und mehr kreativ und vor allem produktiv zu werden. So lassen sich Bahnfahrten, Wartezeiten in der Arztpraxis oder auch kleine Pausen im Büro fantastisch nutzen, um einfach ein paar kleine Skizzen zu erstellen oder um Eindrücke, Situationen, Emotionen oder Ideen festzuhalten.

2. Schaffen Sie sich mehr kreative Freizeit. Verzichten Sie lieber einmal auf das Nachmittagsprogramm oder auf die Spielekonsole und nehmen Sie stattdessen einen Stift zur Hand. Motivieren Sie sich zum Zeichnen, indem Sie sich dafür einen schönen Platz suchen, Ihre Lieblingsmusik oder Hörspiele anmachen, eine Schale Kekse bereitstellen oder Ähnliches.

Wie werde und bleibe ich als Künstler erfolgreich?

1. Behalten Sie immer das Basiswissen im Kopf, wiederholen Sie es, studieren Sie andere Künstler und finden Sie Alternativen.

2. Erweitern Sie Ihr Wissen permanent, beobachten Sie die Umgebung, bleiben Sie neugierig und handeln Sie initiativ.

3. Schärfen Sie konstant Ihre eigenen Fähigkeiten. Erkunden Sie Ihre eigenen Grenzen und versuchen Sie, sie zu überwinden und Ihr eigenes Potenzial voll auszuschöpfen. Werden Sie nicht bequem, sondern bleiben Sie hungrig.

4. Erhalten Sie sich die Freude an der Sache und glauben Sie an sich.

Striche und Strukturen

Durch die Art und Weise, wie Sie die Farbe mit den Buntstiften aufs Papier bringen, lässt sich bereits eine Vielzahl unterschiedlicher Wirkungen erzielen. Sie können mit Strichen und Punkten arbeiten und dabei jeweils die Dichte der einzelnen Elemente zueinander wie auch die Richtung und Größe variieren.

Die aufgeführten Beispiele sind lediglich ein kleiner Anstoß, um unterschiedliche Strukturen aufzuzeigen, die sich mit dieser Technik herstellen lassen. Wie so oft kann eine Kombination unterschiedlicher Strukturen innerhalb derselben Zeichnung sehr reizvoll sein und überraschende Ergebnisse bewirken.

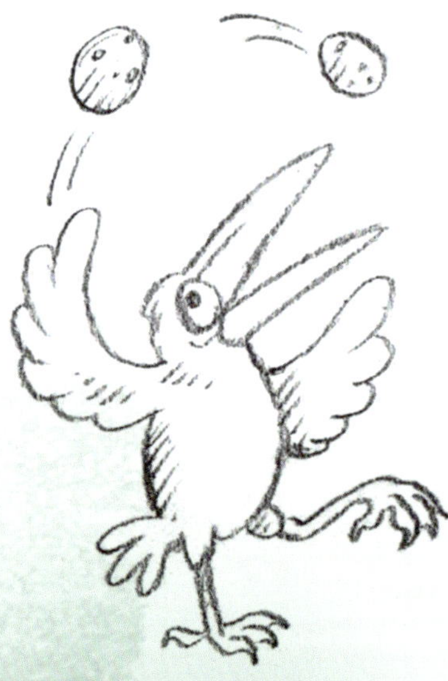

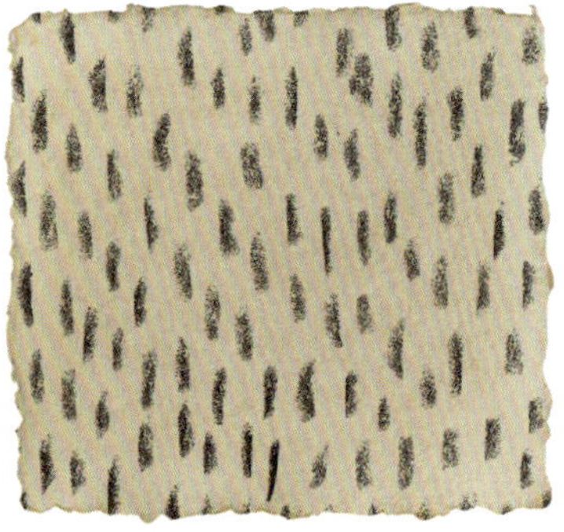

Mit einfachen Strichen lassen sich viele Muster und auch Richtungen erzeugen.

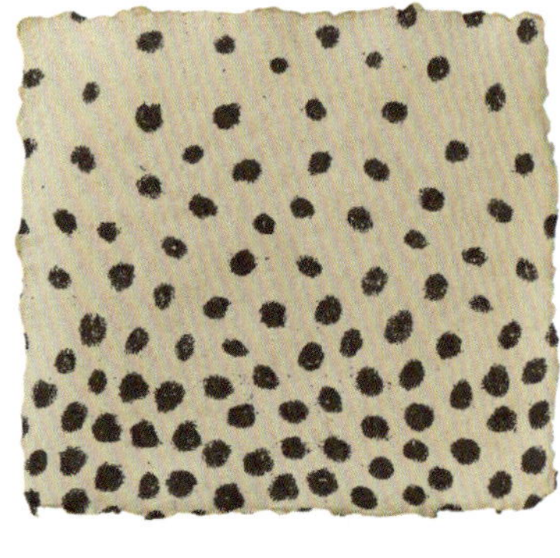

Durch Punkte können Sie mithilfe variierender Verteilungsdichte hellere und dunklere Bereiche herstellen.

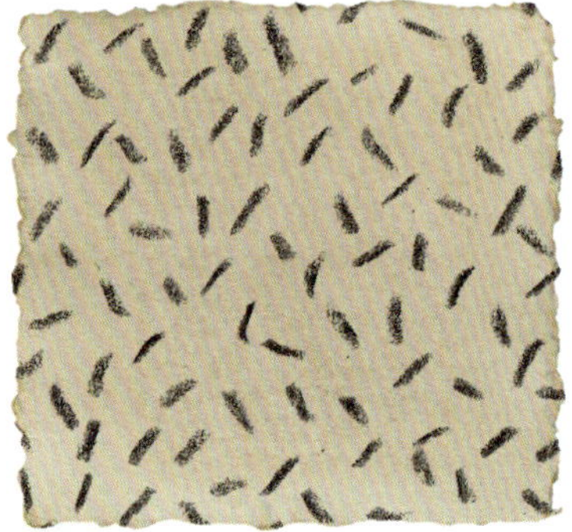

Die Unregelmäßigkeit der Striche bewirkt sofort eine deutlich gröbere Struktur.

Striche und Strukturen: Zeichenbeispiel

Für dieses Zeichenbeispiel entstand natürlich zunächst eine entsprechende Skizze, in der ich die Formen und Proportionen entwickelt und festgelegt habe. Anschließend ging ich daran, die Struktur zu setzen. Hierbei war es mir wichtig, den Formen des Körpers zu folgen und sie zu unterstützen. Auch die Nutzung unterschiedlicher Farben für den Körper und den Flügel bot sich an, um noch mehr Variation und damit Lebendigkeit in die Zeichnung zu bringen. Beim Ei (siehe Folgeseiten) entschied ich mich für eine Punktstruktur. Der Schnabel bekam eine rote Farbe. Zu guter Letzt kehrte ich die Farben in einem digitalen Bildbearbeitungsprogramm um, wodurch der Rabe seine klassische schwarze Farbe erhielt.

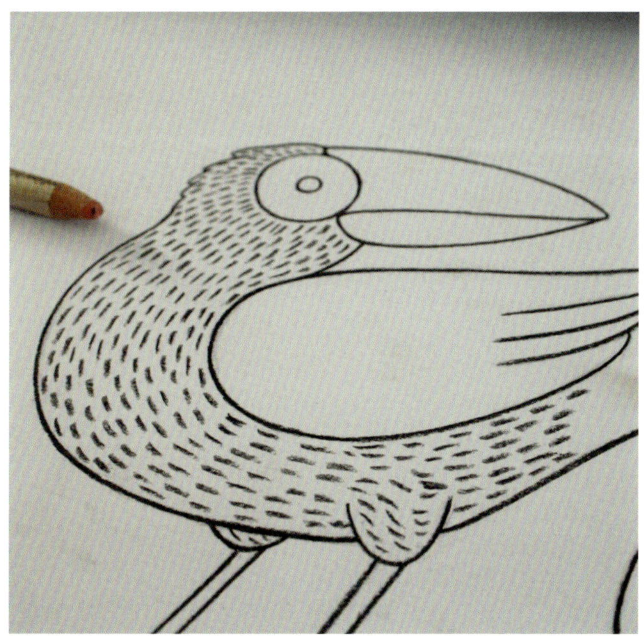

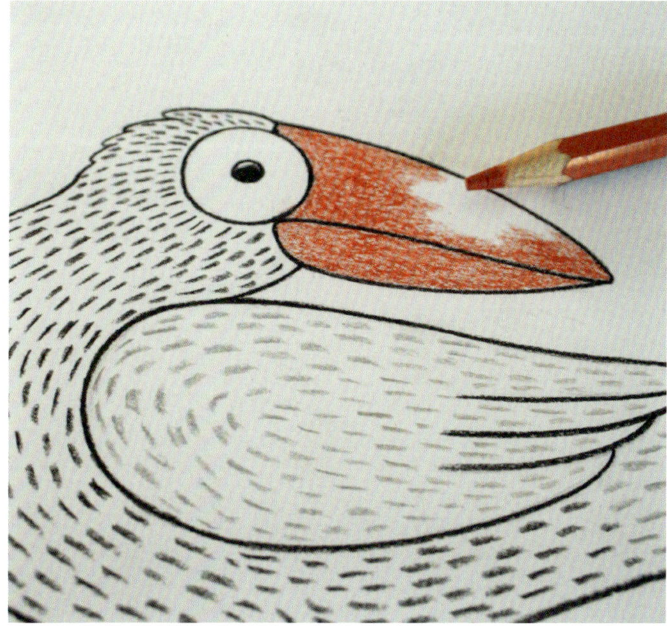

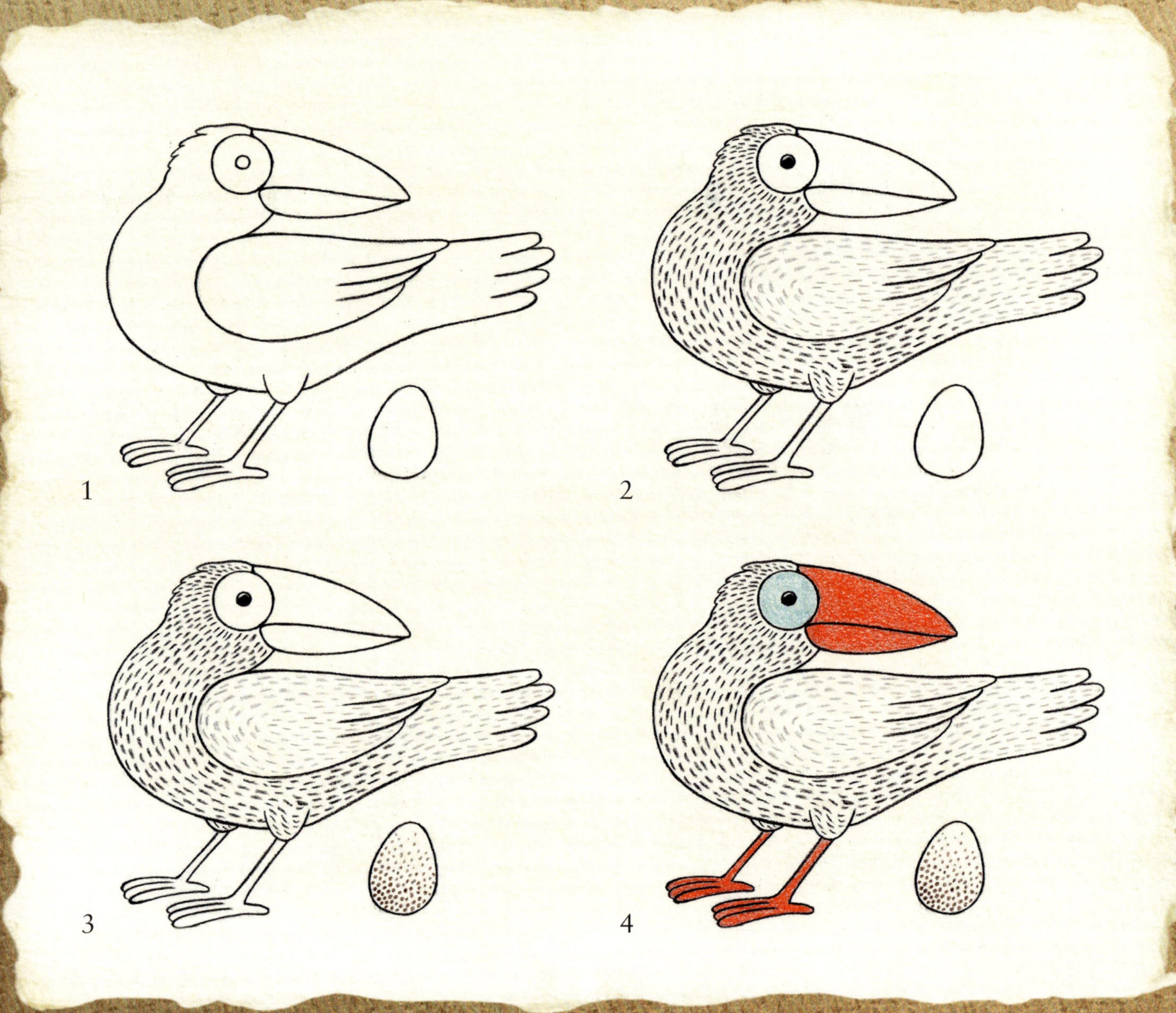

Rabe mit Strichstruktur

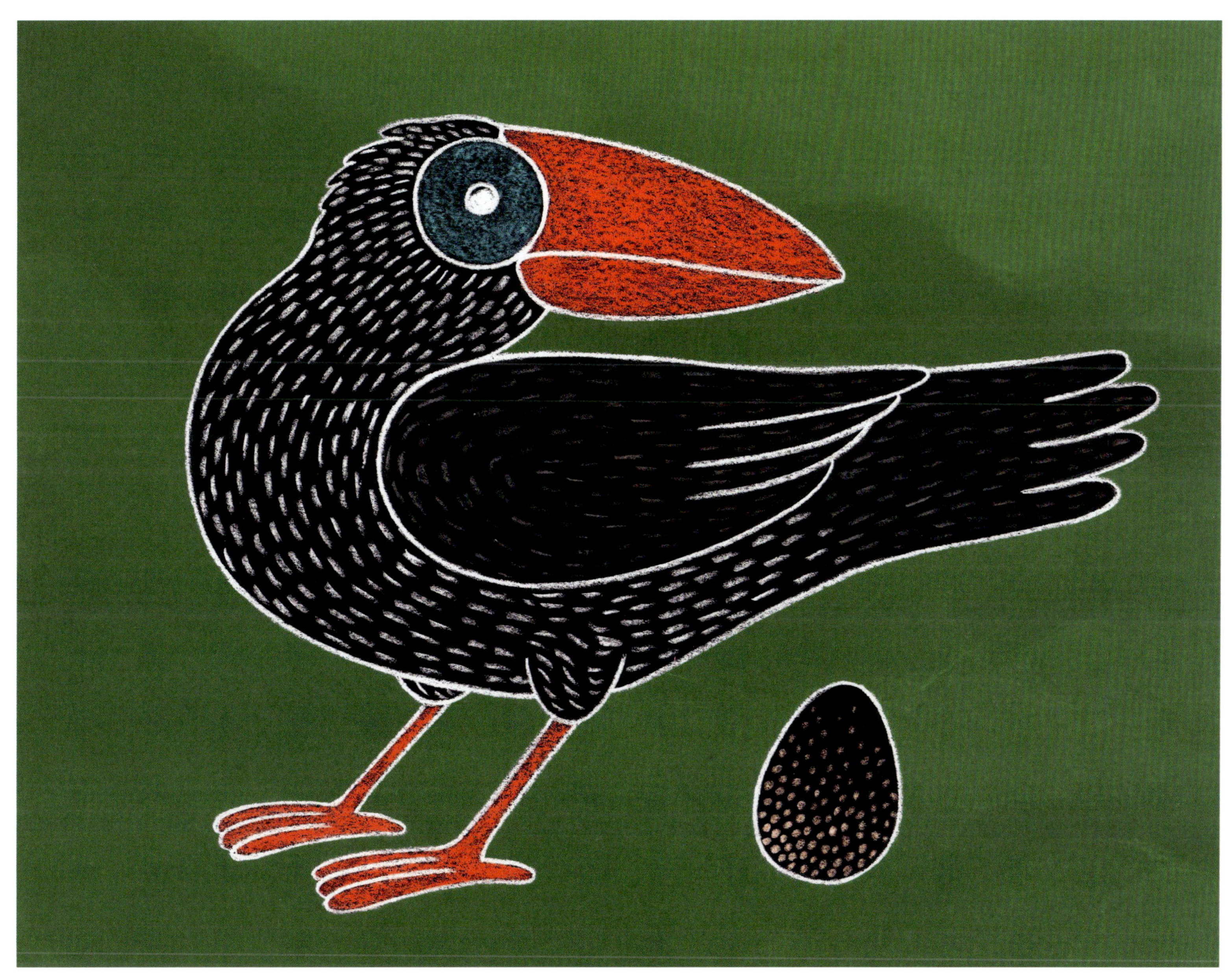

Rabe in umgekehrten Farben

Schraffuren

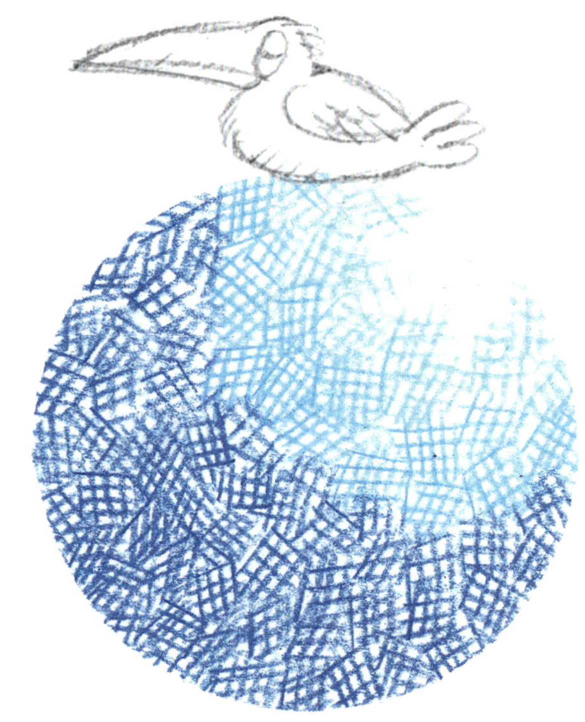

Mithilfe von Schraffuren erhält ein zeichnerisches Objekt hellere und dunklere Bereiche. Sie können dadurch die Illusion von Plastizität erzeugen. Gewissermaßen ist die Anwendung solcher Schattierungen eine Erweiterung zu dem Zeichnen einzelner Linien und bloßer Umrisse.

Schattierungen lassen sich zum einen durch die verschiedenen Farbtöne herstellen, die übereinander aufgetragen werden, oder aber durch viele einzelne Linien, die parallel zueinander ausgerichtet sind und durch Linien einer anderen Ausrichtung überlappt werden. Weil sich die unterschiedlich gerichteten Linien kreuzen, spricht man bei dieser Technik von der Kreuzschraffur.

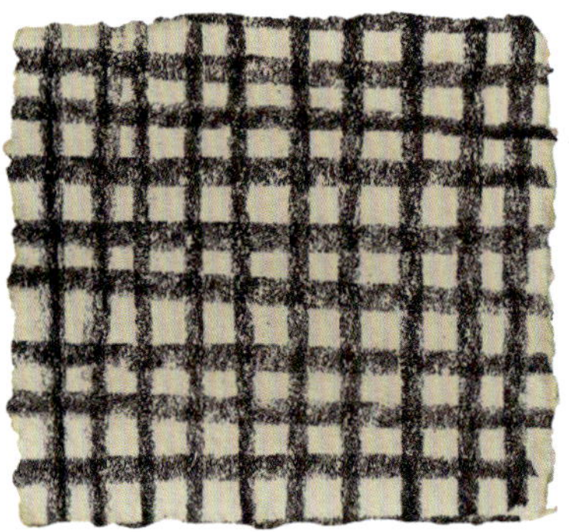

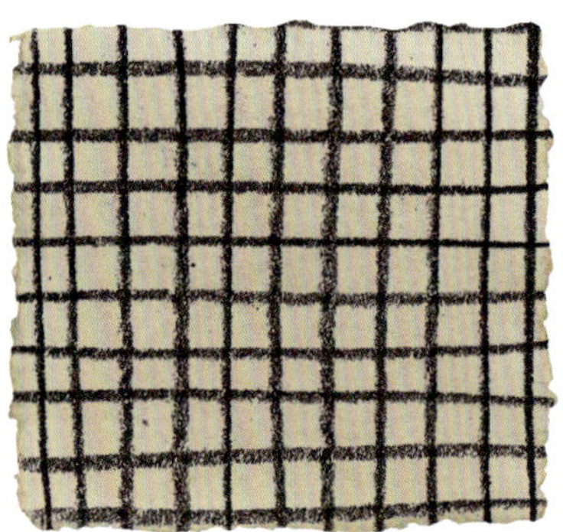

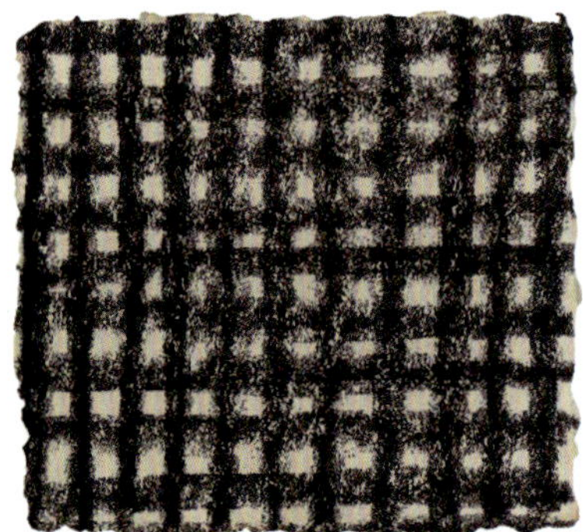

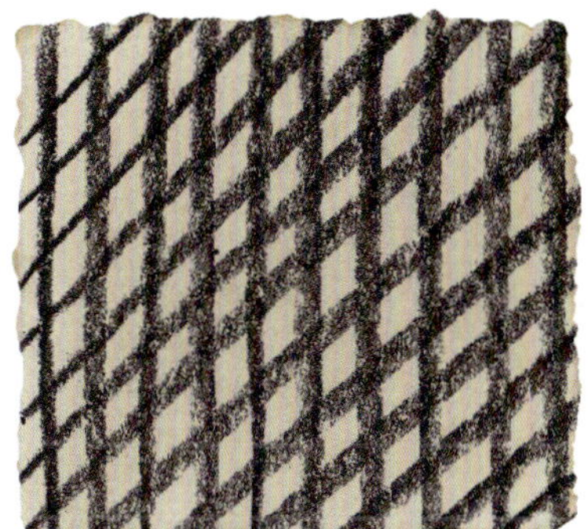

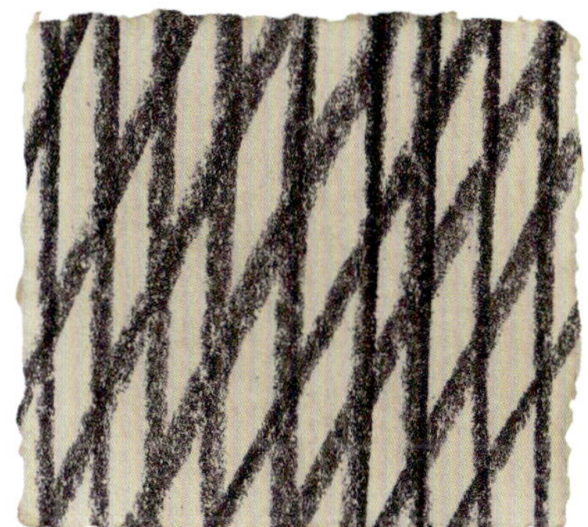

Natürlich gibt es dabei nicht nur eine Möglichkeit der Linienanordnung. Schon eine Veränderung der Linienstärke oder des Winkels, in dem die Linien aufeinandertreffen und sich kreuzen, ermöglicht eine Vielzahl an Variationen, die verschiedene Wirkungen haben. Eine Überkreuzung ist zudem nicht immer eine Grundvoraussetzung. Auch einfache Linien nebeneinander können bereits die gewünschte Wirkung erzielen.

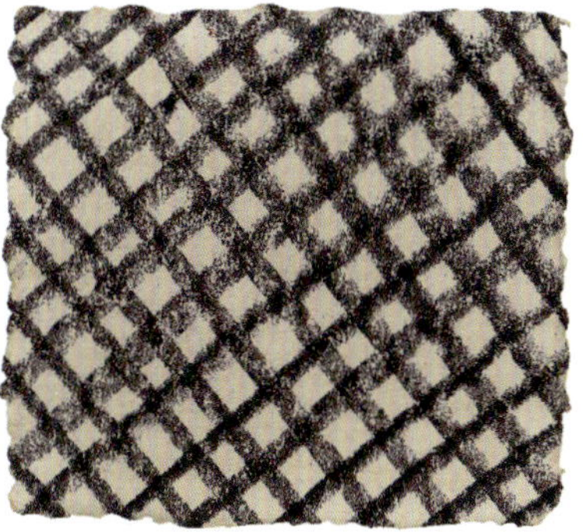

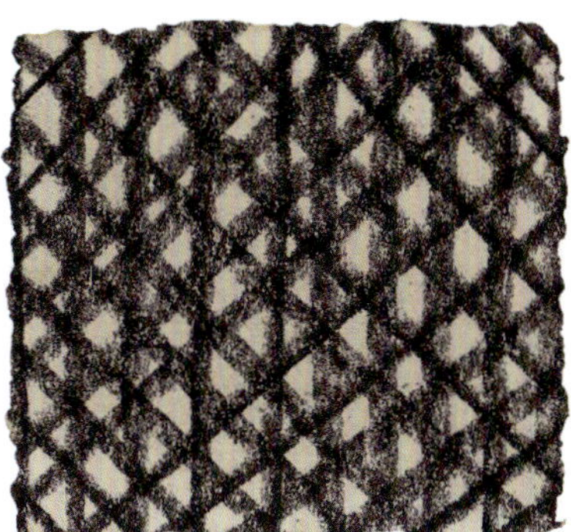

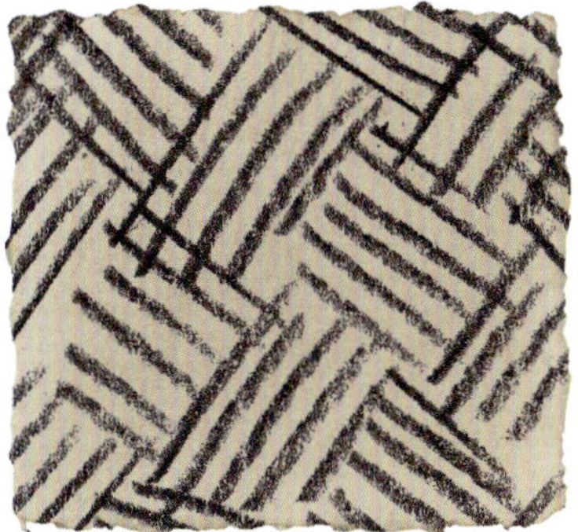

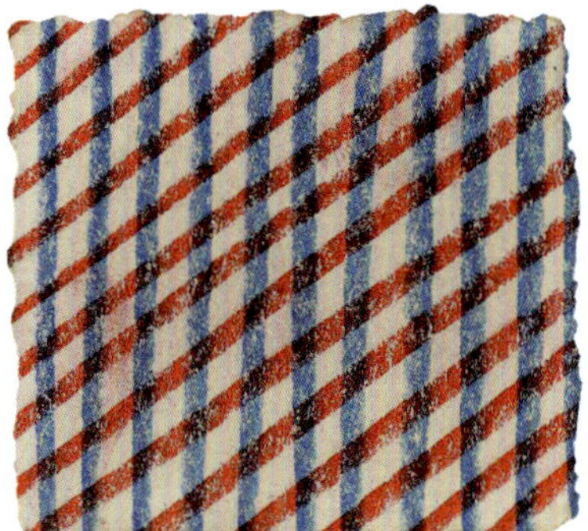
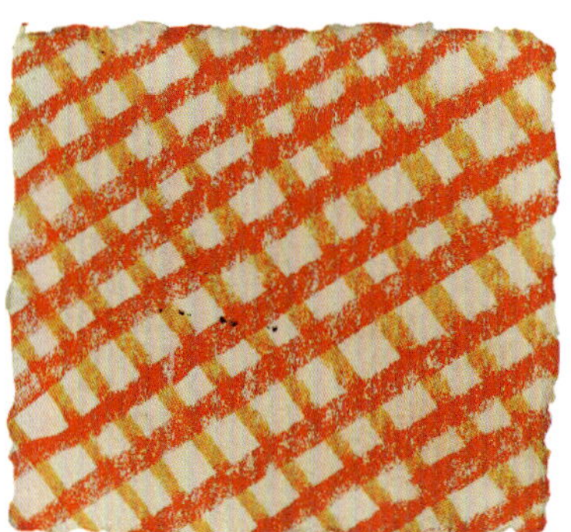
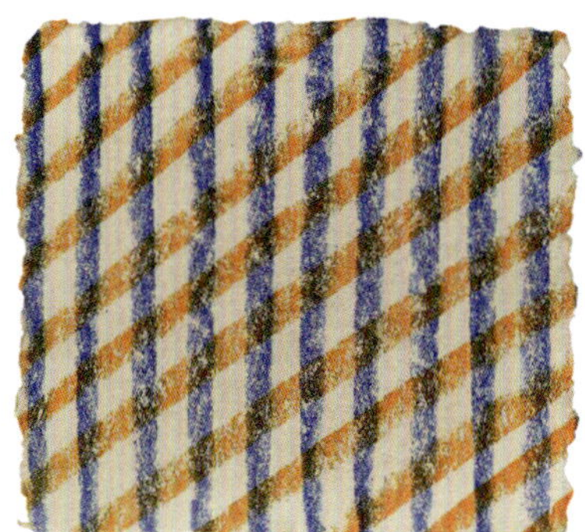

Durch die Verwendung unterschiedlicher Farben innerhalb der Schraffur entstehen an den Überlappungspunkten Mischfarben: bei Rot und Gelb ein Orangeton, bei Blau und Rot Purpur. Bei den unteren Beispielen habe ich auf das Übermalen der Farben verzichtet, stattdessen sind die einzelnen Liniengruppen nebeneinander angeordnet. So entstehen keine direkten Mischfarben, aber sehr wohl eine Farbvariation.

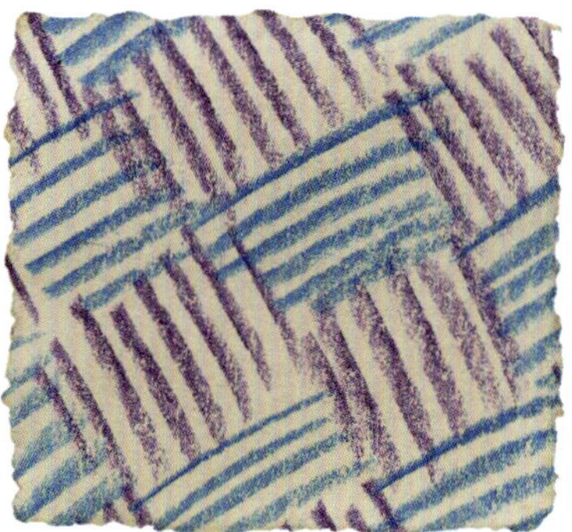

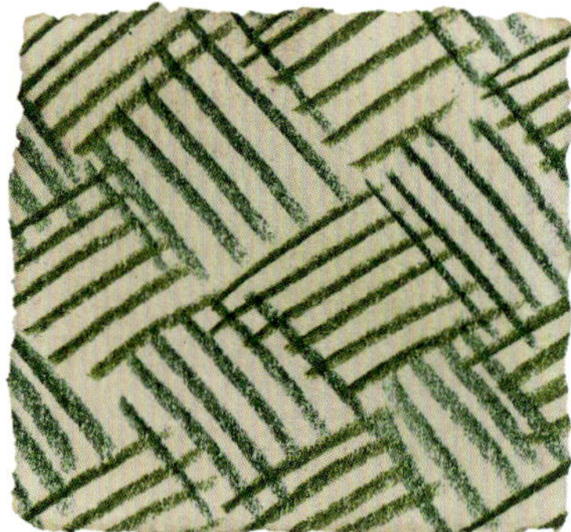

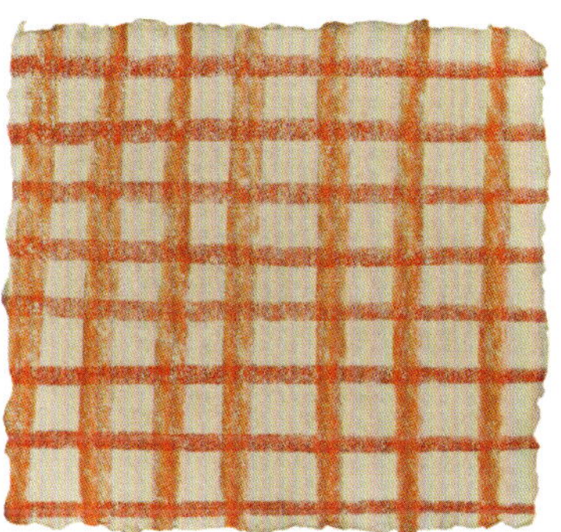
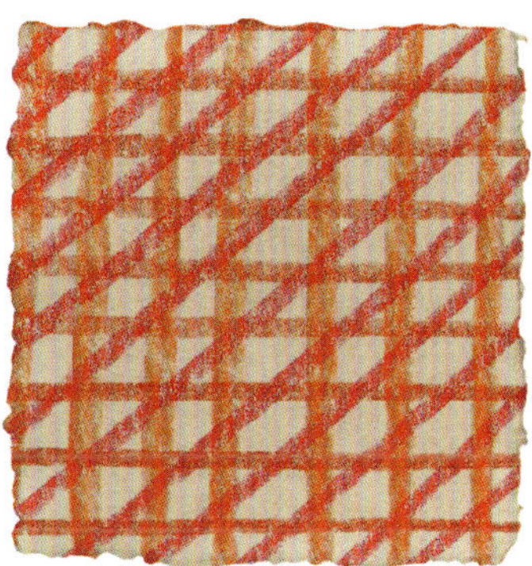

An dem Aufbau mehrerer Schraffuren übereinander können Sie erkennen, wie sich auch die Farbigkeit und deren Wahrnehmung verändern lässt. Bei dieser Technik empfiehlt es sich, mit dem blassesten Farbton zu beginnen und mit jedem Schritt dunkler zu werden. So haben Sie die Möglichkeit, Korrekturen vorzunehmen, bevor die Farben zu intensiv werden und sich schlecht entfernen lassen.

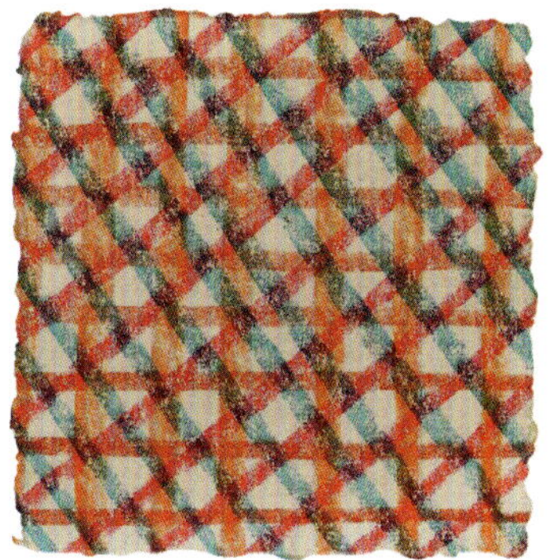
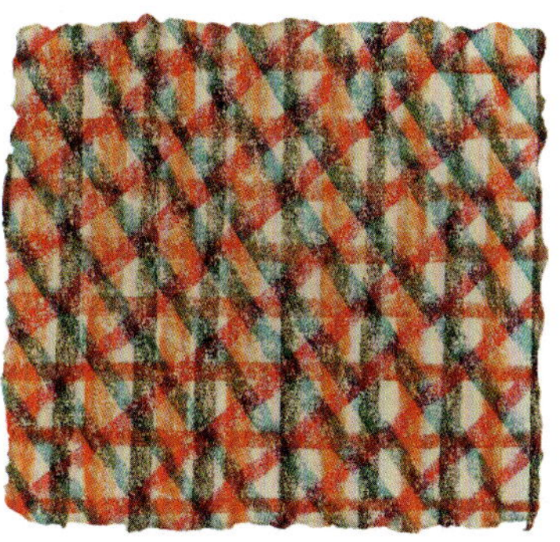
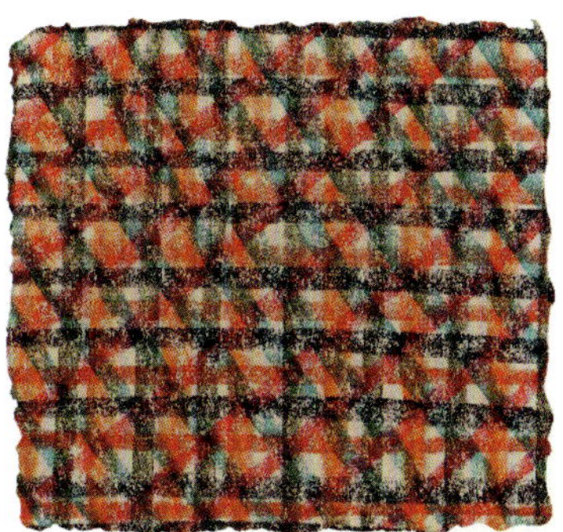

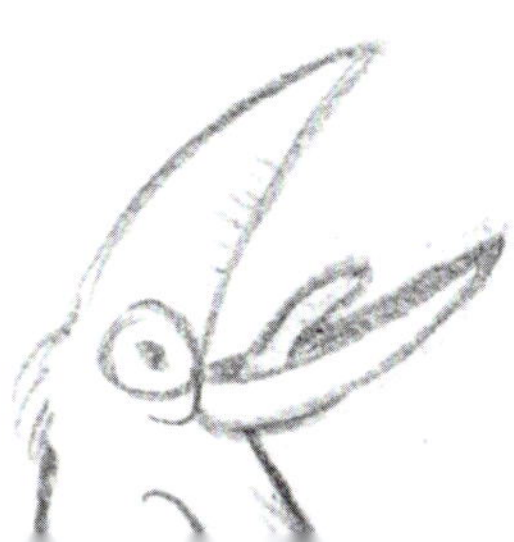

Schraffuren: Zeichenbeispiel

Dieses Mal soll der Rabe seine Farbigkeit durch die Anwendung von Kreuzschraffuren erhalten und dadurch sogar eine Idee von Dreidimensionalität ausstrahlen. Zu diesem Zweck habe ich zunächst der Körperform folgend einzelne Reihen aus Linien angelegt. Am Schnabel, dem Flügel, den Schwanzfedern und dem Ast, auf dem der Vogel sitzt, kamen gleich mehrere Farbtöne zum Einsatz, um direkt hellere und dunklere Bereiche zu erzeugen und somit den Eindruck von Plastizität zu unterstützen. Stellen, die Lichtreflexe wiedergeben sollen, wie auf dem Schnabel, lasse ich weiß. Nachdem der komplette Rabe auf diese Weise mit Linien versehen war, habe ich den kompletten Prozess in einer anderen Ausrichtung wiederholt, sodass eine Kreuzschraffur entstand. Am Ende habe ich schließlich noch die einzelnen Konturen mit einem dunklen Farbstift nachgezogen.

Je größer Sie die Zeichnung anlegen bzw. je kleiner und enger Sie die Schraffuren setzen, desto geschlossener, aber auch dunkler wird das Ergebnis. Wählen Sie also folglich lieber einen helleren Farbton, wenn Sie vorhaben, einen helleren Bildbereich anzulegen. Eine Ausnahme bilden dabei Schwarz-Weiß-Zeichnungen, in denen auf sonstige Farben verzichtet wird und einzig und allein über die Schraffurdichte die gewünschten Grautöne erzeugt werden.

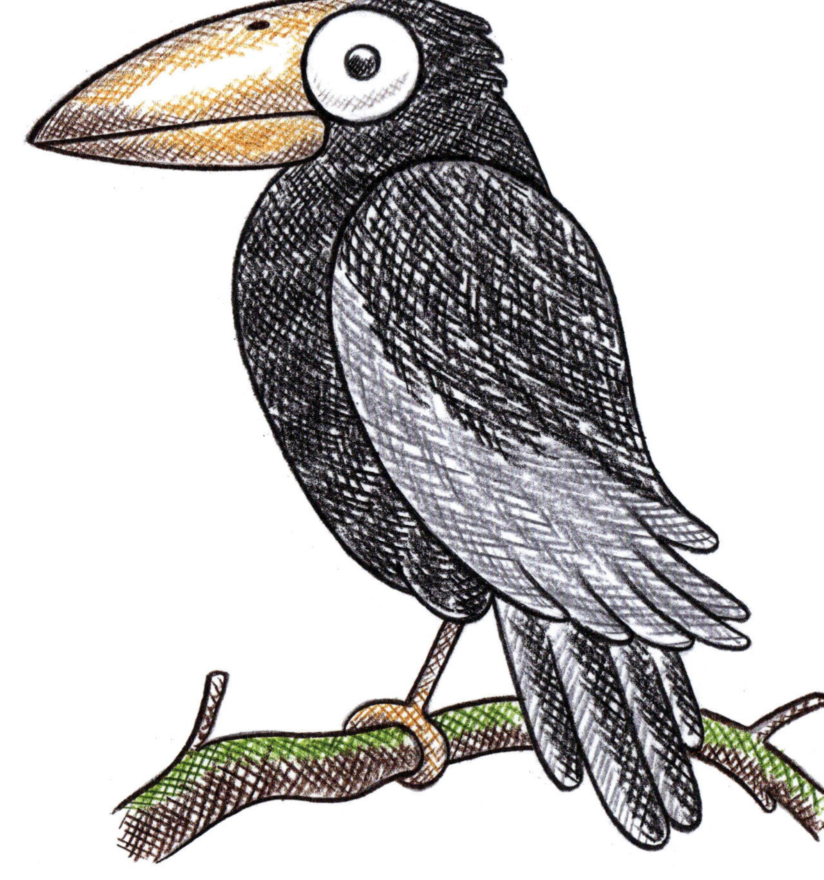

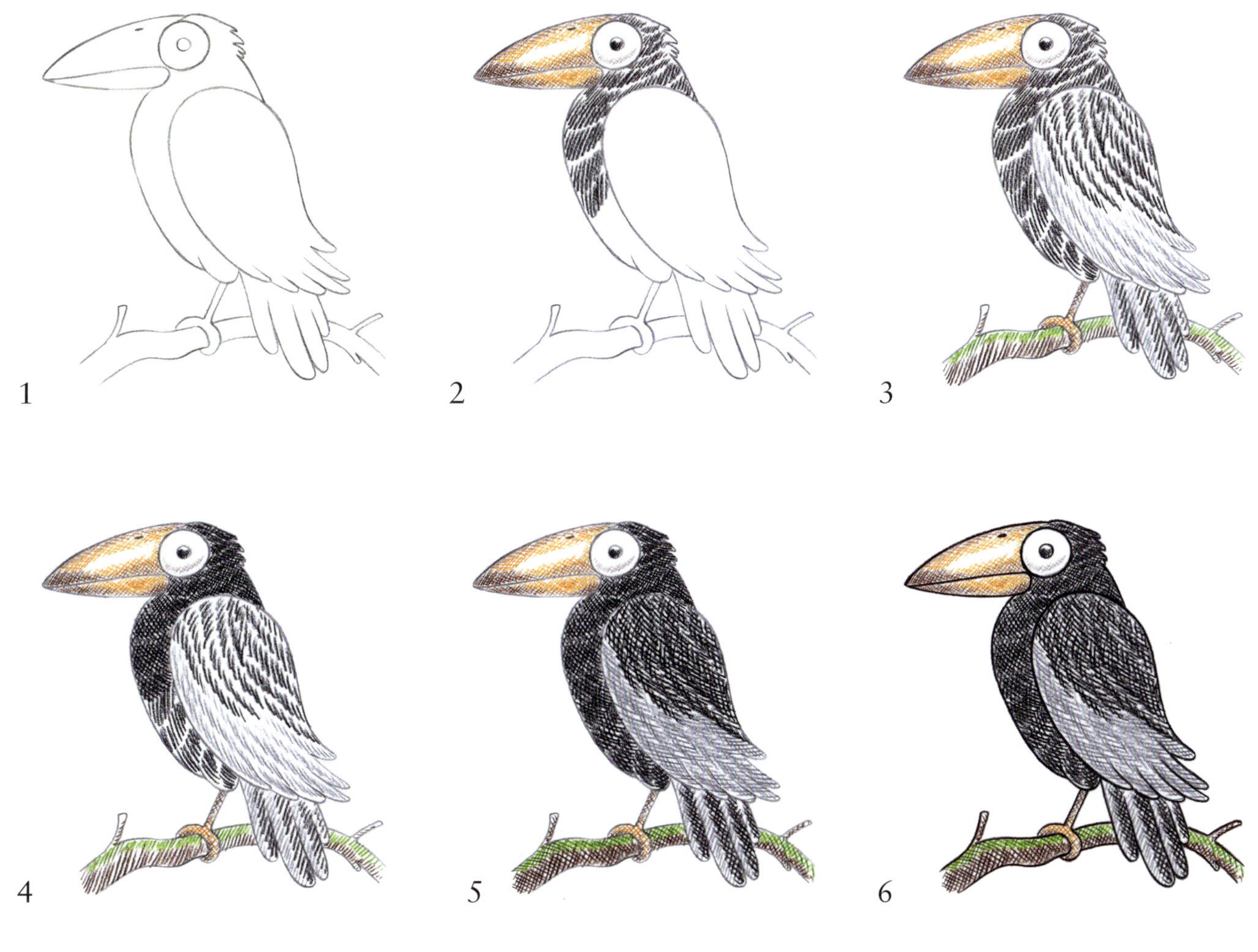

Rabe mit Schraffurtechnik

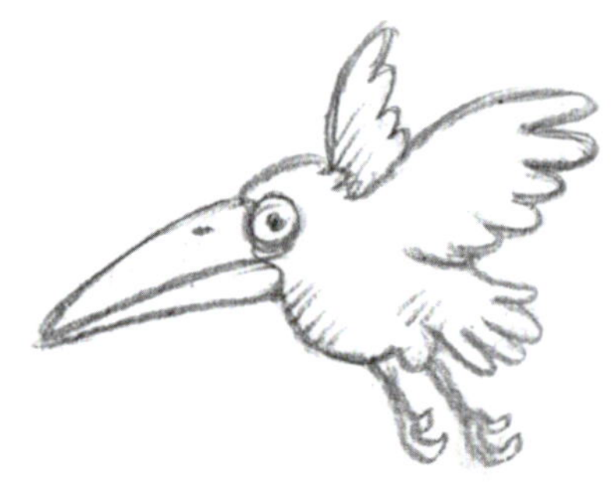

Farblehre

Es gibt eine unendliche Vielfalt an Farbtönen. Sie alle sind im Licht enthalten, das wir zumeist als Weiß wahrnehmen. Schickt man die Lichtstrahlen durch ein Prisma, wird es gebrochen und das komplette Spektrum wird sichtbar, ähnlich wie im Regenbogen. Neben dem gängigen Modell des Lichtspektrums existiert auch der Farbkreis. Farben, die sich hierbei gegenüber liegen, bezeichnet man als Gegen- oder auch Komplementärfarben. Viele der Farben in Ihrer Stiftesammlung sind Mischfarben, also das Ergebnis der Kombination der acht Grundfarben Rot, Grün, Blau, Cyan, Magenta, Gelb, Weiß und Schwarz.

Bei der künstlerischen Arbeit wenden Sie in Ihren Werken Farben in manipulierender Weise an, um eine bestimmte Wirkung oder Stimmung zu erzeugen. Es erfordert Erfahrung, Schritt für Schritt die Kontrolle über Farbsättigung und -intensität zu erlangen, indem Sie die Abgabe der Pigmentmenge und die Mischverhältnisse zwischen Farbtönen bewusst steuern.

Farbkreis

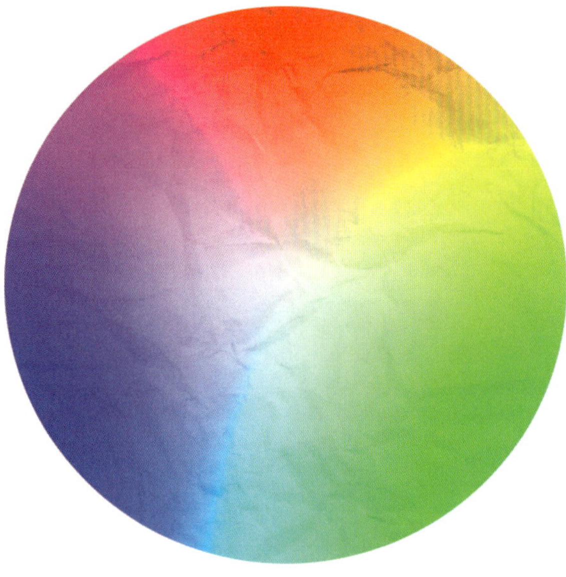

Spektrum

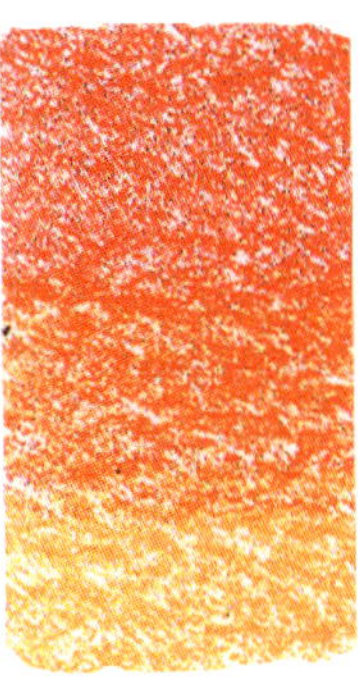
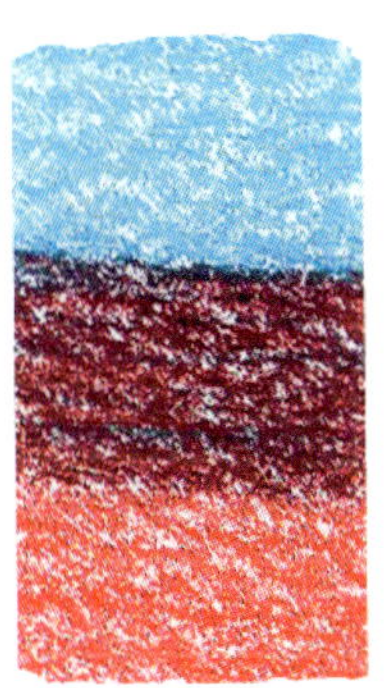
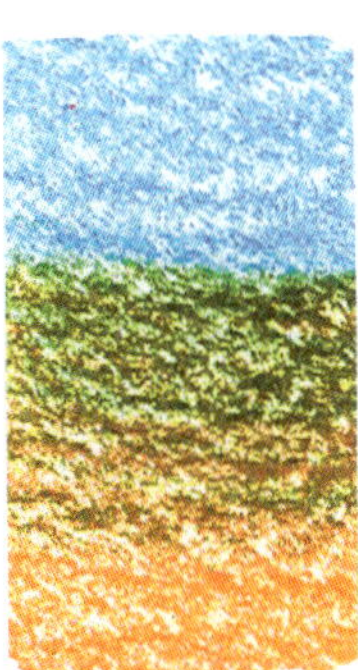

Die Kombination von zwei Farben untereinander ergibt häufig einen neuen Farbton: Rot und Gelb werden zu Orange, Blau und Gelb zu Grün usw. Wenn Sie dagegen Komplementärfarben kombinieren, werden Sie immer einen Braunton erhalten, der fast identisch ausfällt. Die Gegenfarben heben sich in ihrer Leuchtkraft auf. Dies müssen Sie besonders beachten, wenn Sie mehrere Farbschichten übereinander auftragen.

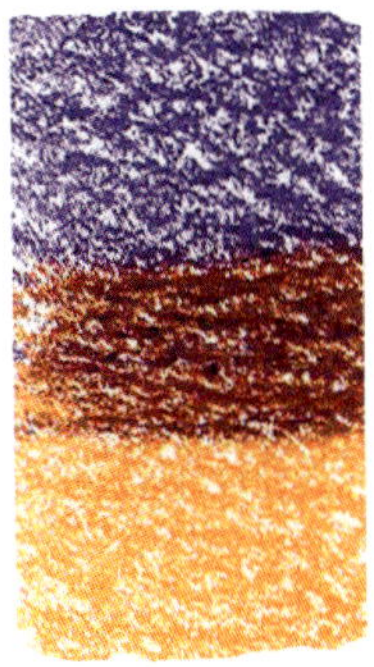
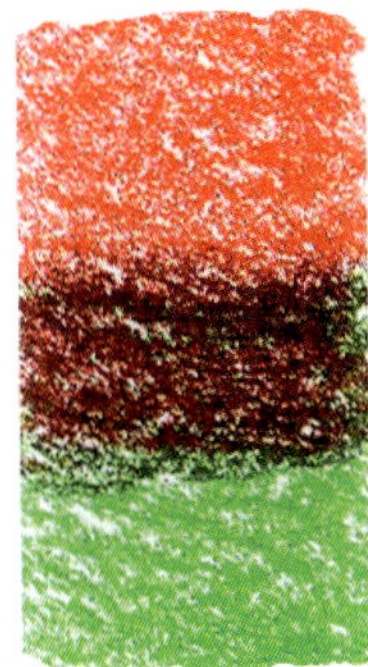
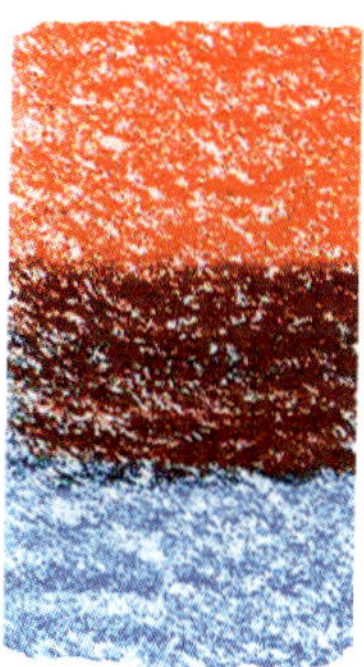

Farbe und Komposition

Die Komposition von Farben und Formen ist das absolute Herzstück einer jeden Zeichnung und muss daher ausreichend konzipiert und entwickelt werden. Ganz allgemein ist anzumerken, dass jede Farbe und auch jede Form eine unterschiedliche Wirkung hat und somit auch für eine bestimmte Gewichtung innerhalb der Zeichnung sorgt. Aufsteigende Linien werden beispielsweise in der Regel als positiver empfunden als abfallende; runde Formen vermitteln einen weichen, fließenden Eindruck, wohingegen Quadrate eine gewisse Strenge und Ordnung ausstrahlen.

Auch die Farben haben in ihren unterschiedlichen Intensitäten maßgeblichen Einfluss auf die Bildwirkung. Blautöne beispielsweise haben eine eher kühle und beruhigende Wirkung. Die Rot- und Orangetöne sind dagegen wesentlich dominanter und wärmer. Die Größe der entsprechenden Farbflächen ist ebenfalls von wesentlicher Bedeutung.

Ich empfehle Ihnen, intuitiv und nicht rational an viele dieser augenscheinlichen Regeln und Problematiken heranzugehen. Probieren Sie im Zweifelsfall unterschiedliche Farben aus und korrigieren Sie Formen, um experimentell herauszufinden, welche Wahl die bessere ist.

In einer Skizze legen Sie zunächst alle wesentlichen Elemente an. Sie liefern Ihnen die ersten handfesten Anhaltspunkte, mit deren Hilfe Sie die Skizze korrigieren und verfeinern können. Machen Sie sich Gedanken, wie

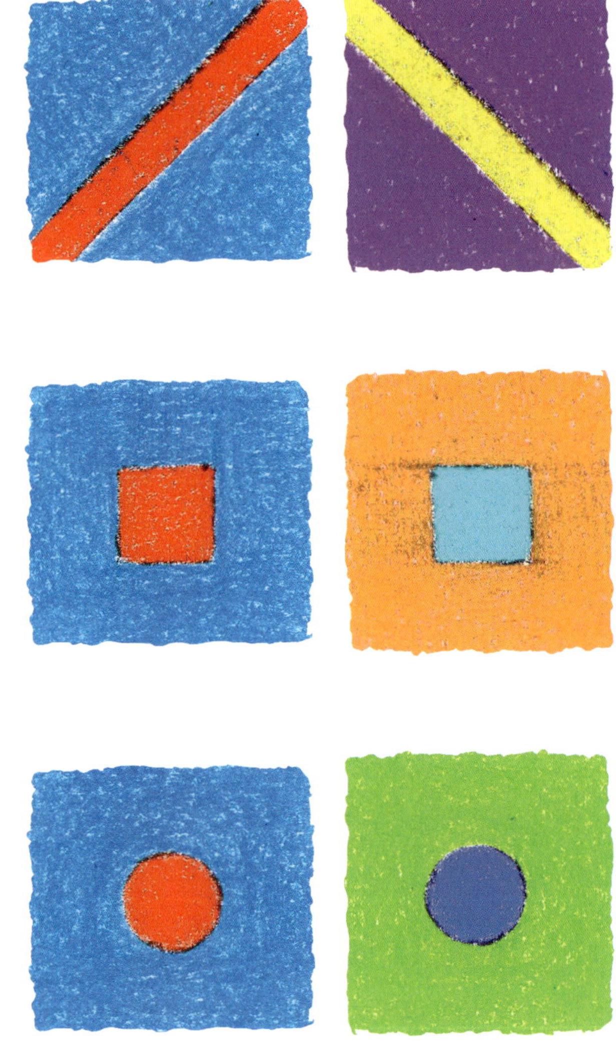

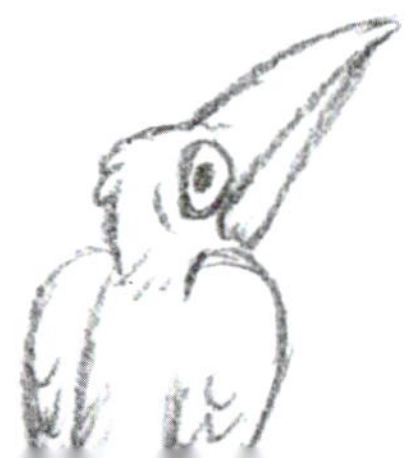

viel Raum dem Hauptmotiv gegeben werden soll und ob ein Hoch- oder ein Querformat die bessere Wahl ist. Je nachdem, wie Sie sich entscheiden, setzen Sie den Fokus auf unterschiedliche Bildelemente oder nehmen ihn zurück. Ist der Rabe in der Beispielserie oben links noch sehr dominant, so ist er im rechten Bild lediglich ein Inhalt von vielen und nicht viel gewichtiger als die Bäume oder die Wolken. Das Hochformat macht diesen Entwurf viel luftiger und freier als die beiden Querformate.

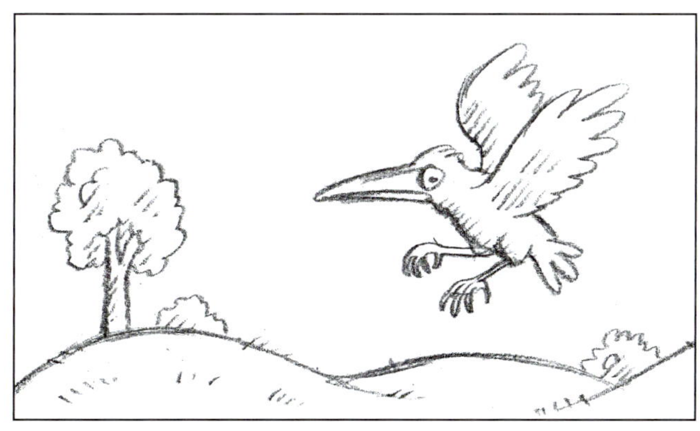

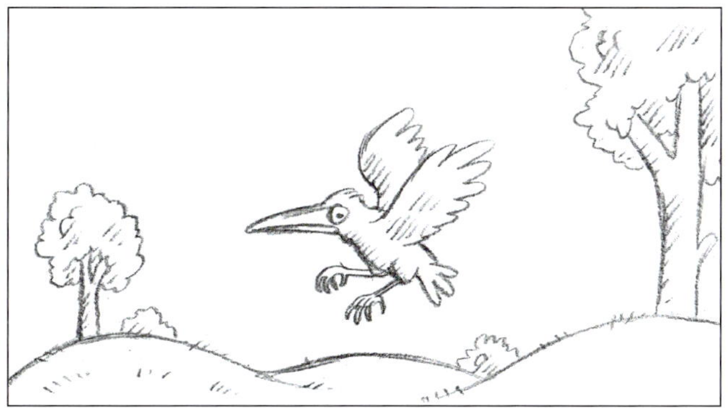

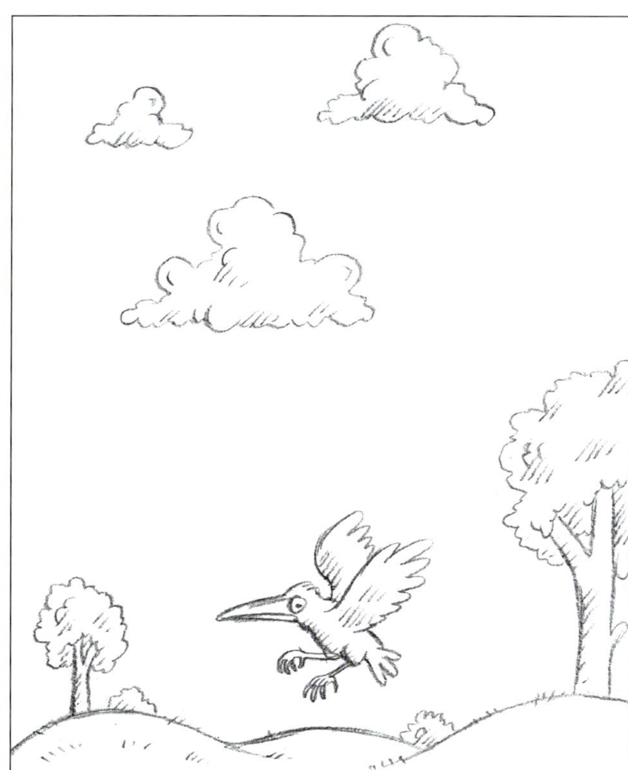

Farbintensität

Der kontrollierte Umgang mit Buntstiften erfordert ein Gespür, das sich mit der Zeit und regelmäßiger Wiederholung entwickelt. Es geht vor allem darum, den Stift je nach Anwendungszweck mit entsprechend viel bzw. wenig Druck auf dem Papier zu bewegen und somit viel oder wenig Pigmente abzureiben. Die Beispiele unten zeigen, dass Sie bereits mit einem einzigen Farbstift durch variierenden Druck unterschiedliche Intensitäten und Farbsättigungen erzeugen können. Es müssen also nicht unbedingt mehrere Farbstifte zum Einsatz kommen, um Verläufe oder Schattierungen herzustellen.

Durch das zur Verfügung stehende Farbspektrum an Grautönen, angefangen von Schwarz bis hin zu Weiß, können Sie zudem Farbigkeiten sehr neutral sowohl aufhellen als auch abdunkeln und Intensitäten beeinflussen. Ich empfehle, lieber ein paar Farbtöne zu viel als zu wenig zu haben, um für jede Situation und jeden Anwendungszweck direkt den passenden Farbton parat zu haben. So vermeiden Sie Kompromisse und sparen häufig eine Menge Zeit, weil Sie nicht dazu gezwungen sind, den gewünschten Farbton über Umwege und durch mühsames Farbmischung selbst zu generieren.

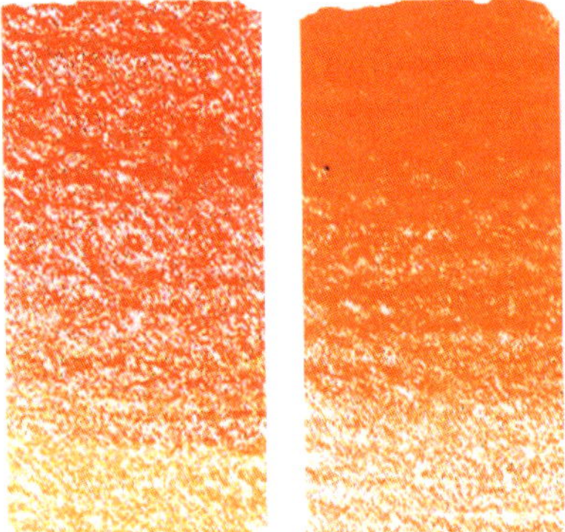

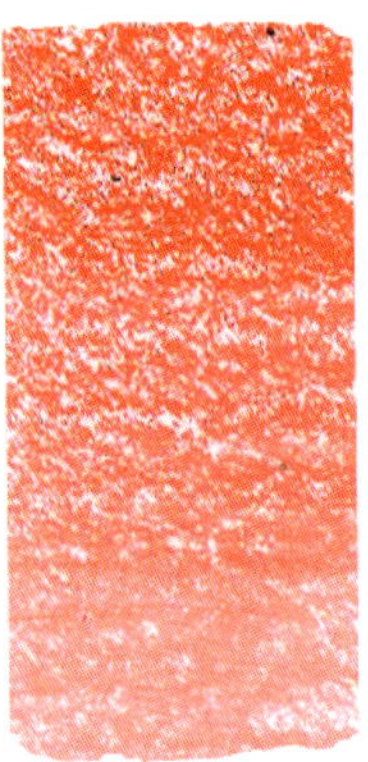
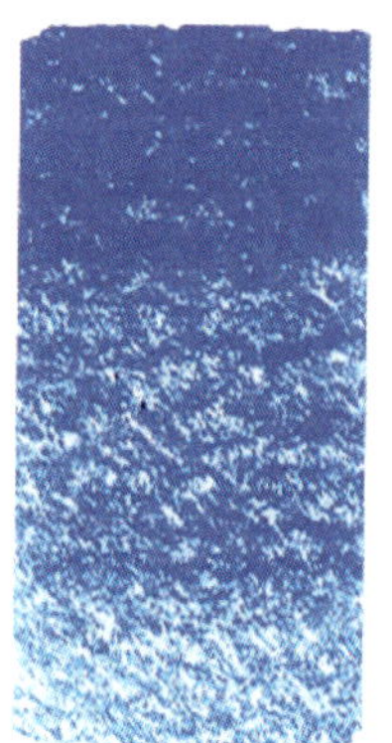
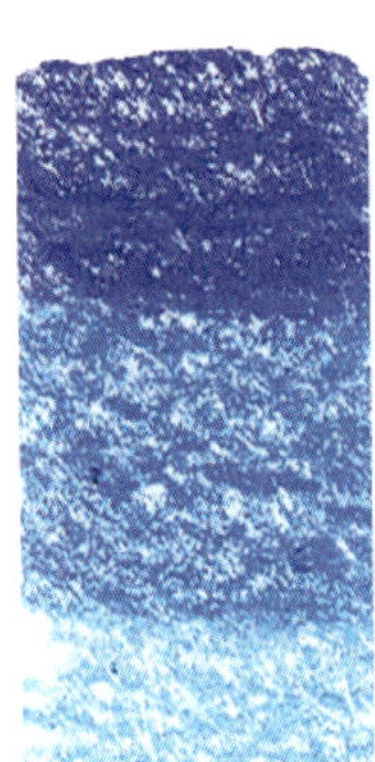

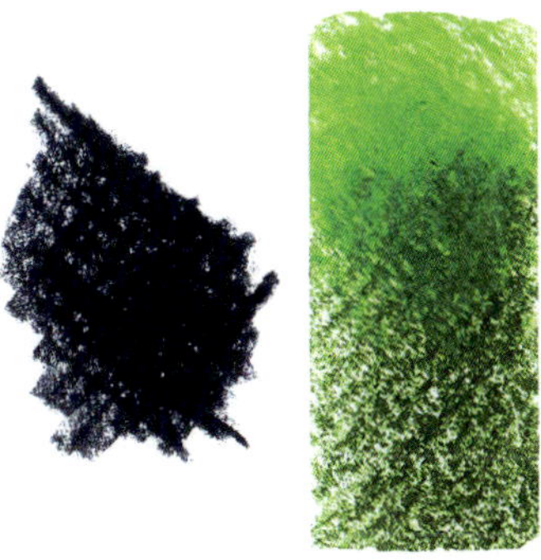
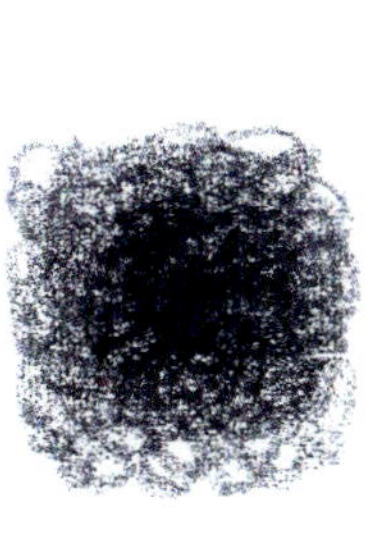

Farbauftrag

Ein weiterer wichtiger Aspekt ist die Art und Weise, wie Sie die Farbe auf den Zeichengrund auftragen. Im Laufe der Jahre konnte ich in dieser Hinsicht viele Methoden ausprobieren. Dabei gibt es nicht die eine ultimative Technik, denn je nach gewünschter Wirkung innerhalb der Zeichnung hat die ein oder andere Methode ihre Vor- und Nachteile.

Von diversen möglichen Kombinationen einmal abgesehen, gibt es drei Möglichkeiten des Farbauftrags mit Buntstiften. Sie können die Stifte immer in derselben Richtung benutzen, Farbtöne schichten und die Pigmente durch viel Druck immer tiefer in die Papierstruktur einarbeiten. Allerdings wird die Zeichenrichtung so fast immer erkennbar bleiben. Um dem entgegenzuwirken, empfiehlt sich die Anwendung der bereits vorgestellten Schraffurtechniken (siehe Seite 76). Für das Ergebnis mit der geschlossensten Oberfläche und den fließenden Verläufen nutze ich kleine kreisförmige Bewegungen. Diese Technik erfordert mehr Zeit, zahlt sich jedoch aus.

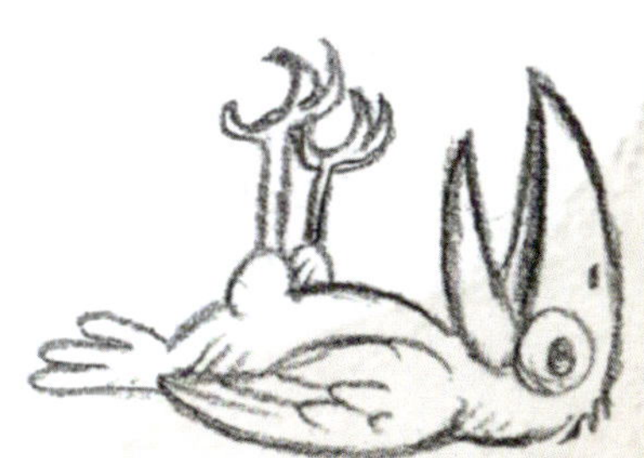

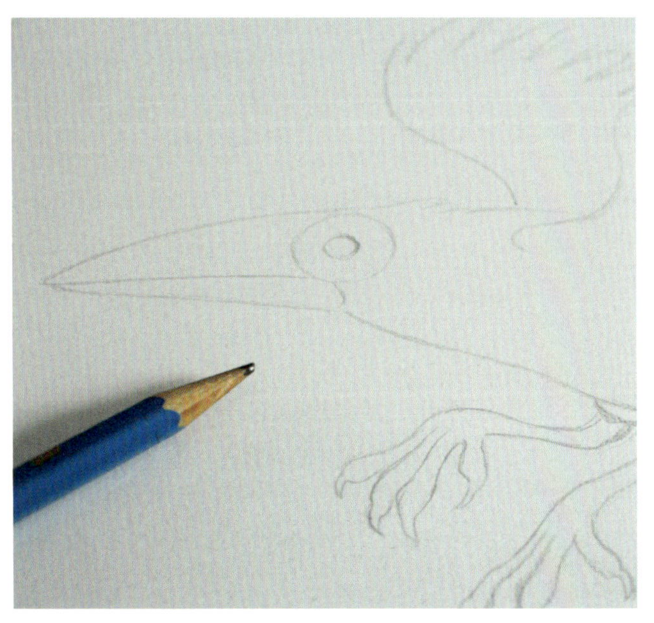

Farbauftrag: Zeichenbeispiel

Wie immer stand am Anfang des Zeichenprozesses eine Skizze, die ich mit einem Bleistift dezent zu Papier gebracht habe. Im Folgenden legte ich zunächst die Schattenbereiche an, also die tendenziell dunkleren Flächen. Um den Ablauf ein wenig zu strukturieren und die Übersicht zu behalten, sollten Sie sich jeweils auf einzelne Bildbereiche konzentrieren und nicht direkt an allen Ecken und Enden der Zeichnung gleichzeitig arbeiten. Für die angestrebte, möglichst glatte Oberfläche des Schnabels führte ich die Stifte in kleinen kreisförmigen Bewegungen auf dem Papier. Nach den dunkelsten Tönen folgten die nächsthelleren, die ich direkt auf den bereits gefärbten Bereichen aufgetragen und geschichtet habe.

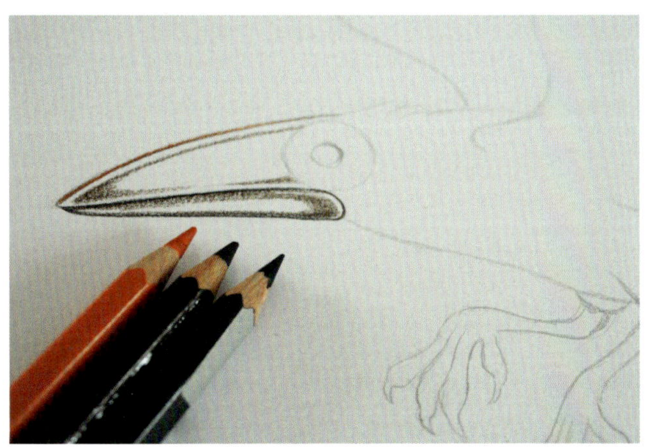

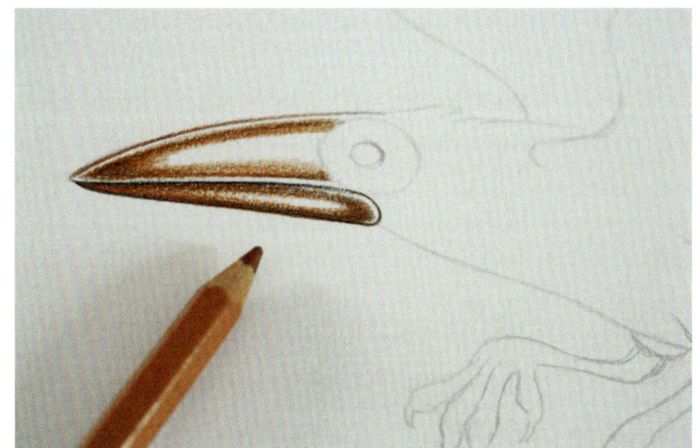

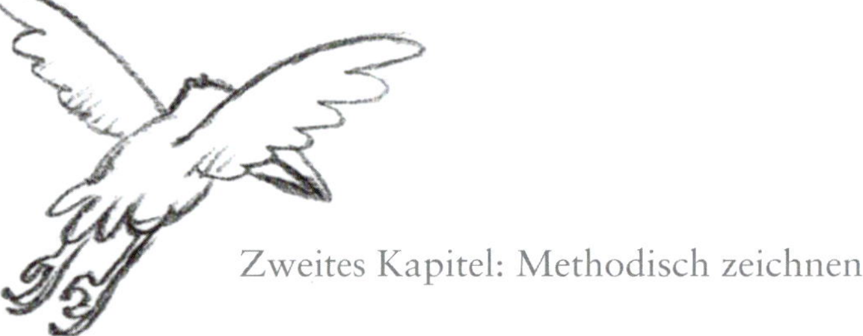

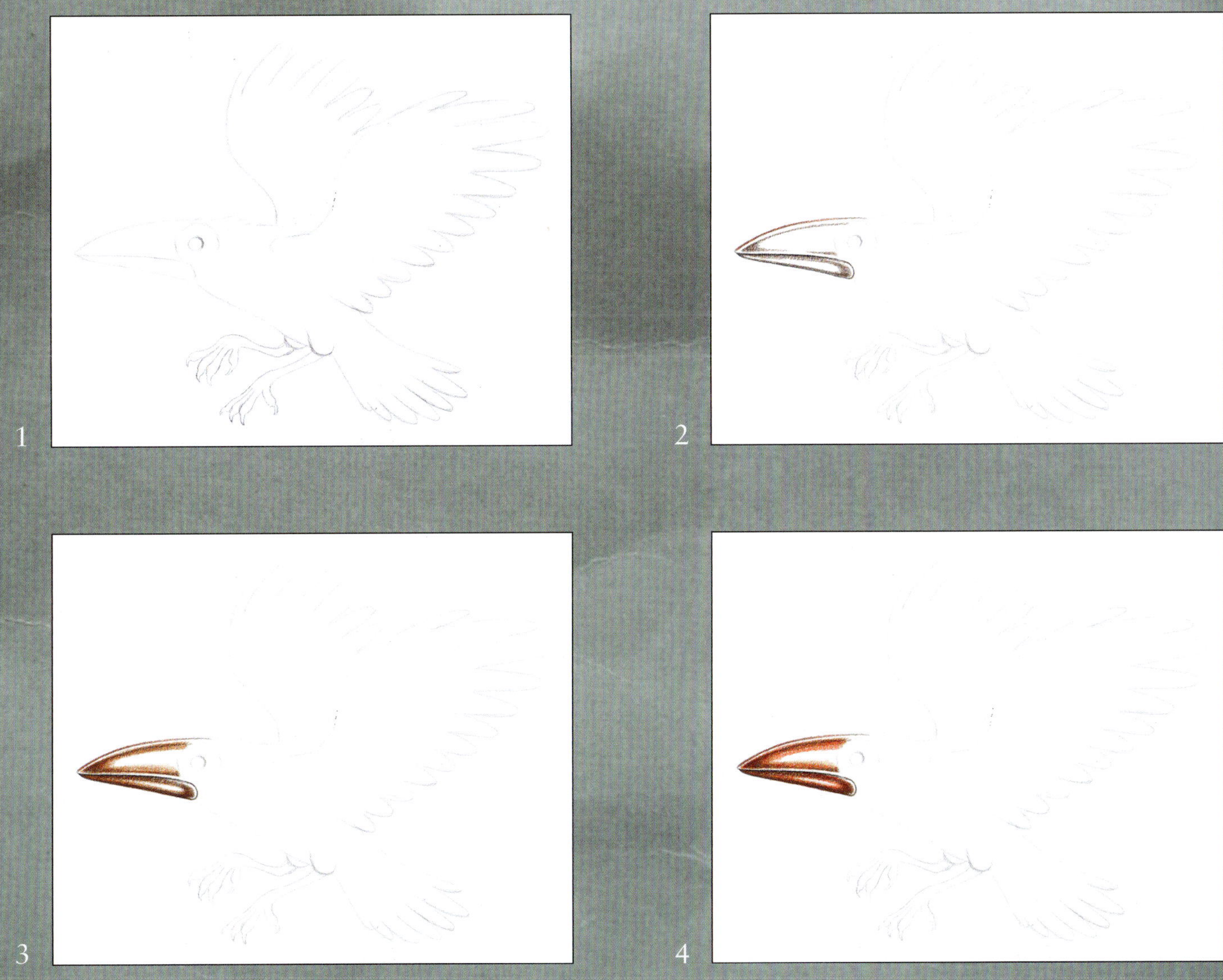

Farbauftrag beim Raben

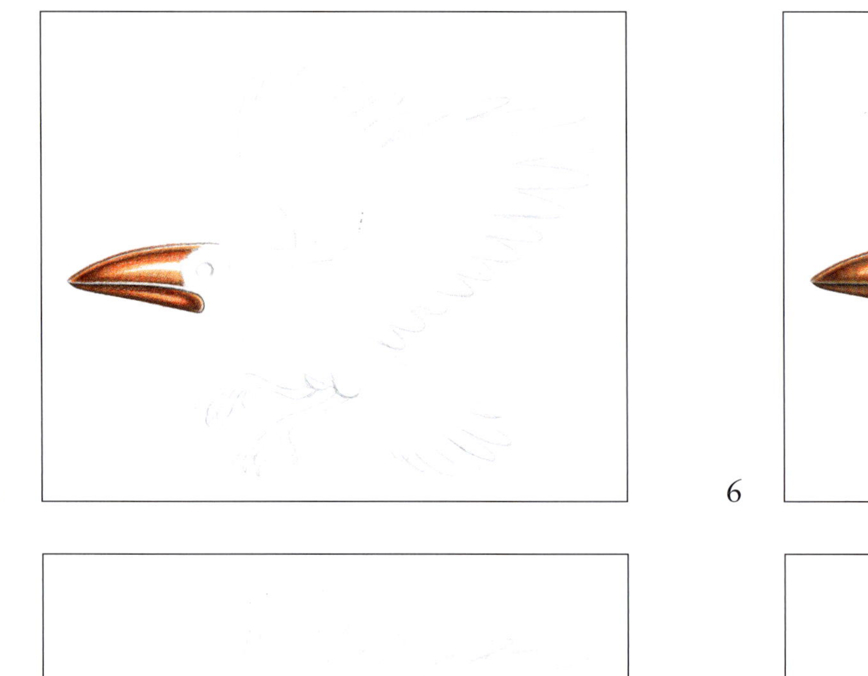
5

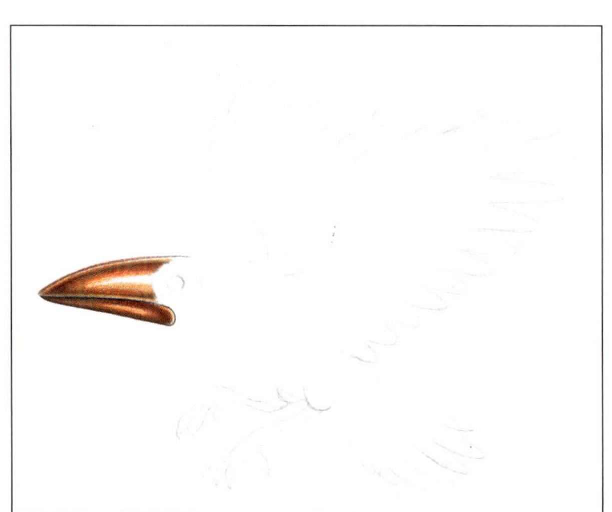
6

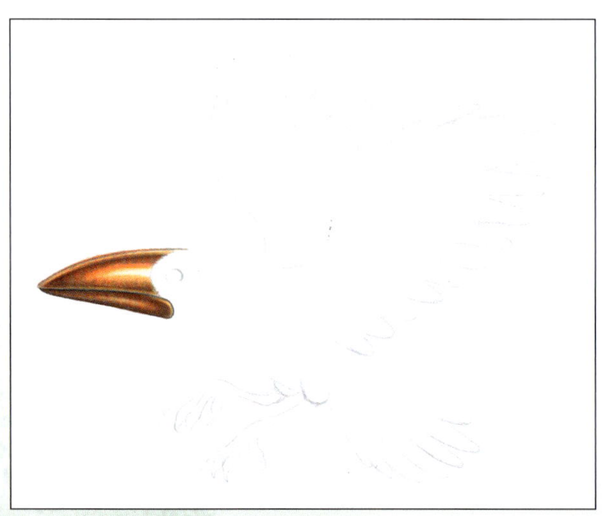
7

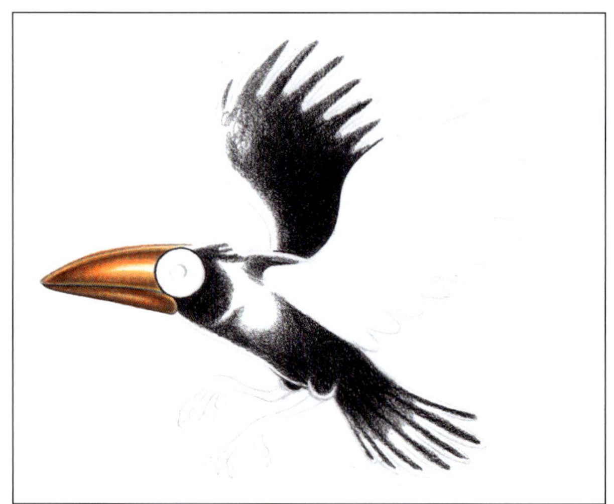
8

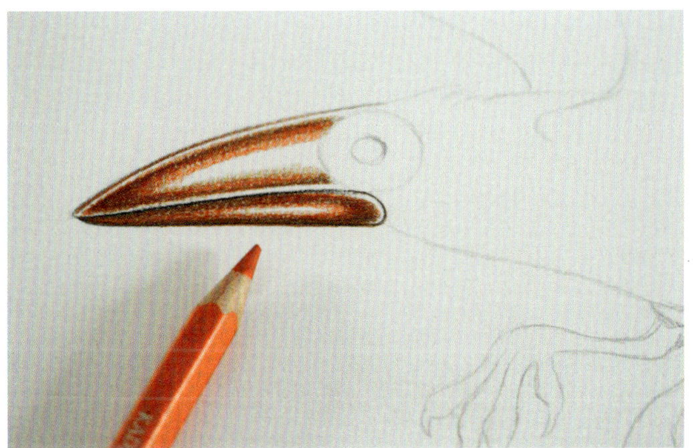

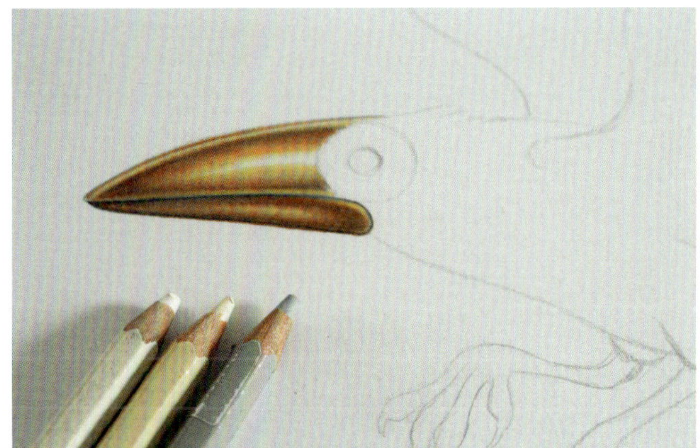

Nachdem die gewünschte Farbigkeit angelegt war, ging es darum, der Oberfläche einen wirklich glatten Look zu verpassen. Dafür nutzte ich Grau- und Beigetöne, die mit vermehrtem Druck die Pigmente ineinander vermalten. Sie sollten bei dieser Technik immer davon ausgehen, dass die Farbintensität und Sättigung der mit Grau übermalten Farben ein wenig zurücktreten werden und gegebenenfalls im Anschluss nochmals hier und dort angepasst werden müssen.

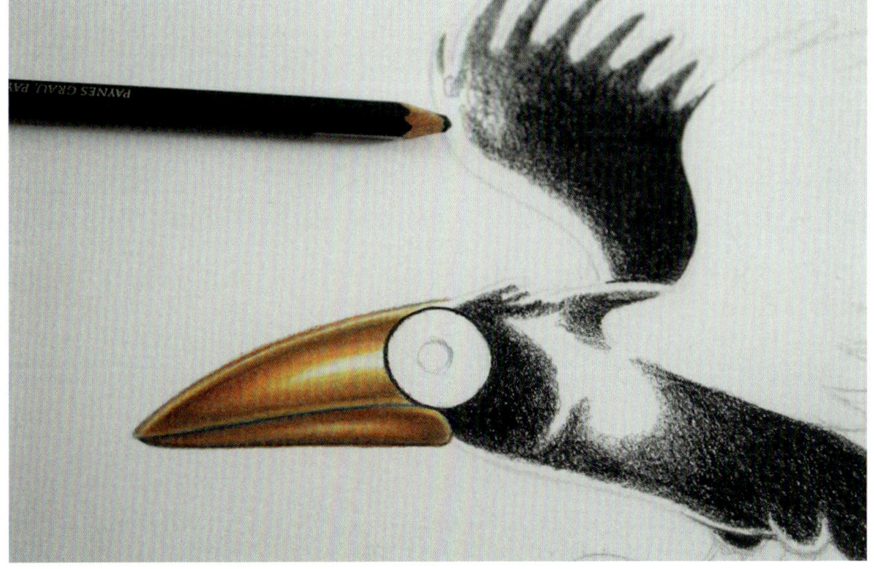

Die Füße des Raben entstanden in identischer Art wie der Schnabel. Überlegen Sie dabei immer, aus welcher Richtung das Licht ungefähr auf das Motiv fällt. So können Sie sehr einfach die Licht- und Schattenverhältnisse ableiten. Vor allem die Augen bedürfen ganz besonderer Aufmerksamkeit. Durch sie erhält die Figur maßgeblich die Illusion von Lebendigkeit. Der Lichtpunkt in der Pupille ist ein guter Anfang. Variieren Sie ebenso den weißen Bereich des Auges mit einigen grauen Schattierungen.

Für den Körper inklusive Flügel und Schwanz verzichtete ich ganz bewusst darauf, mit Grautönen nachzuarbeiten, um so die interessante Oberfläche zu erhalten, in der immer noch einige weiße Bereiche des Papiers durch die dunklen Flächen blitzen. Wichtig ist dabei, dass sie sich langsam vorarbeiten. Denn eine bereits dunkle Fläche lässt sich fast unmöglich wieder aufhellen. Zumindest nicht, ohne die besagte Struktur zu verlieren. So habe ich an den helleren Bereichen des Raben, beispielsweise an den äußeren Flügelkanten und dem Schulterbereich, auch keinen schwarzen, sondern einen grauen Stift verwendet, ohne dabei stark aufzudrücken. Nehmen Sie sich die Zeit, die Sie brauchen. Nur so entstehen beste Ergebnisse.

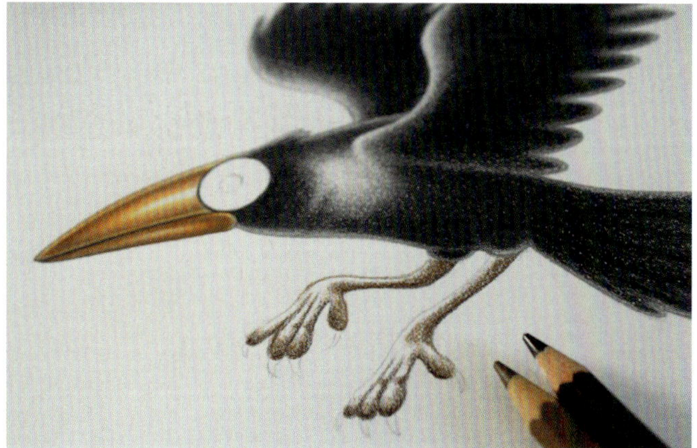

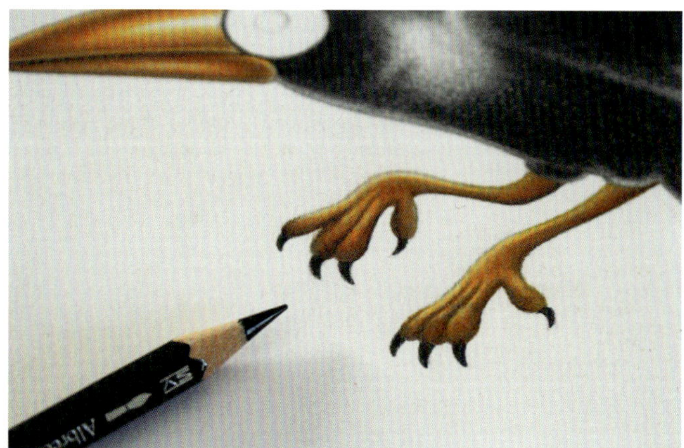

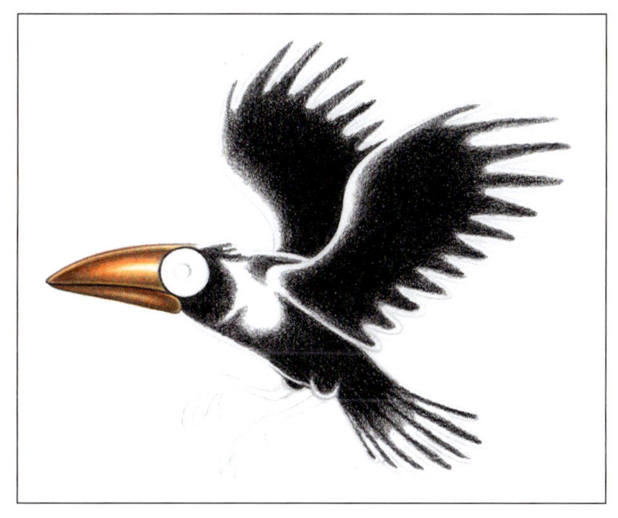
9

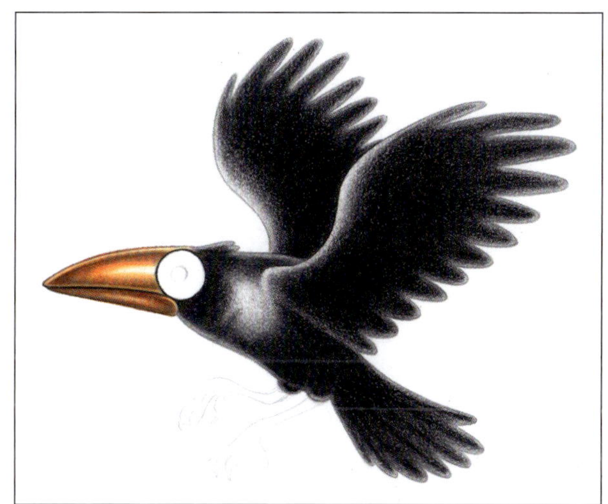
10

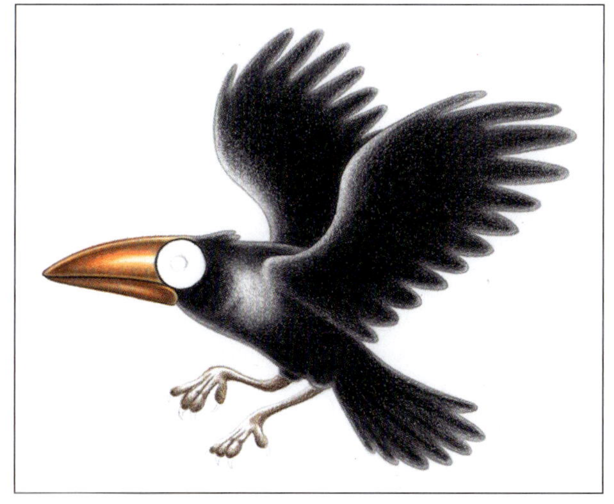
11

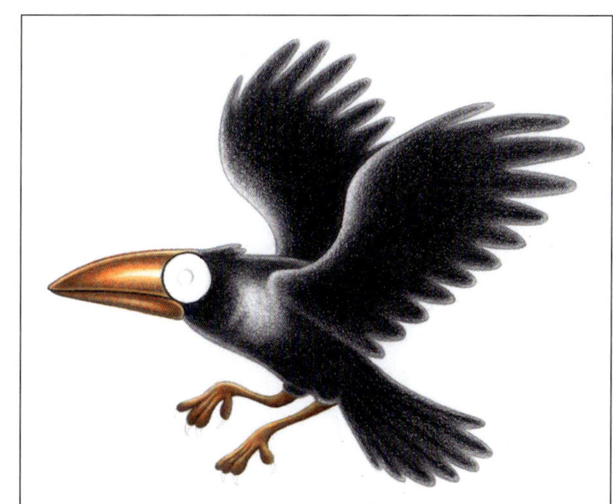
12

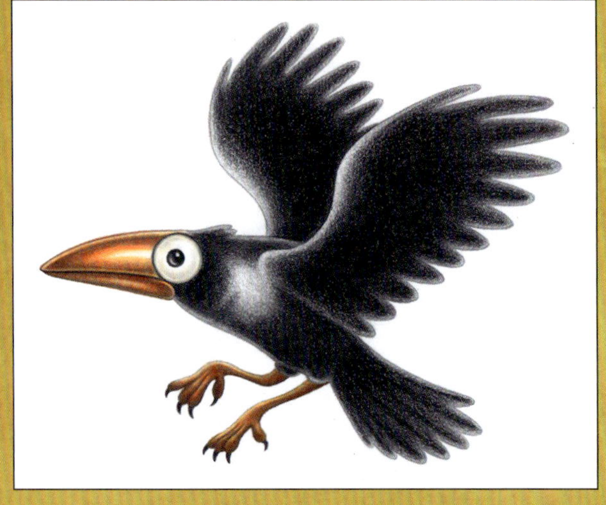

13

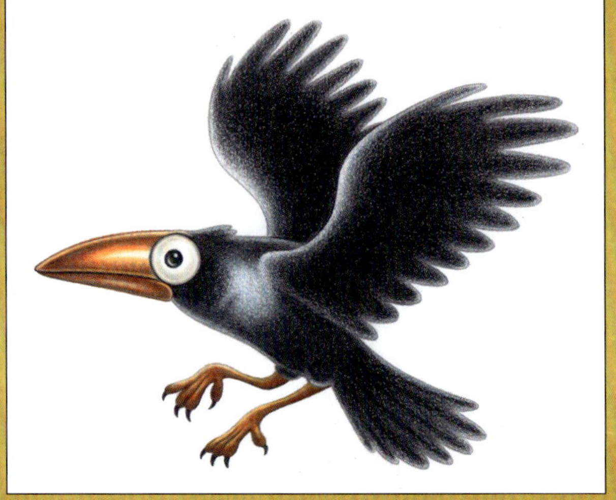

14

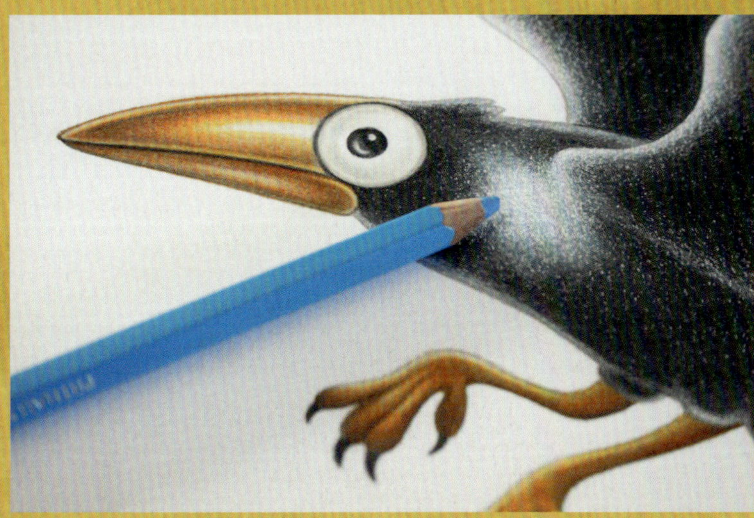

Nachdem nun auch alle Details wie Krallen und Auge umgesetzt waren, wollte ich der Zeichnung noch mehr Lebendigkeit verleihen, indem ich mit einem hellen Blauton die Farbigkeit ein wenig anpasste. Bei diesem Schritt ist es ganz wichtig, den Druck auf ein Minimum zu reduzieren und den Stift wirklich nur über das Papier gleiten zu lassen, damit das Ergebnis nicht zu dunkel und dominant wird.

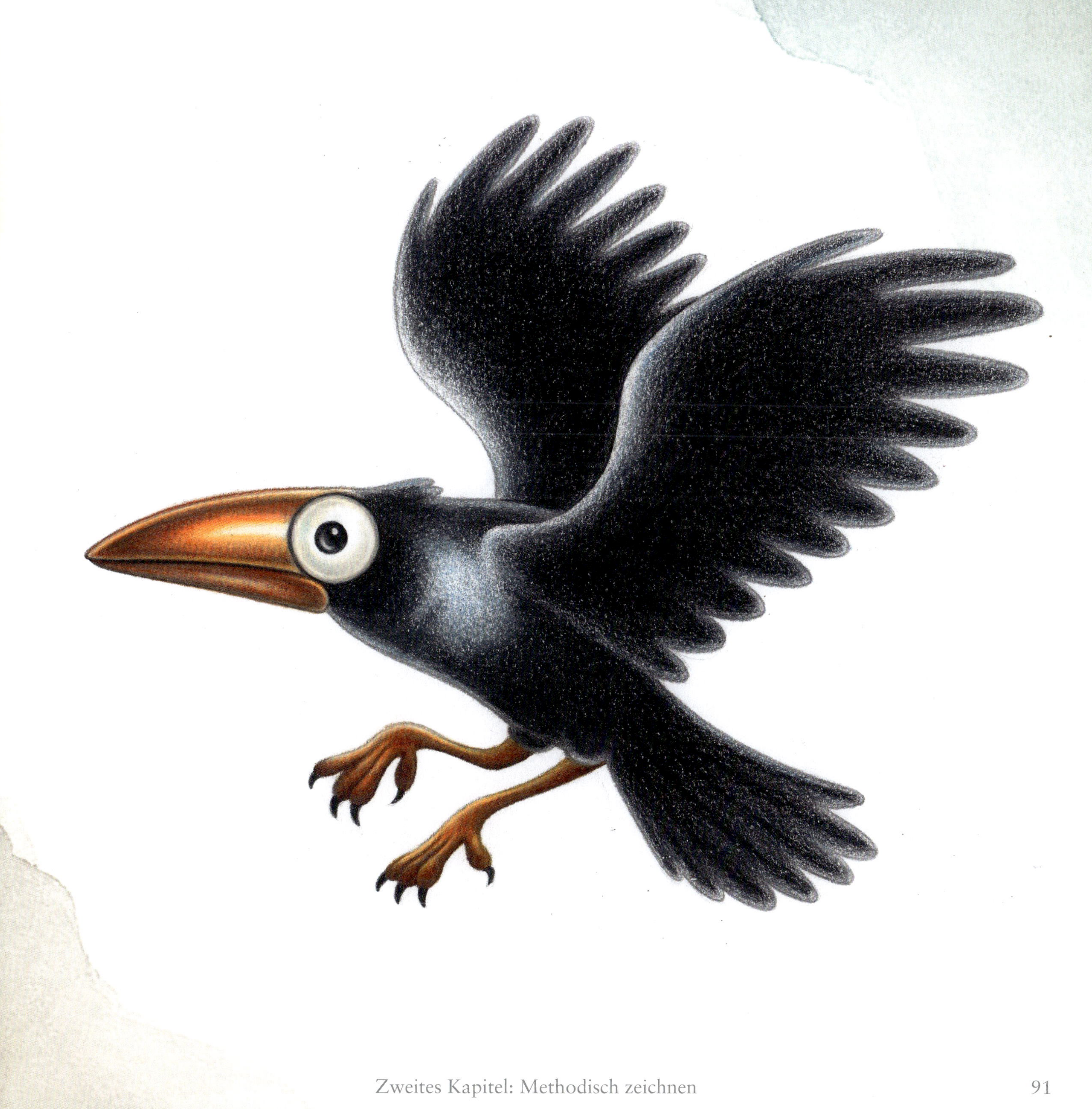

Stilisierte Vögel

Bevor wir uns im nächsten Kapitel den Herausforderungen von naturgetreuen Vogelzeichnungen widmen, möchte ich auf eine Art Zwischenschritt aufmerksam machen, bei dem bereits viele Aspekte wie Licht und Schatten sowie die zeichnerische Darstellung von verschiedenen Oberflächen und Strukturen eine tragende Rolle spielen, Sie aber dennoch in der Darstellung wesentlich mehr Freiheiten besitzen. Stilisierte Charaktere sind nicht nur lustig und es macht nicht nur großen Spaß, sie zu entwerfen, sondern sie sind Ihre eigene Schöpfung. So können Sie sich von tatsächlicher Anatomie und Farbigkeit loslösen und Ihrer Kreativität freien Lauf lassen. Das Skizzieren hat hierbei einen umso größeren Stellenwert, denn es gilt, die Figur komplett neu zu erfinden, und das ist in der Regel ein Prozess.

Am Beispiel der Eule lässt sich erkennen, dass das Tier durchaus die wesentlichen Merkmale eines echten Vogels aufweist, diese jedoch stark verändert und übertrieben sind. Durch die augenbrauenartigen Ohrfedern bekommt die Eule menschliche Züge, die Betrachter sofort zu interpretieren wissen. Der kleine Schnabel und die übergroßen Augen geben der Figur trotz des grimmigen Blickes etwas Niedliches, was durch die Kugelform des Körpers noch unterstützt wird.

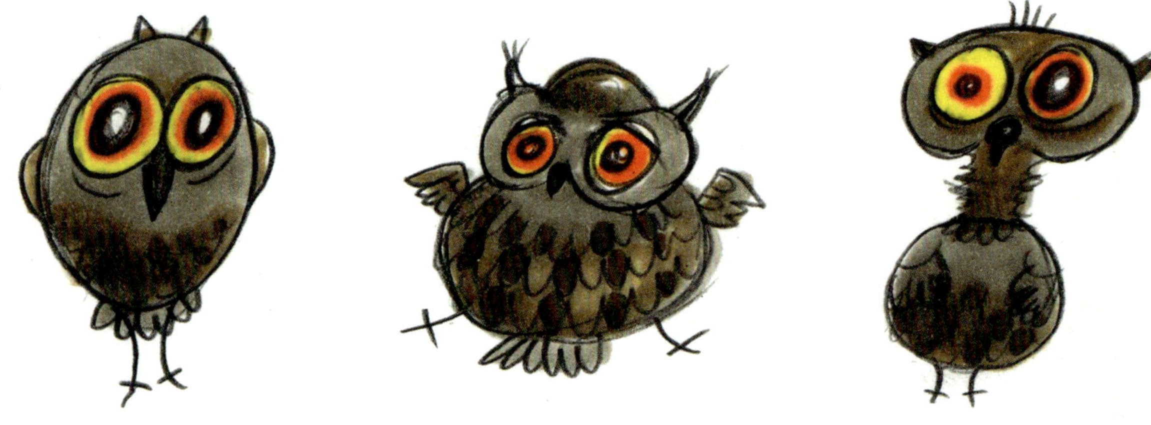

Eulen-Designs

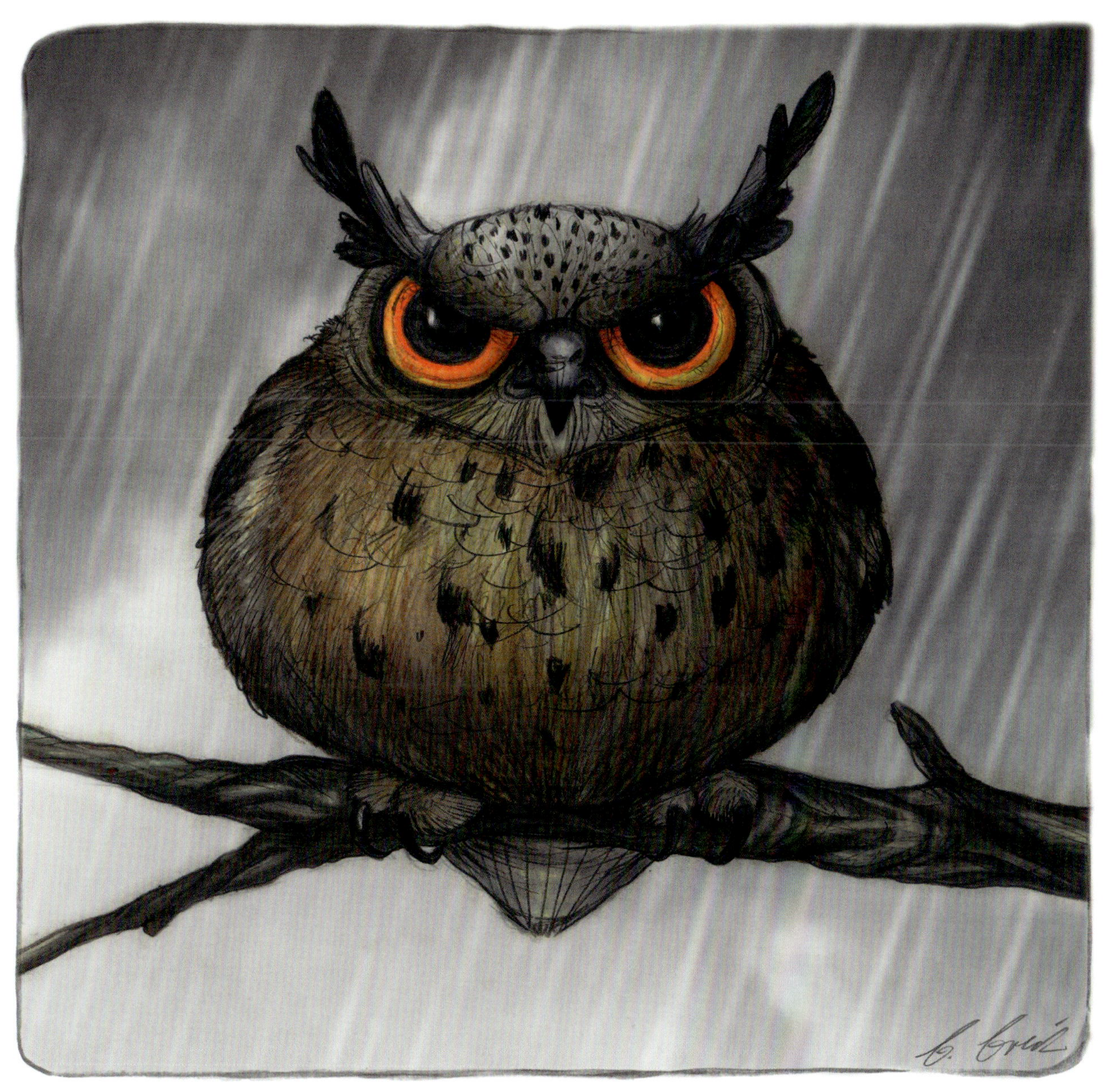

Eule im Regen

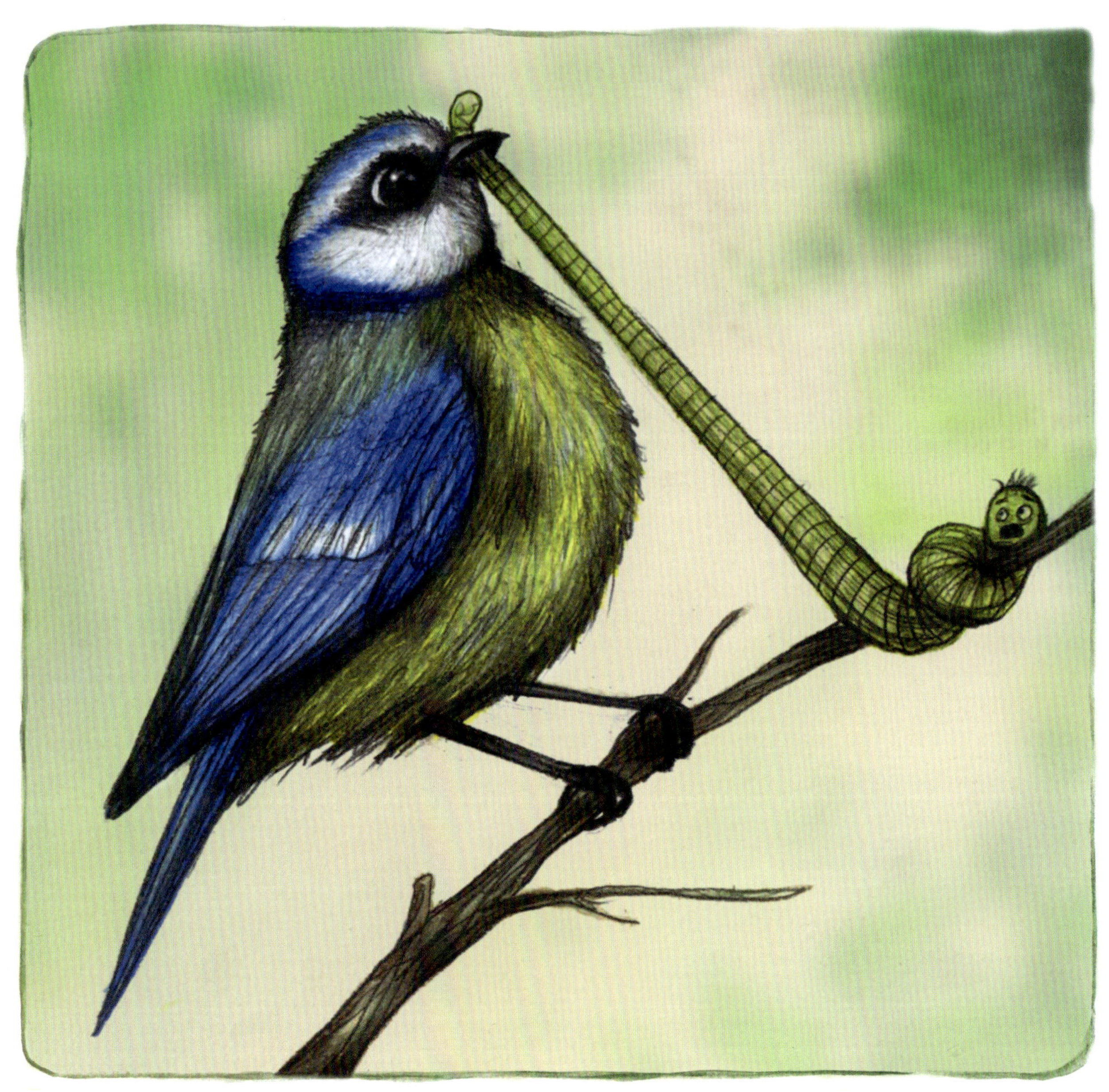

Futtersuche

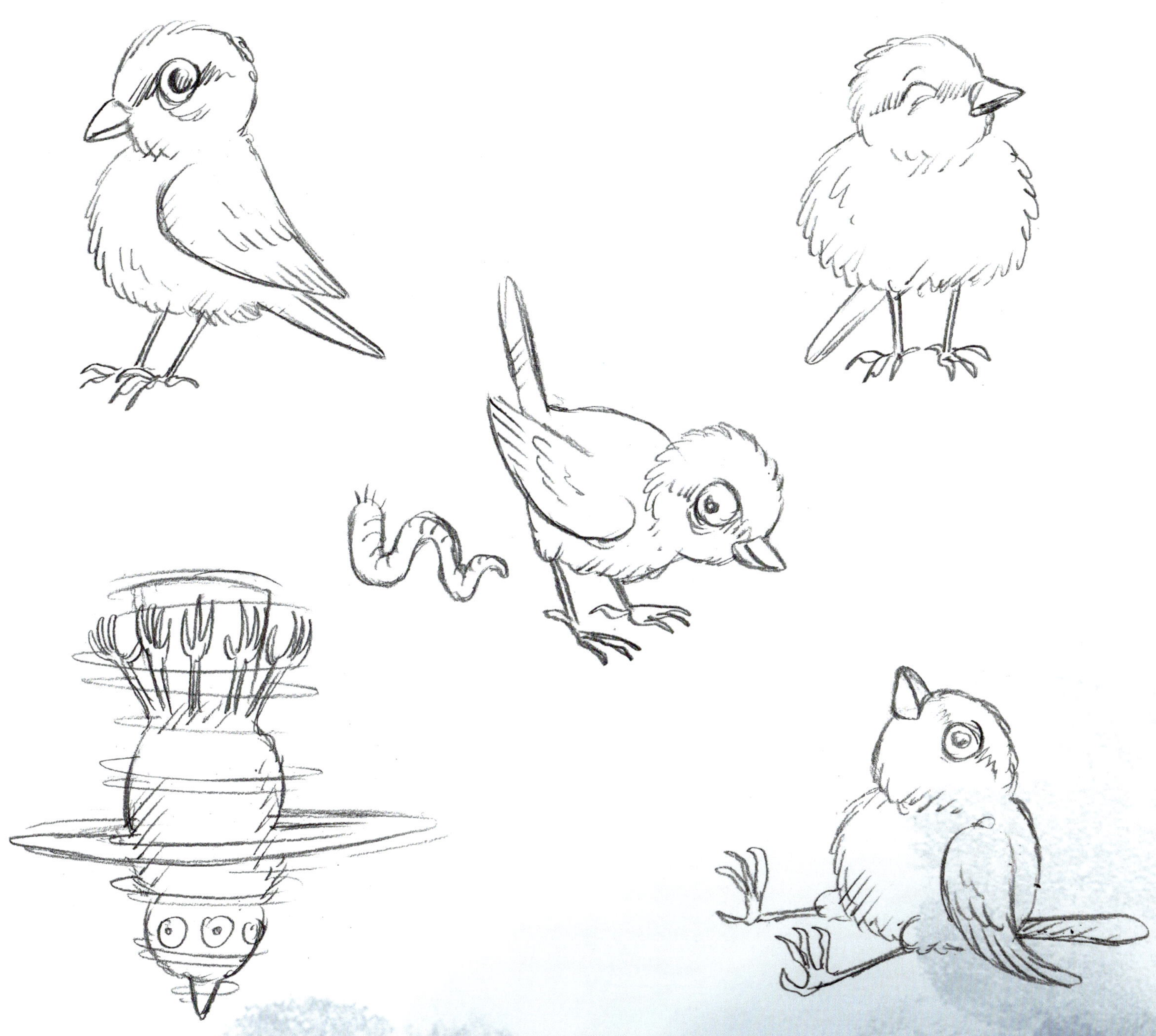

Skizzen: Meisen

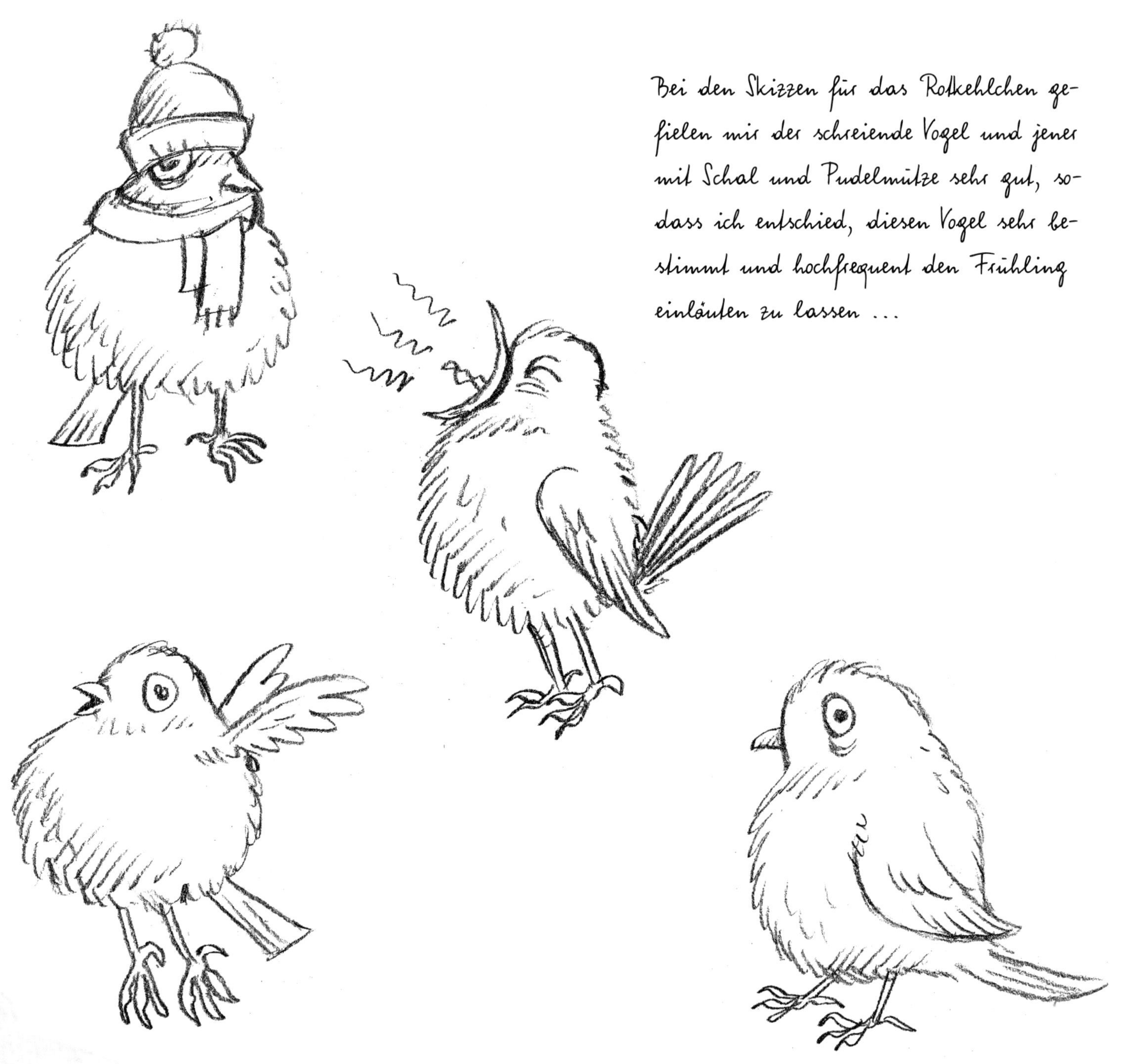

Skizzen: Rotkehlchen

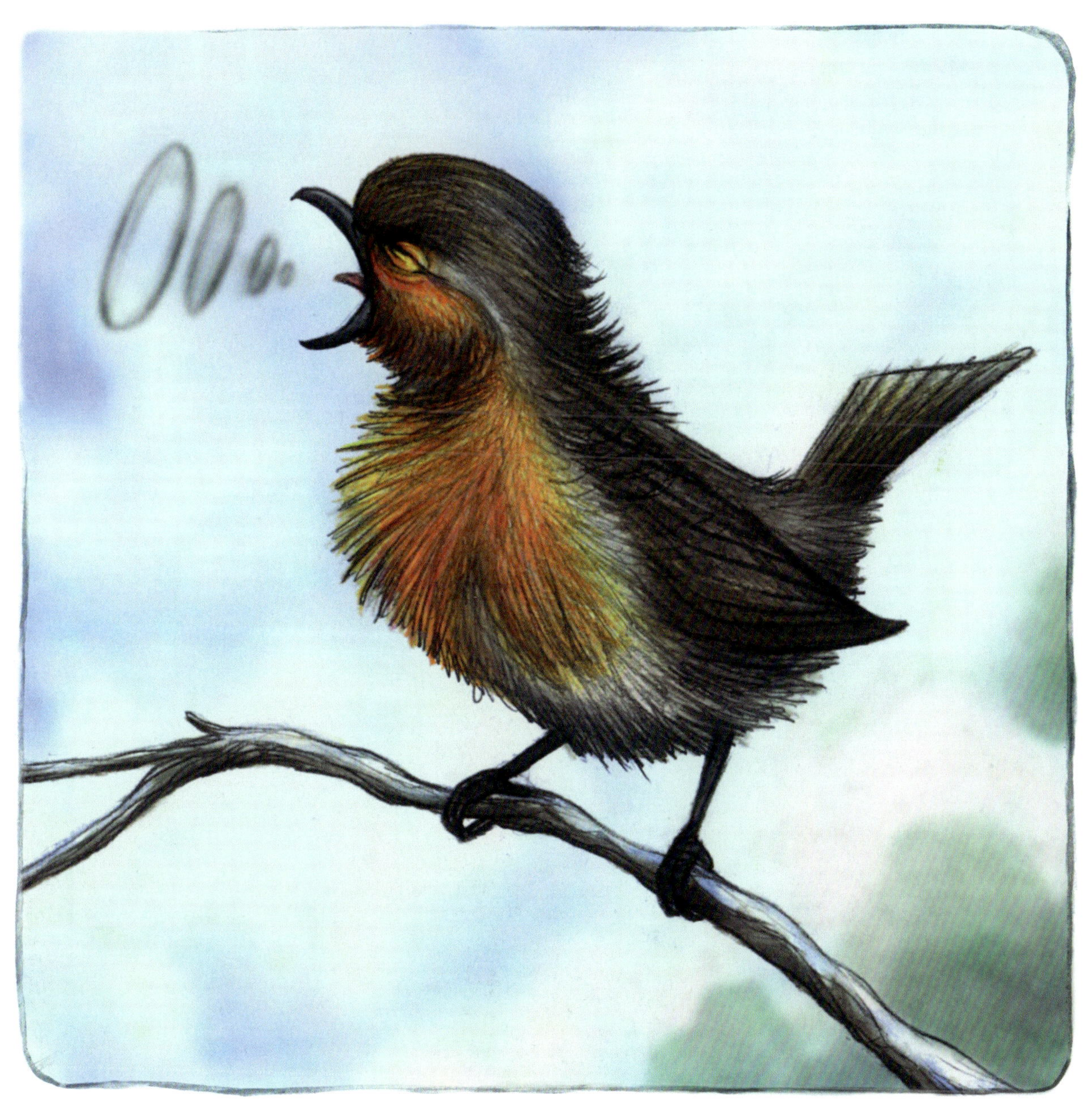

Frühlingsschrei

Für dieses Exemplar hatte ich bereits eine Vielzahl an möglichen Konzepten erarbeitet, was allerdings bewirkte, dass ich mich für keinen Entwurf entscheiden konnte.

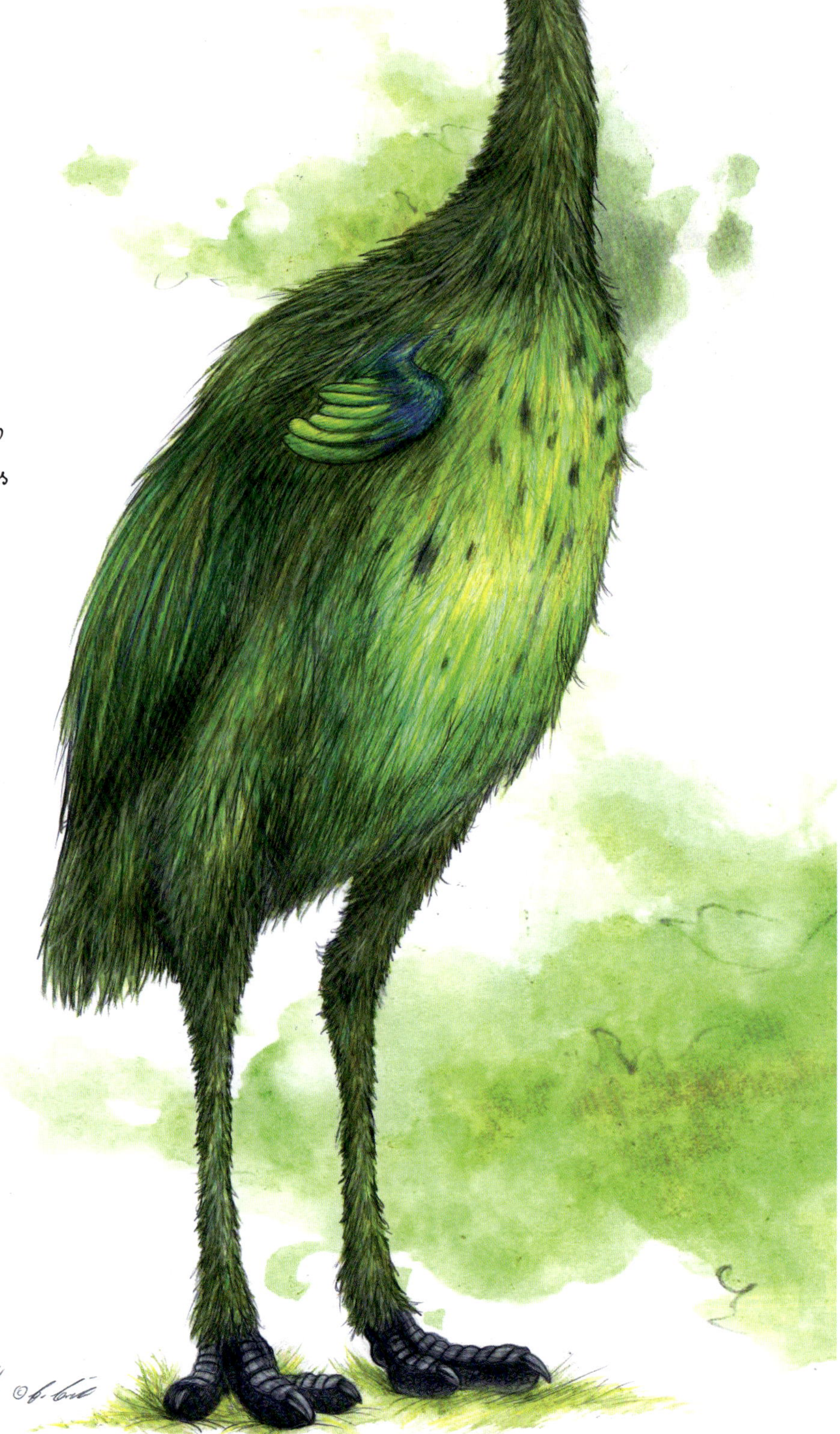

Deshalb entschied ich mich, den Kopf einfach zu ignorieren und ihn der Fantasie der Betrachter zu überlassen.

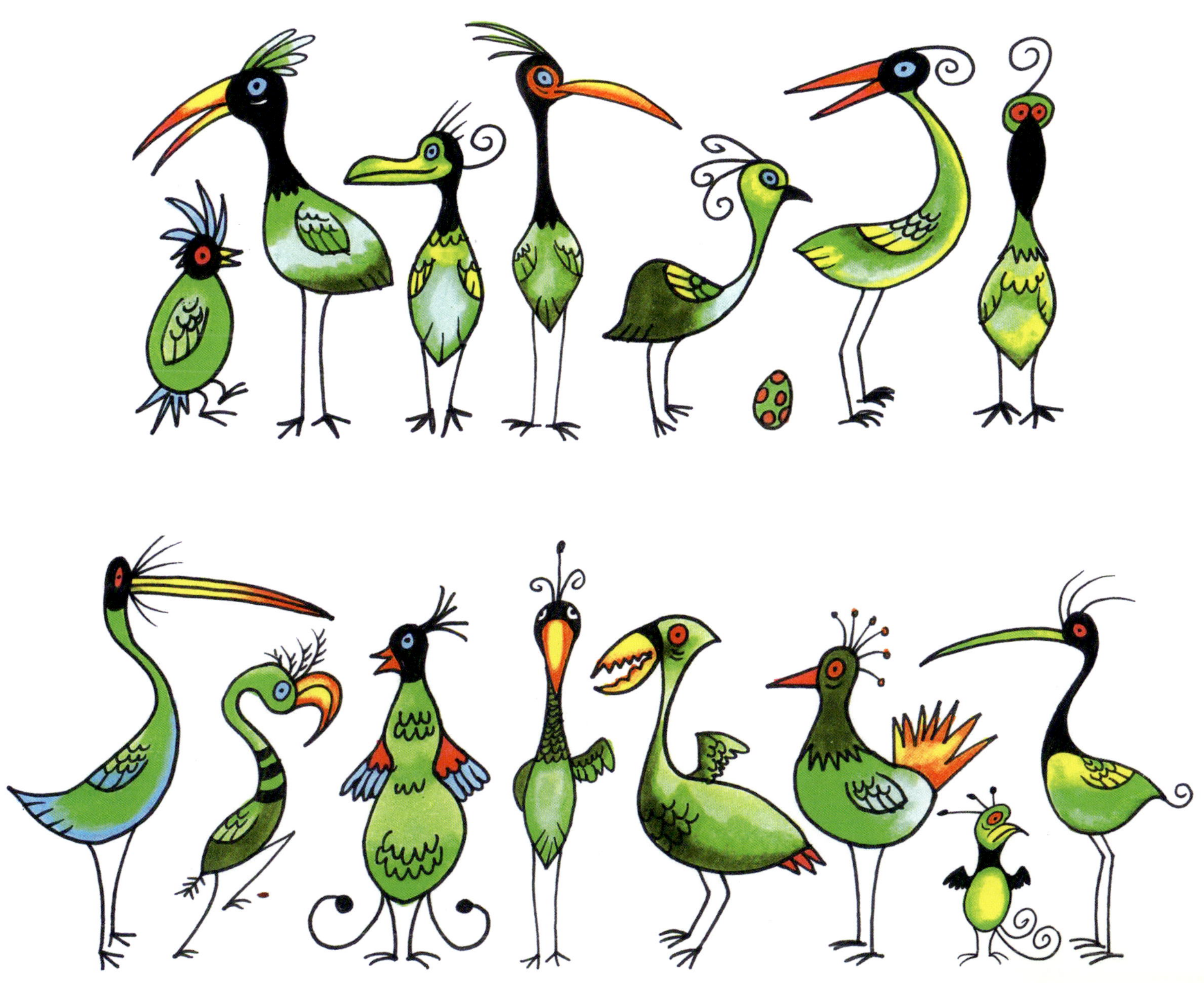

Skizzen: grüne Fantasievögel

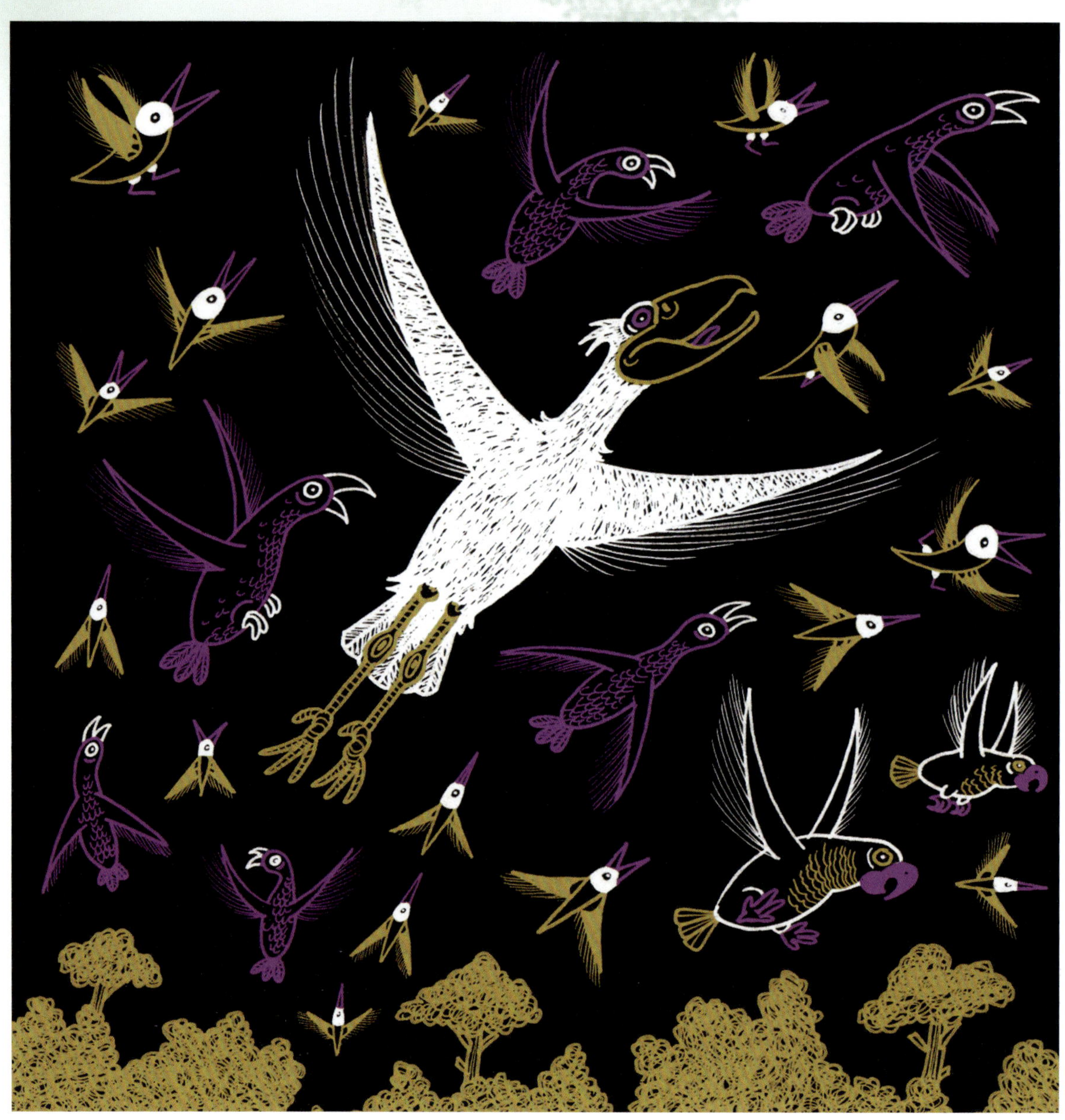

Tropischer Vogelschwarm (gezeichnet mit Markerstiften)

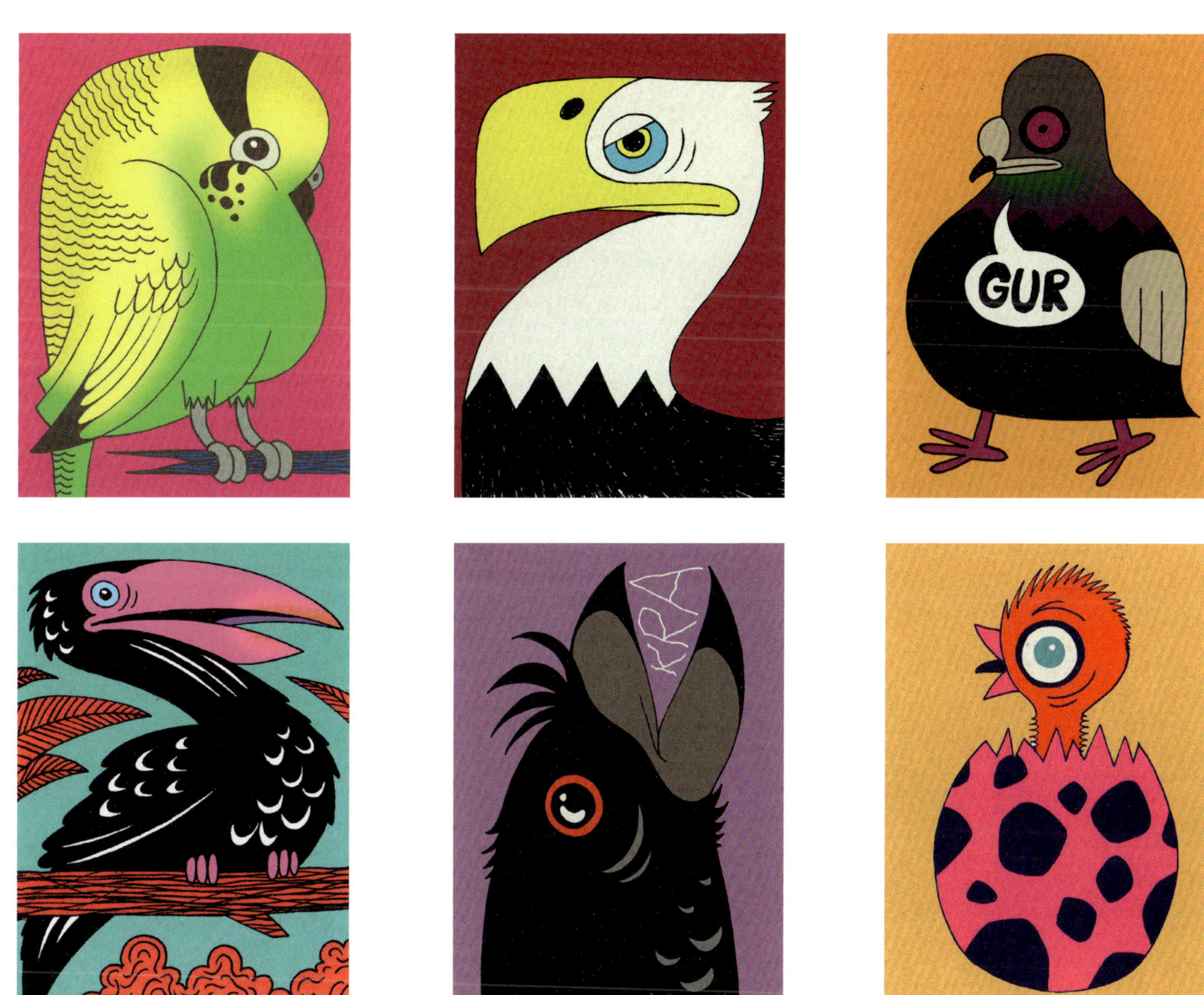

Bunte Vögel (gezeichnet mit Markerstiften und digital koloriert)

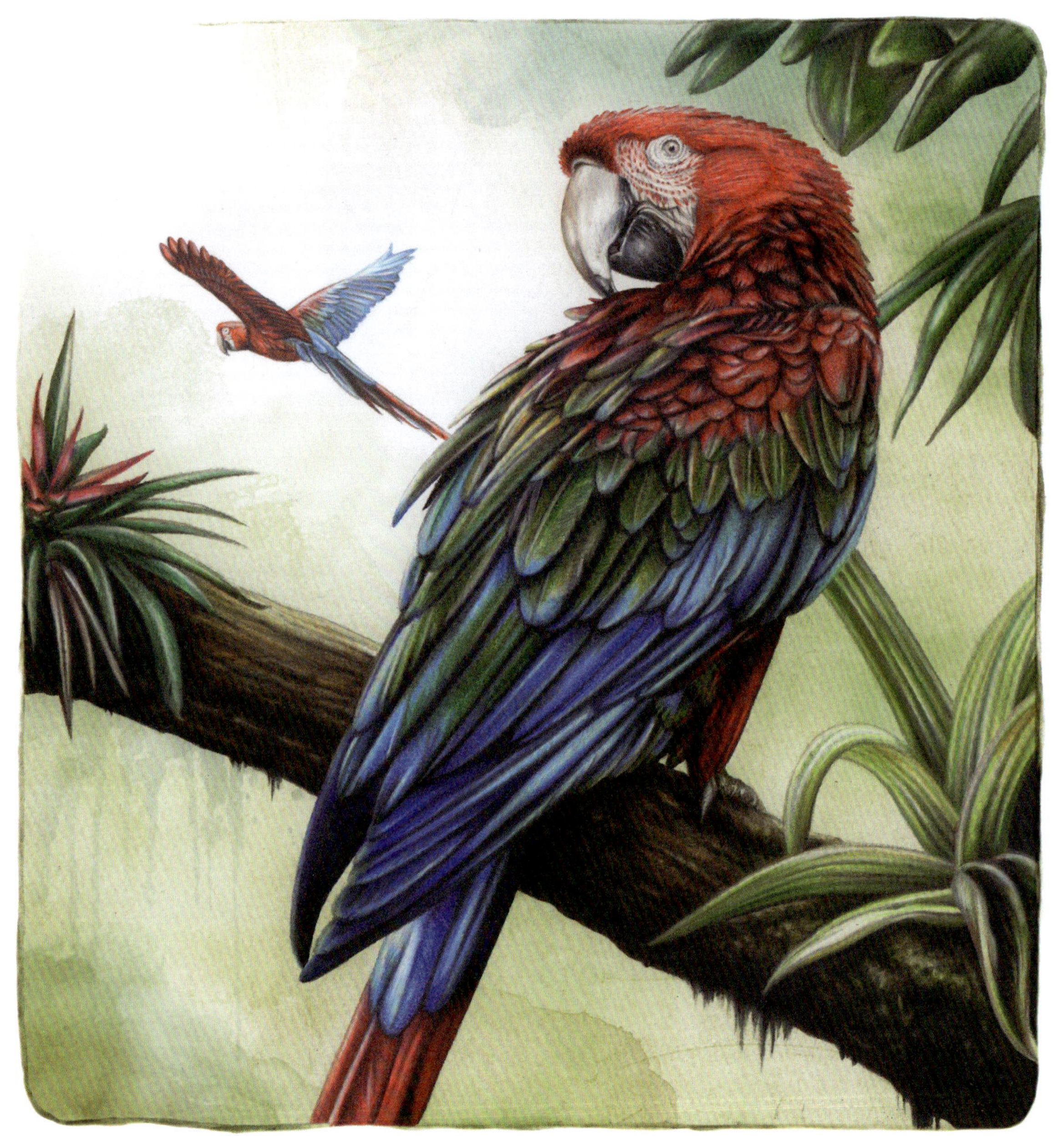

REALISTISCH ZEICHNEN

Drittes Kapitel

Sogar im Zeitalter der digitalen Fotografie und modernen Bildbearbeitungsprogramme haben handgezeichnete, realistische Bilder einen ganz besonderen Charme. Anders als bei der Fotografie investieren Sie erheblich mehr Zeit in den Enstehungsprozess einer Zeichnung und haben zudem die Freiheit, das Werk stetig aufs neue nach Ihren eigenen Vorstellungen und Wünschen zu gestalten. So können Sie bestimmte Bildinhalte fokussieren oder auch nur angedeuten sowie eine gezielte Komposition und Abstraktion einfließen lassen – eine Leistung, die sogar ein hochentwickeltes und komplexes Computerprogramm nicht abliefern kann.

Realistisch zu zeichnen stellt für viele Künstler die Königsdisziplin dar. So ist es nicht verwunderlich, dass Respekt, Hemmungen oder teilweise sogar Angst mit dieser Thematik verknüpft sind. Auch Sie fühlen sich vielleicht mit einer erschlagenden Komplexität konfrontiert, denn diverse Anforderungen müssen für ein überzeugendes Ergebnis gleichermaßen erfüllt werden: Anatomie, Proportionen, Farbigkeit, Stofflichkeit (Strukturen, Oberflächen), Licht und Schatten usw. Die Lösung: Entwickeln Sie zunächst eine logische Reihenfolge der einzelnen Arbeitsschritte, strukturieren Sie den Prozess und tasten Sie sich langsam Schritt für Schritt voran.

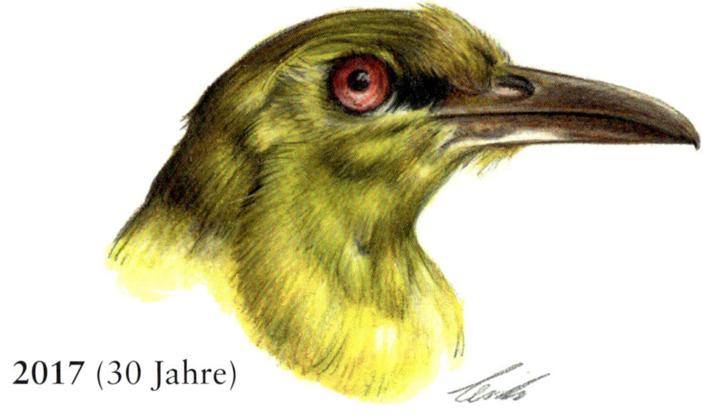

2017 (30 Jahre)

Genaues Beobachten ist der Schlüssel für gute Ergebnisse. Vor allem bei den vielen verschiedenen Vogelarten lohnt sich der ein oder andere Blick mehr. Allein die Länge des Schnabels oder Details in der Farbgebung macht oft den Unterschied.

Um Ihre künstlerischen Fähigkeiten zu verbessern, brauchen Sie Geduld und Leidenschaft. Diese beiden Eigenschaften sind der Antrieb, um ständig besser zu werden, zu lernen und selbst sein größter Kritiker zu werden und zu bleiben. Besonders im Kindesalter sind wir noch sehr zugänglich und neugierig, sodass hier in der Regel die größten Entwicklungen zu beobachten sind. Erwachsene haben gegenüber Kindern den Nachteil, bereits über viele sehr konkrete Erfahrungen und festgefahrene Muster zu verfügen. Man könnte auch sagen: Mit zunehmendem Alter reduziert sich die Lernbereitschaft, sofern das Lernen nicht aus eigener Kraft, aus Interesse und aus der Einstellung geschieht, die Dinge regelmäßig zu hinterfragen.

Für mich war das Malen und Zeichnen schon immer ein wichtiges Ausdrucks- und Kommunikationsmittel, um Erlebtes oder Gedanken greifbar zu machen – und das auf meine ganz eigene Art. Anhand der Bildbeispiele auf den nächsten Seiten möchte ich Ihnen zeigen und Sie motivieren, dass jeder mit der Zeit besser werden und an sich arbeiten kann. Fortschritte zu machen bedeutet, Schritt für Schritt tiefer ins Detail zu vorzudringen. Im Alter von drei Jahren war es schon Herausforderung genug, einen Vogel überhaupt als solchen darzustellen. Im weiteren Verlauf folgten das Beobachten und Analysieren. Spezifische Merkmale von unterschiedlichen Arten sowie Körperhaltungen und Perspektive habe ich immer genauer beachtet.

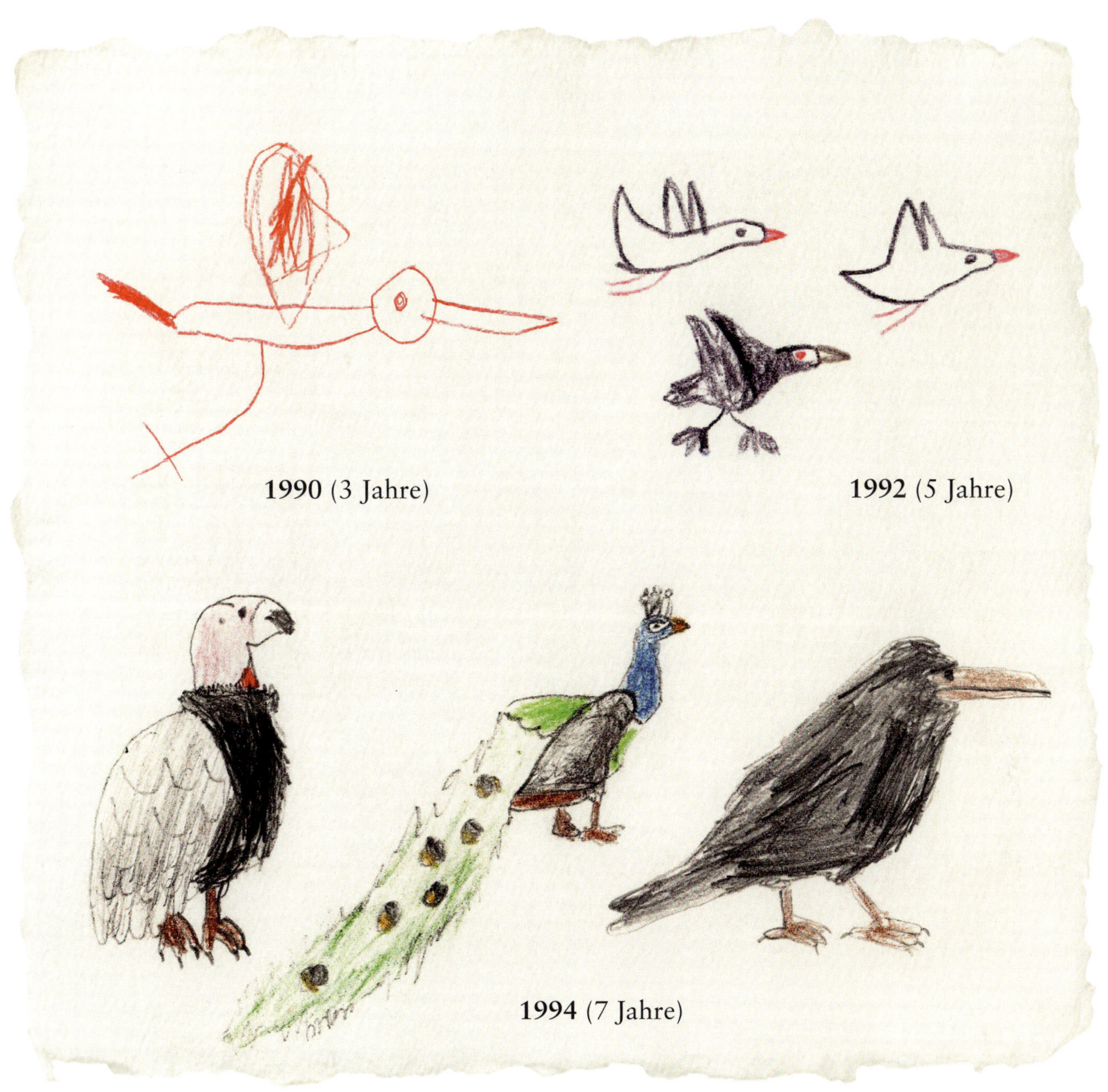

Entwicklung der künstlerischen Fähigkeiten

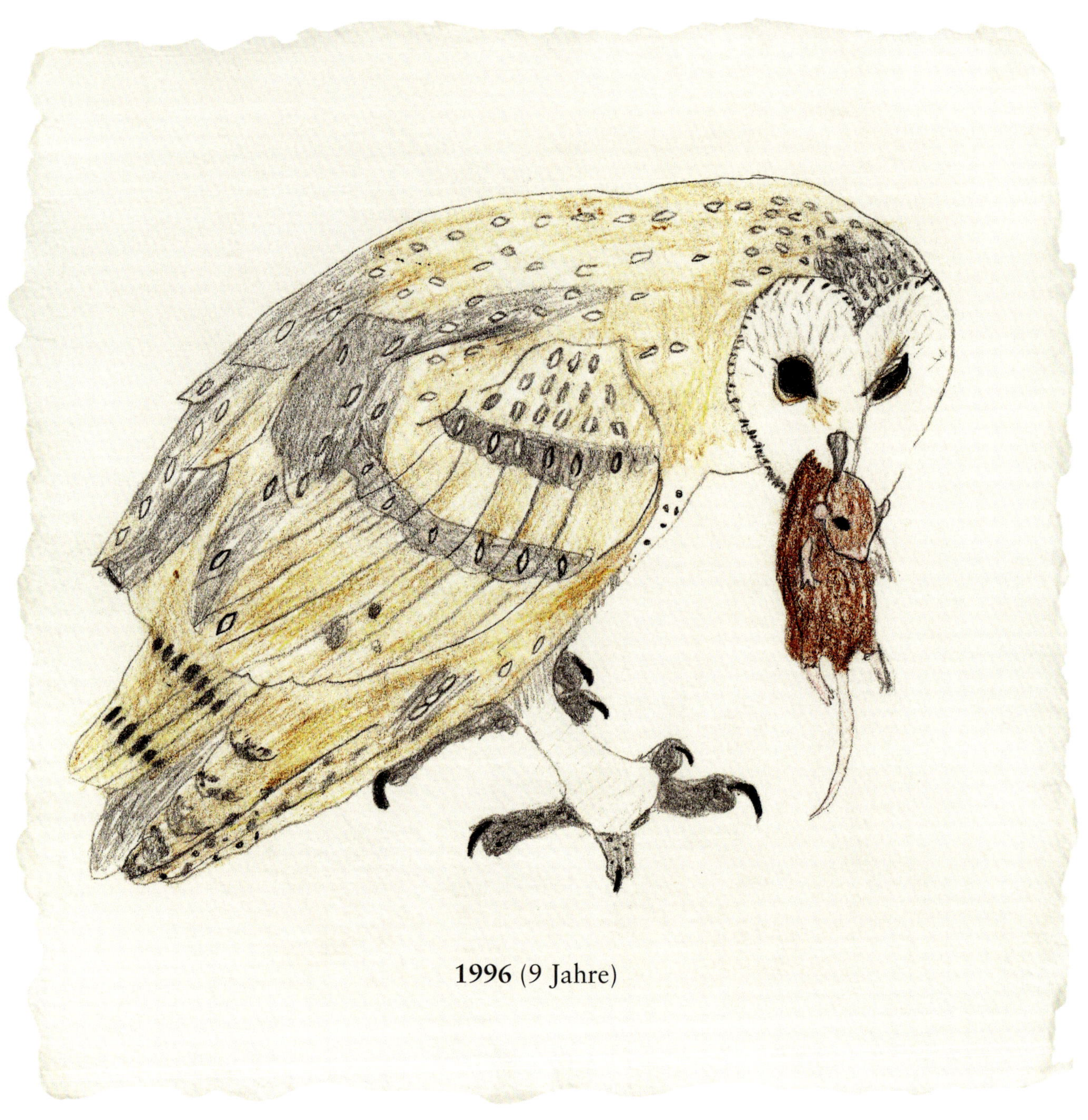

1996 (9 Jahre)

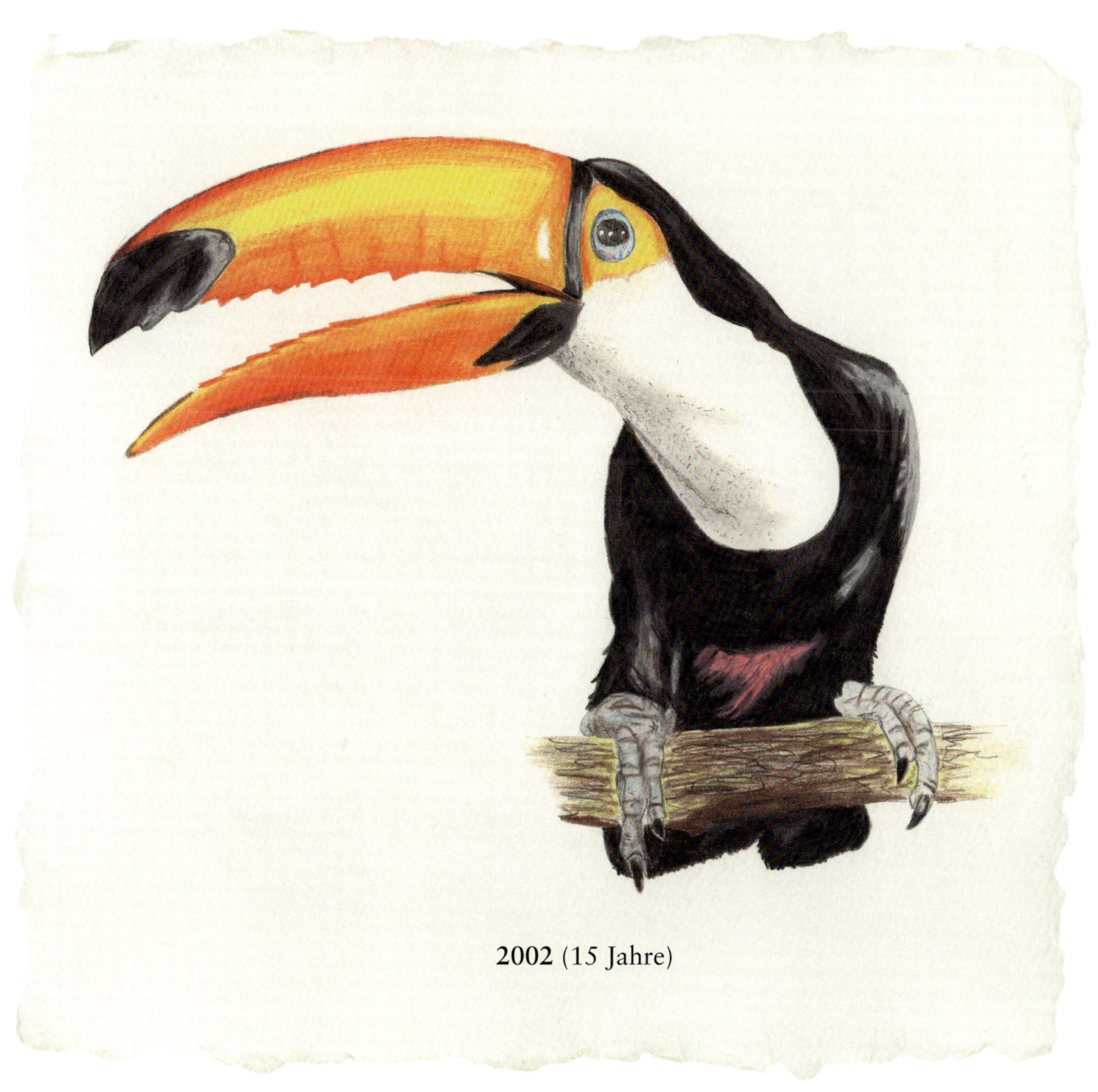

2002 (15 Jahre)

Schritt 1: Recherchieren, Wissen sammeln, lernen

Besonders beim realistischen Zeichnen empfiehlt es sich, neben den Bildern im Kopf auch ganz konkretes Material hinzuzuziehen: Fotos, Illustrationen und Tiere in der Wirklichkeit. Je genauer Sie beobachten, desto deutlicher werden Sie das Objekt verstehen. Und je mehr Sie es verstehen, umso naturalistischer wird das zeichnerische Ergebnis ausfallen.

Die Anatomie von Lebewesen folgt bestimmten Regeln und Funktionen und ist keinesfalls willkürlich. Für eine gelungene Zeichnung müssen Sie nicht jeden Knochen und Muskel kennen, aber es hilft ungemein zu verstehen, wie ein Organismus grundsätzlich aufgebaut ist und funktioniert: Wo liegen die Gelenke bzw. wie entstehen Körperhaltungen? Warum gibt es in bestimmten Regionen Körperrundungen?

Eine gründliche Recherche hat nichts mit Schummeln zu tun. Viele folgen dem Irrglauben, gute Zeichner hätten alles Erdenkliche im Kopf und müssten keine Vorlagen zurate ziehen oder gar »abzeichnen«. Selbstverständlich gibt es Künstler, die genau so arbeiten, allerdings schöpfen sie aus verinnerlichtem Wissen und Erfahrungen, die sie bereits zu einem früheren Zeitpunkt gesammelt haben und mit viel Übung und ständigem Wiederholen zur Routine werden ließen.

Eine Datenbank aus Fotos ist ein fantastischer Anfang. Wie hier am Beispiel der Vögel gezeigt, gibt es viele Möglichkeiten, diese Tiere in freier Wildbahn zu beobachten. Bereits ein Spaziergang mit der Kamera am See, im Wald oder auch mitten in der Stadt, im Park oder das Fotografieren im eigenen Garten kann tolle Erfolge mit sich bringen. Exotische Arten lassen sich bei uns etwa in Zoos, Tierhandlungen, auf einem Bauernhof oder als präparierte Exemplare in Museen betrachten.

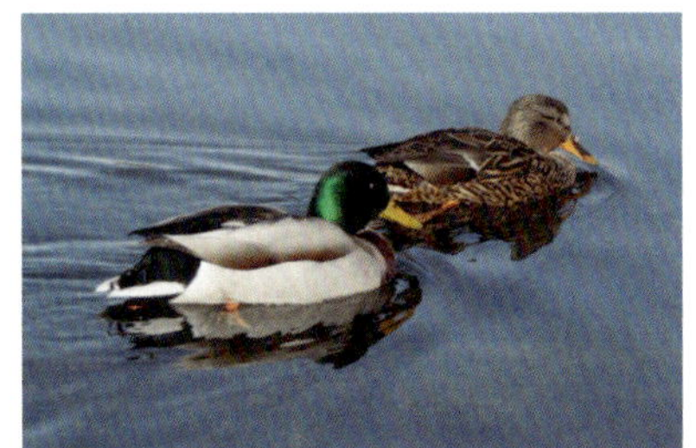

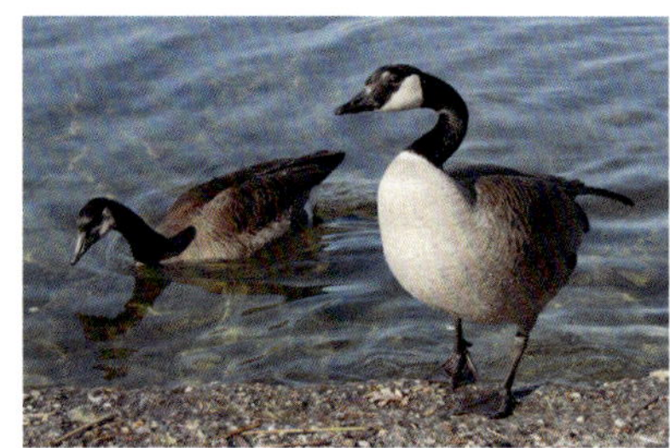

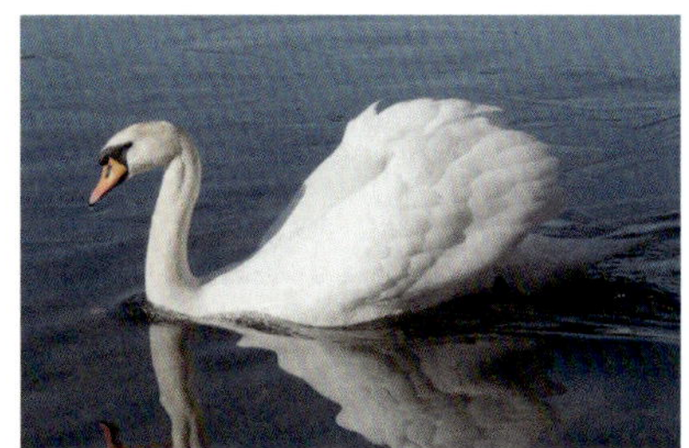

Recherchefotos Tegeler See, Berlin

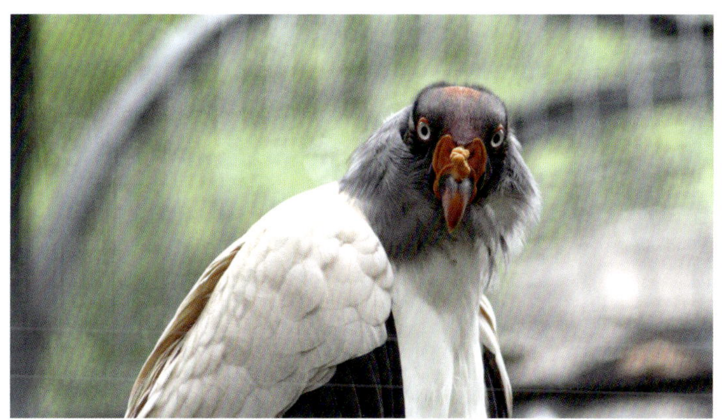

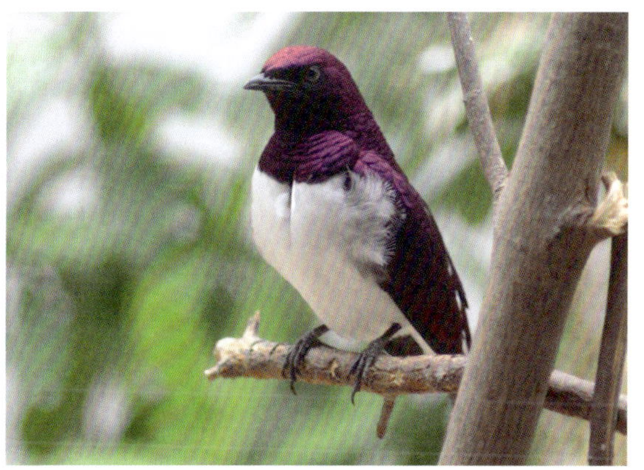

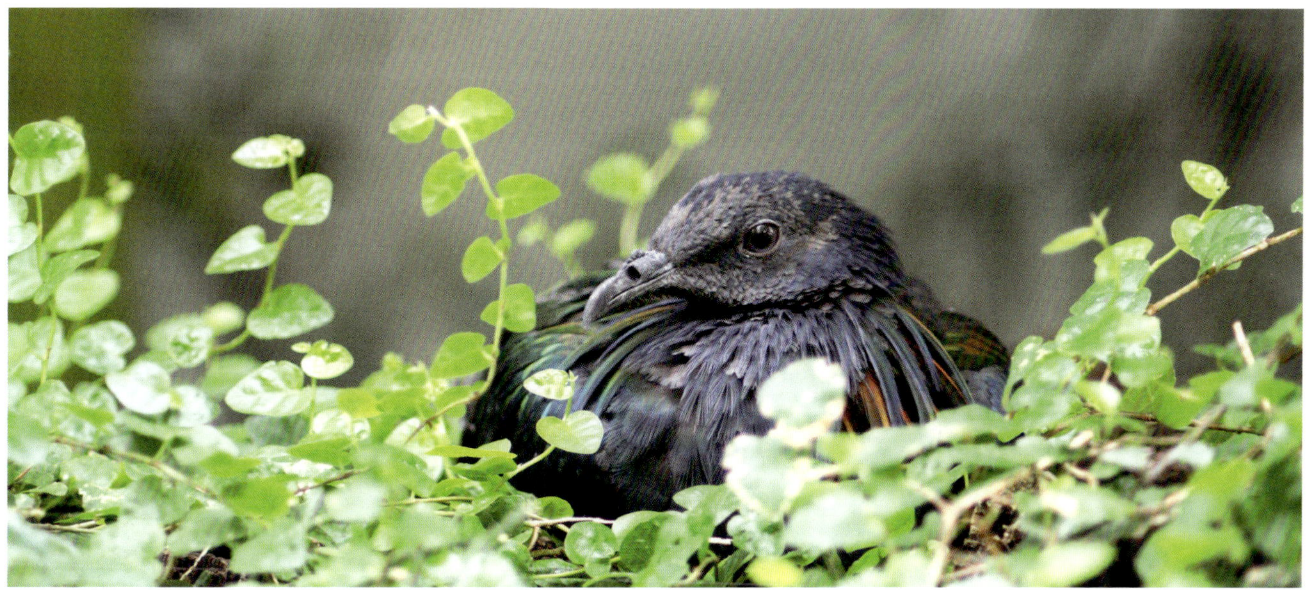

Recherchefotos Berliner Zoo

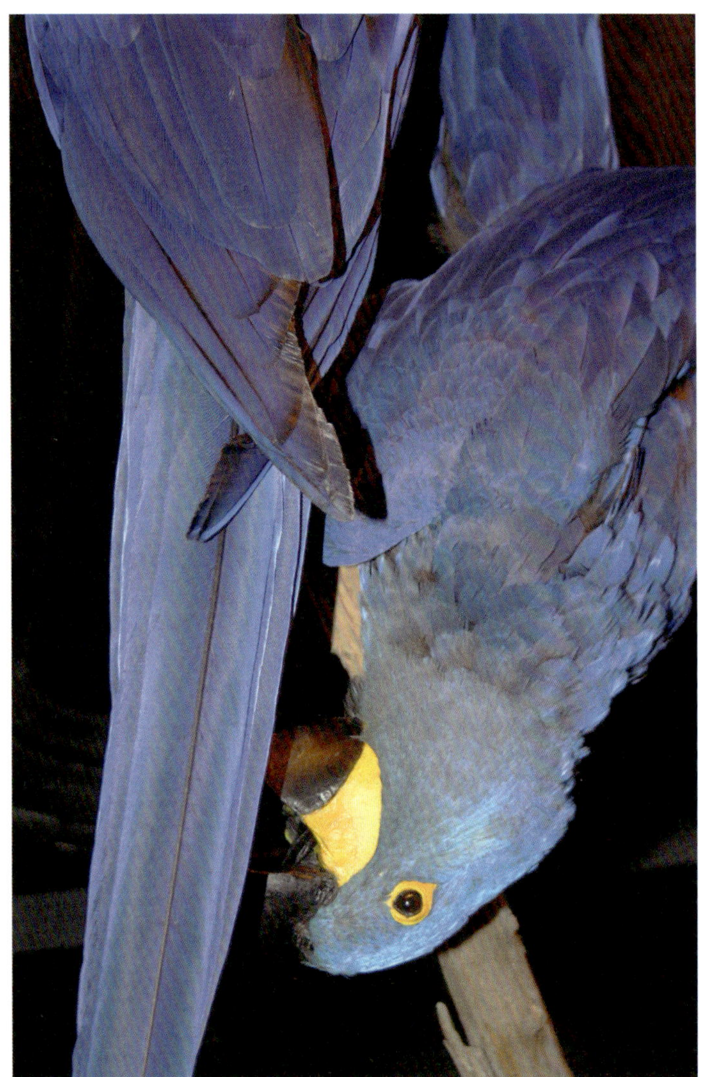

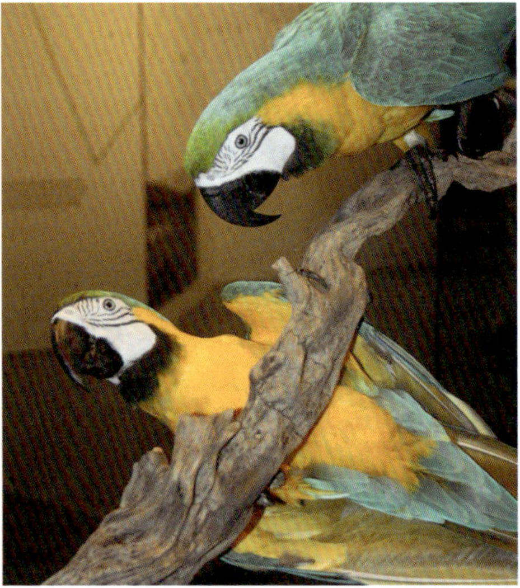

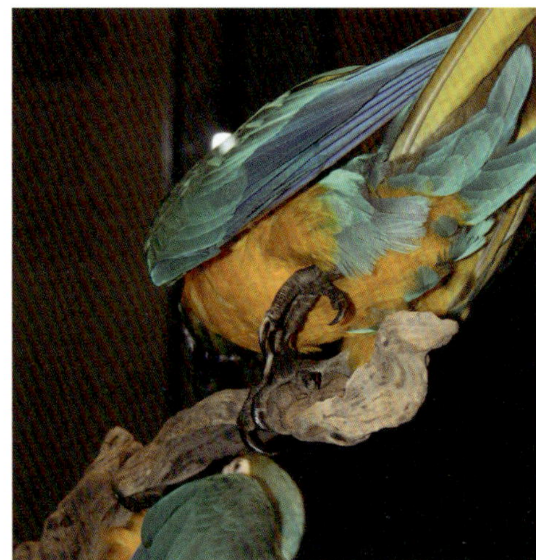

Recherchefotos Museum für Naturkunde Berlin

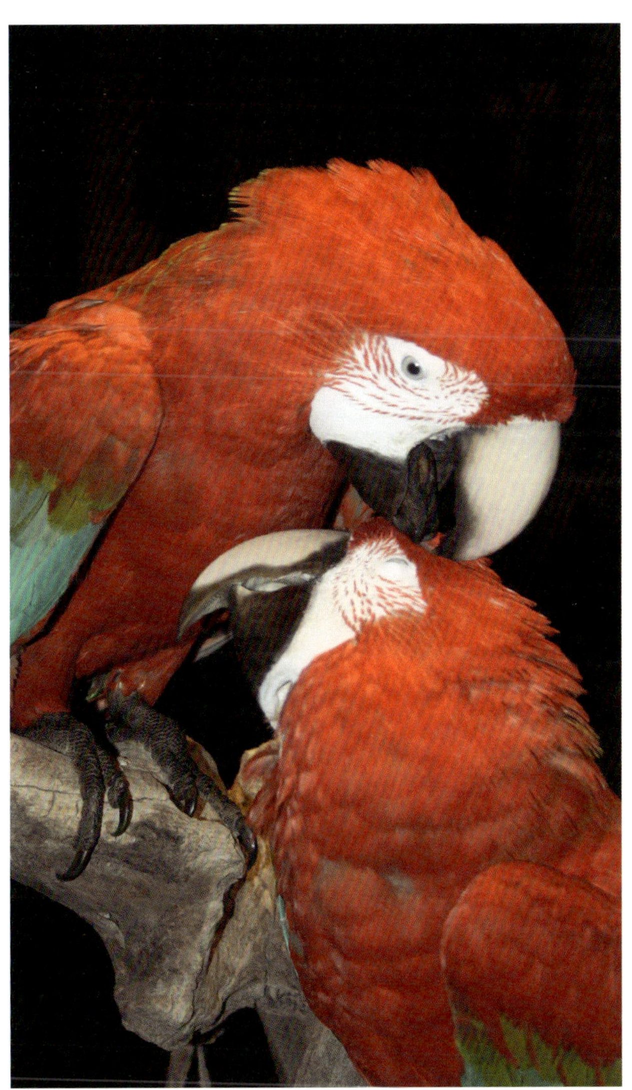

Schritt 2: Visualisieren

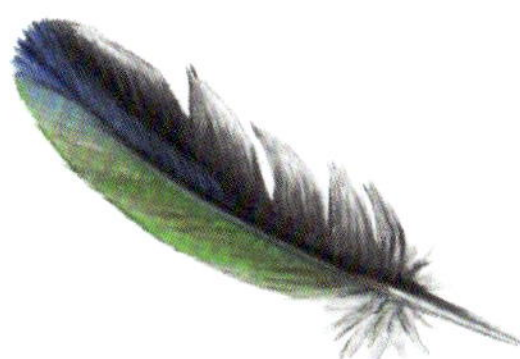

Bevor Sie den ersten Strich aufs Papier setzen, sollten Sie genau überlegen, wie das fertige Bild im Idealfall aussehen soll. Diese gedankliche Vision wird nicht zu hundert Prozent umsetzbar sein, ist jedoch ein äußerst nützlicher Leitfaden und hilft somit, die Zeichnung immer weiter zu entwickeln. Je deutlicher Sie das Bild vor Ihrem geistigen Auge sehen, desto genauer offenbaren sich Stellen der Zeichnung, an denen Hand angelegt werden muss. Die erforderliche Dauer für die Visualisierung lässt sich nicht pauschal definieren, jedoch sollten Sie dafür genügend Zeit investieren.

Für das folgende Bildbeispiel, anhand dessen der komplette Prozess bis zur finalen Buntstiftzeichnung dokumentiert wird, wollte ich das Farbspektrum natürlich nach Möglichkeit voll ausnutzen. Was liegt da näher, als sich für einen Papagei zu entscheiden? Im Museum für Naturkunde in Berlin fand ich in den lebensechten Präparaten das perfekte Referenzmaterial. Präparate haben für Künstler zudem den Vorteil, dass sie sich nicht bewegen. Besonders beeindruckte mich die Fähigkeit der großen Aras, ihren Schnabel ganz unterschiedlich zu nutzen. Sie knacken damit nicht nur die harten Schalen von Nüssen, die wir Menschen nur mithilfe von Werkzeugen öffnen können, sondern putzen sich auch behutsam das Gefieder. Diese Eigenschaft wollte ich in die Zeichnung einfließen lassen.

Schritt 3: Skizzieren

Die Bedeutung einer Skizze wird oft unterschätzt. Viele denken, schnell ein schemenhaftes Ergebnis erhalten zu müssen, um dann »wirklich« anfangen zu können. Die Skizze legt jedoch den entscheidenden Grundstein und beinhaltet bereits die wichtigsten Eigenschaften der Zeichnung. Sie definiert vor allem die Komposition, das elementare Gerüst eines Bildes. Im Skizzenstadium sind zudem noch alle Änderungen möglich. Linien, Rundungen und Proportionen können leicht ergänzt oder verändert werden – eine Freiheit, die bei späteren Arbeitsschritten eventuell nicht mehr ohne Weiteres gegeben ist.

Es ist durchaus sinnvoll, für die finale Skizze, aus der schlussendlich die eigentliche Zeichnung hervorgeht, zunächst ein paar winzige Vorskizzen zu erstellen. Man spricht dabei von Thumbnails, weil die Vorskizzen häufig gar nicht viel größer als ein Daumennagel sein müssen. Sie dienen der allerersten Visualisierung einer Idee auf dem Papier und helfen Ihnen, die eigene Vorstellung eines Bildes und deren Möglichkeiten besser zu begreifen und darauf aufzubauen.

In der Kunst, welcher Art auch immer, wird es in nahezu allen Fällen auf einen Kompromiss zwischen der Idealvorstellung im Kopf und einer realistischen Umsetzung hinauslaufen. Gedankliche Bilder setzen sich aus Emotionen, Prägungen, Gedanken, Erfahrungen und Wünschen zusammen: Aspekte, die mit einem Stift auf Papier nicht eins zu eins umsetzbar sind. Es gilt, all jene abstrakten Komponenten in Formen, Farben oder Klänge umzuwandeln – dies ist der wohl schwierigste und häufig auch frustrierendste Schritt beim Zeichnen, Malen, Musizieren etc.

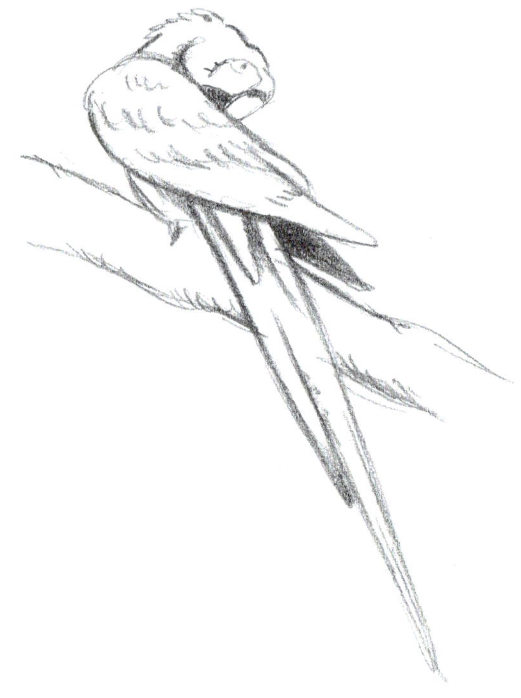

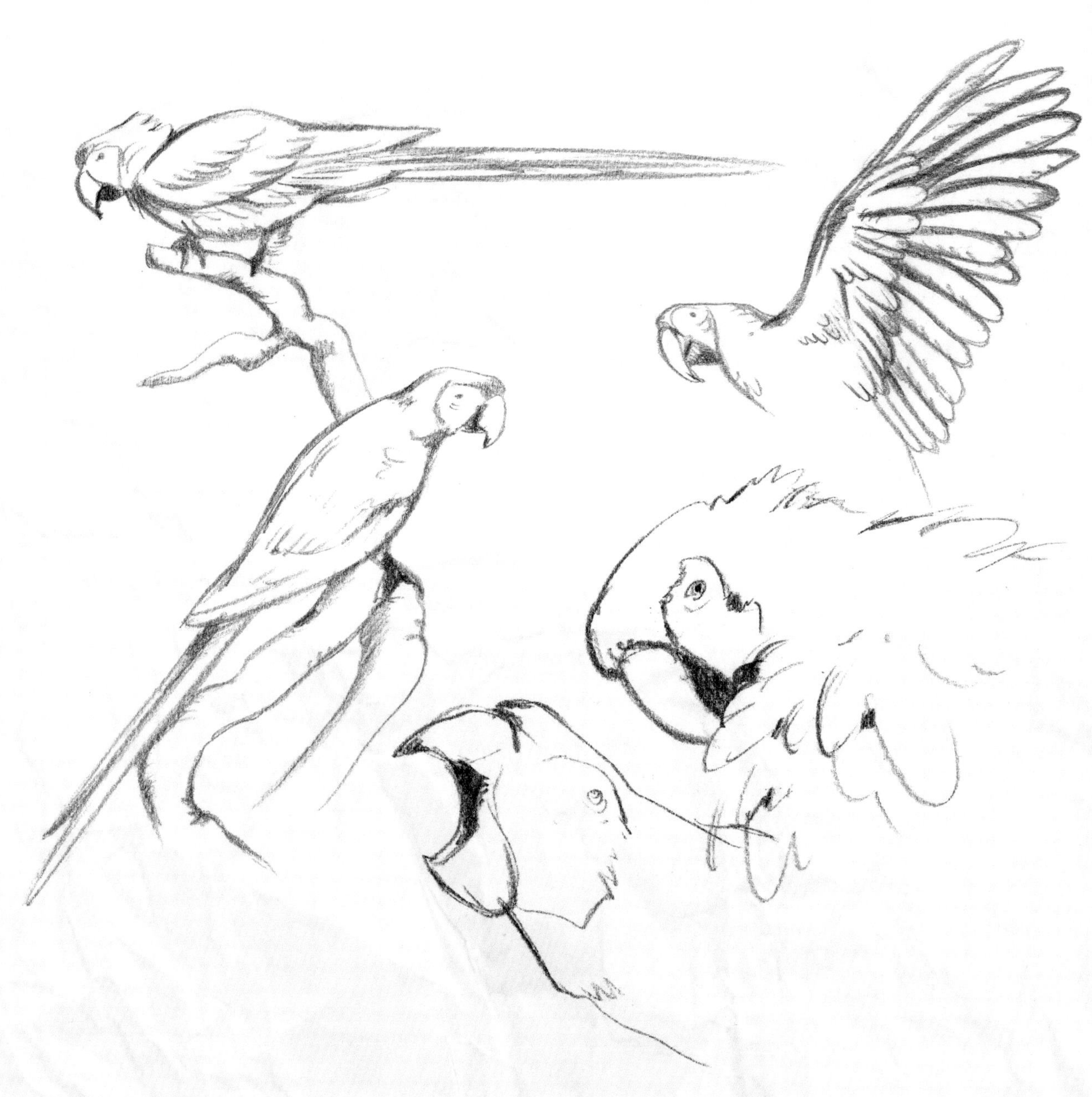

Ara-Skizzen und -Studien

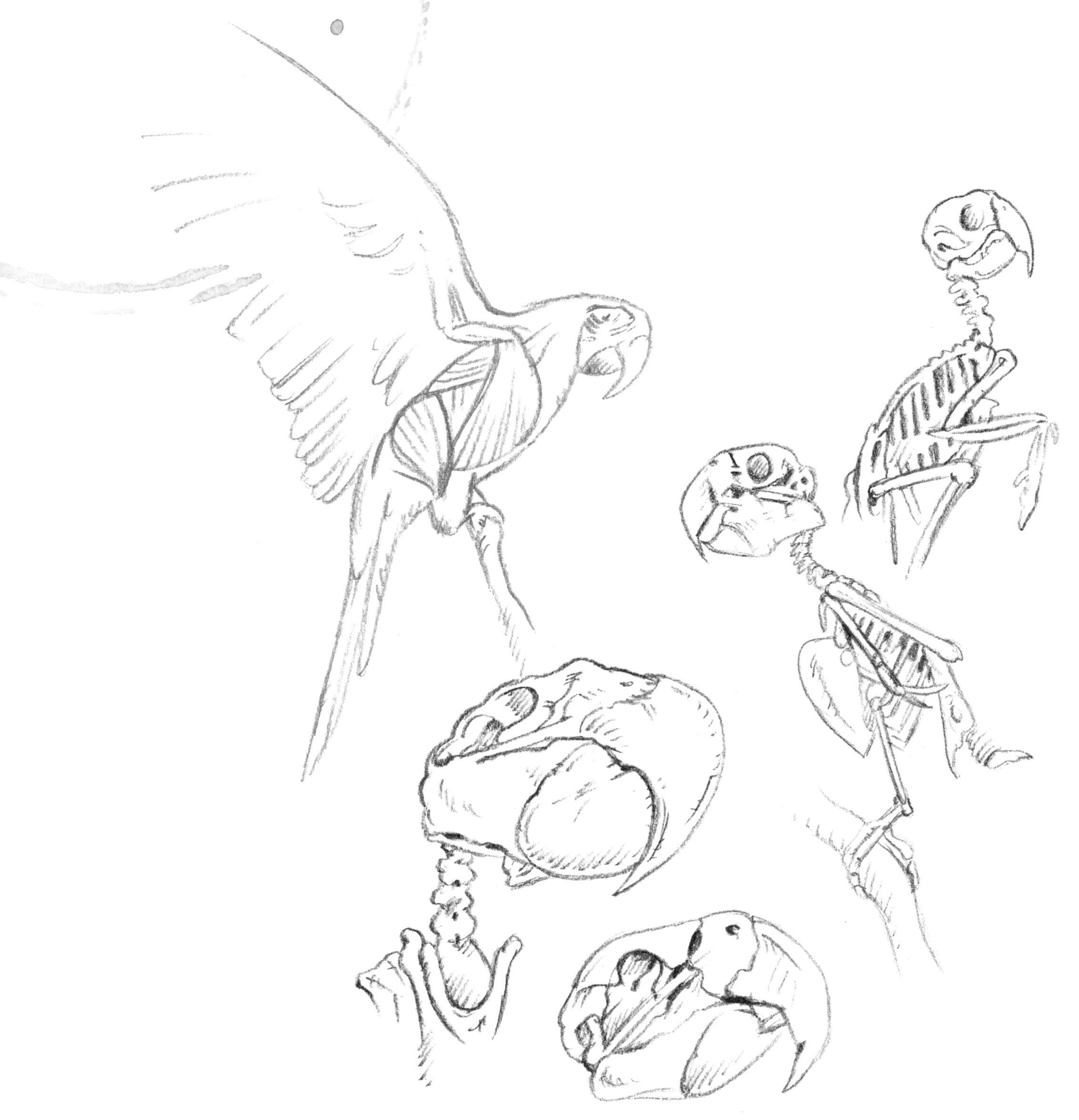

Anatomische Skizzen und Studien

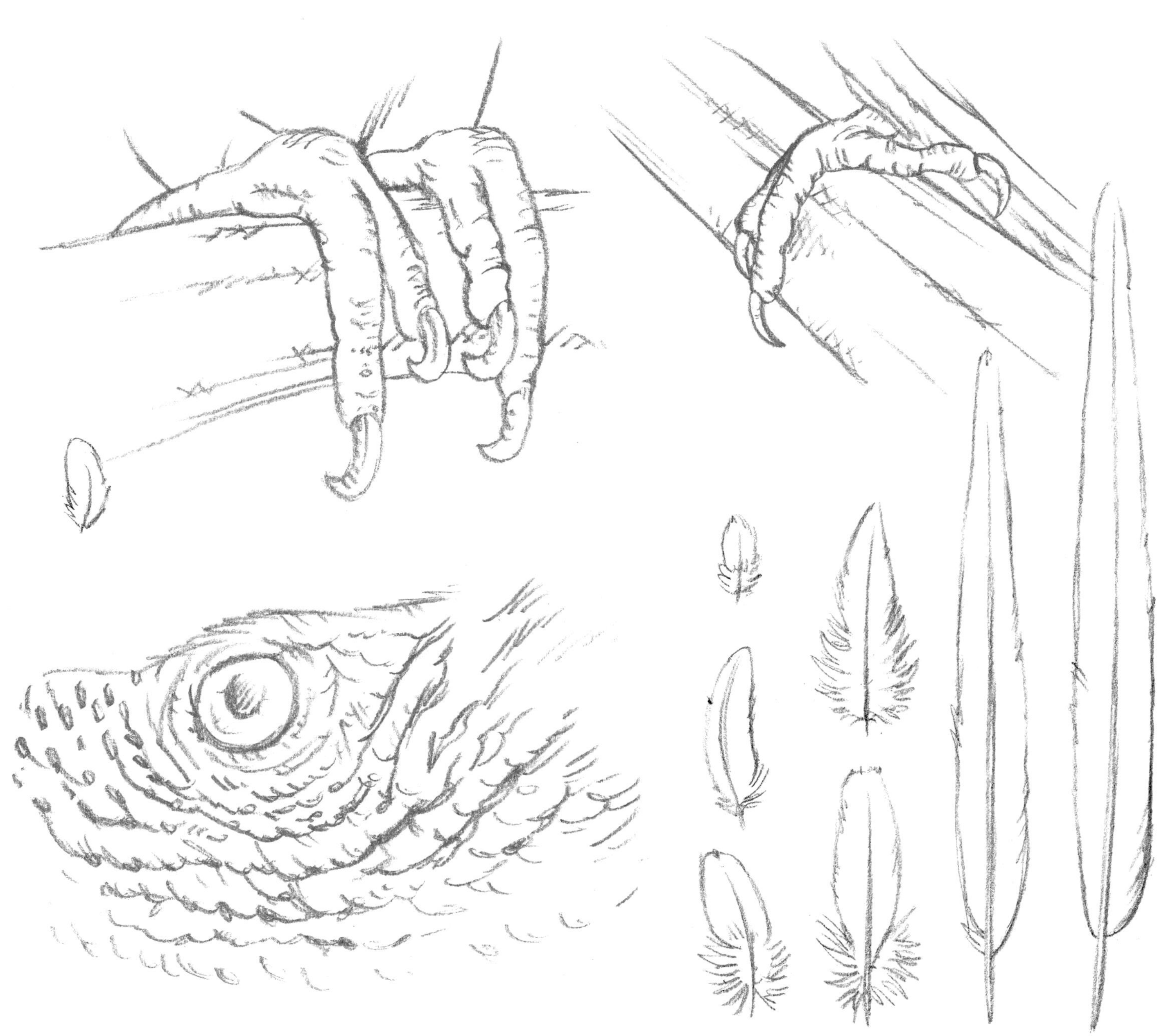

Detailskizzen und -studien

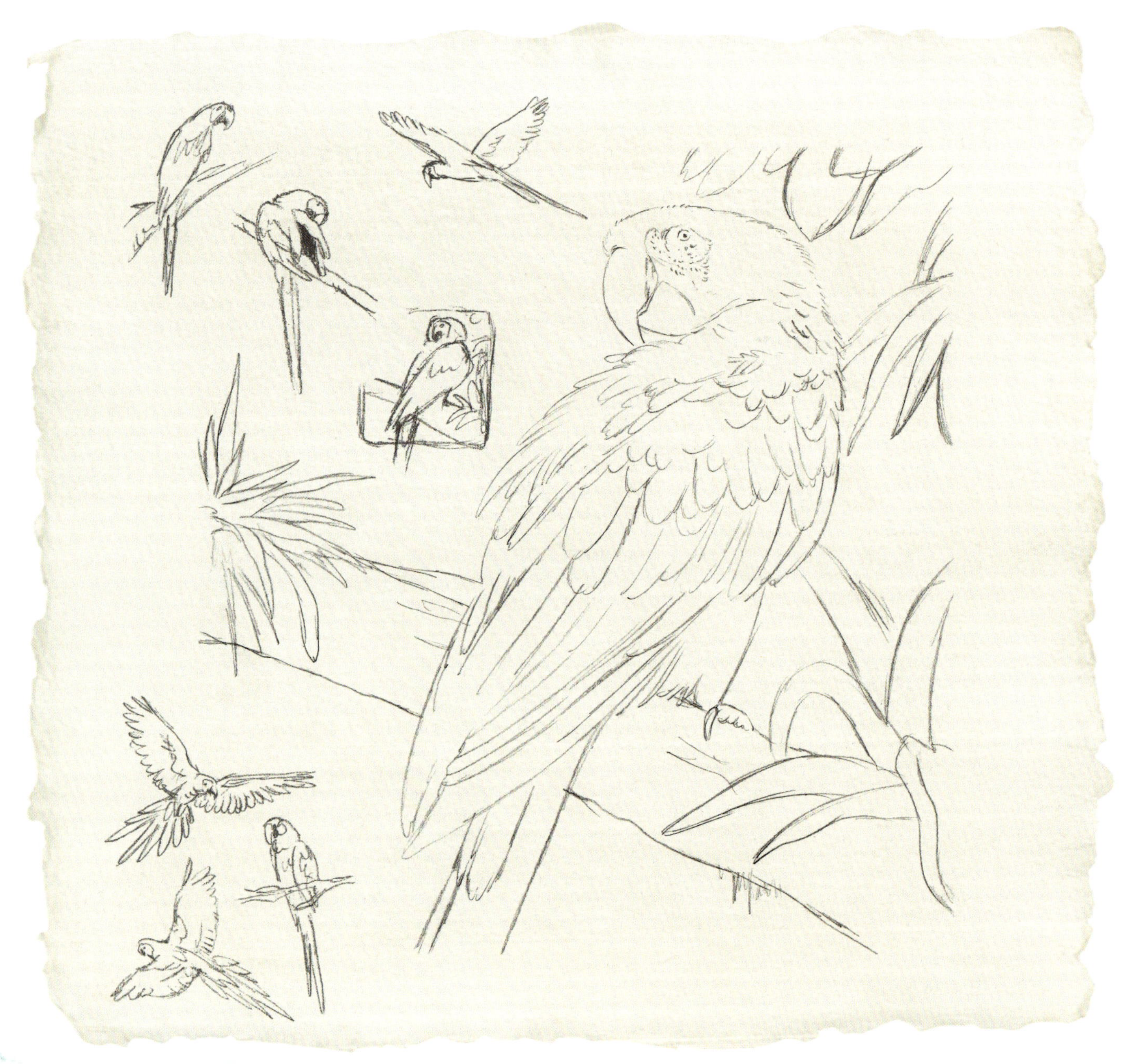

Konzeption und »Thumbnails«

Schritt 4: Kolorieren

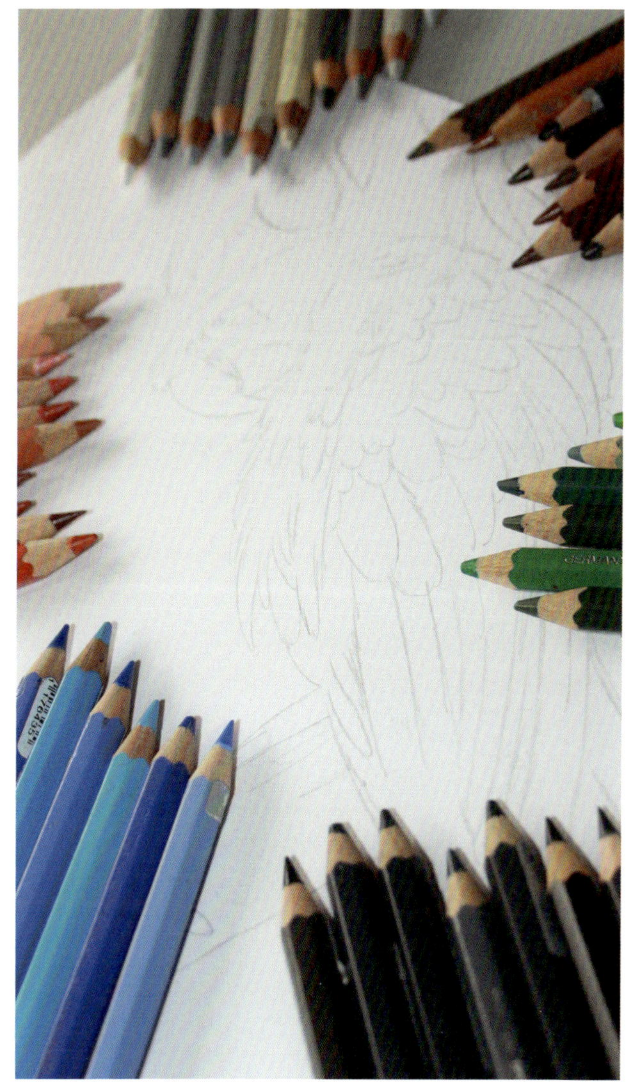

Nach Fertigstellung der Konzeptskizze kommen die Buntstifte zum Einsatz. Zunächst kann es durchaus sinnvoll sein, alle *Farbtöne herauszusuchen*, die für Ihre Zeichnung infrage kommen. So schaffen Sie sich eine große Auswahl und haben schnell den richtigen Stift zur Hand, wodurch der Zeichenprozess nicht ins Stocken gerät. Für den Ara habe ich mir zunächst vor allem Blau- und Rottöne bereitgelegt. Neben den wirklich kräftigen Farben ist es sinnvoll, zusätzlich *dezentere Töne aus der gleichen Farbfamilie* für Farbübergänge zu wählen. Braun-, Grau- und Grüntöne kommen für den Ast und die Pflanzen zum Einsatz.

Genauso wichtig wie die offensichtlichen Farben sind für mich die Grautöne. Sie werden sich vielleicht fragen, was Sie neben all den anderen Farben auch noch mit verschiedenen Grautönen anfangen sollen. Ganz grob lassen sich die Grautöne in zwei unterschiedliche Gruppen einteilen, die nach ihrem jeweiligen Tonwert Warmgrau und Kaltgrau genannt werden. Mit ihrer Hilfe lassen sich die Hauptfarben sehr gut ineinander vermalen und natürliche Übergänge erzeugen.

Wie genau sich die einzelnen Arbeitsschritte gestalten und welche Stifte wann benutzt werden, ist auf den folgenden Seiten dokumentiert. Auch hier gilt: Viele Wege und Methoden führen ans Ziel.

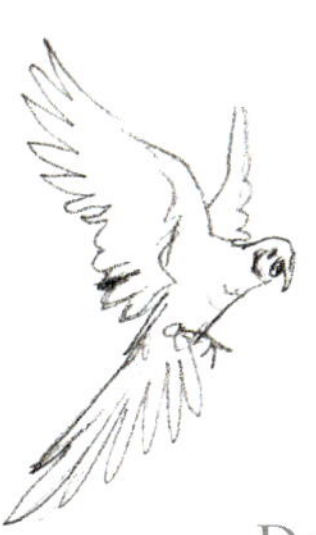

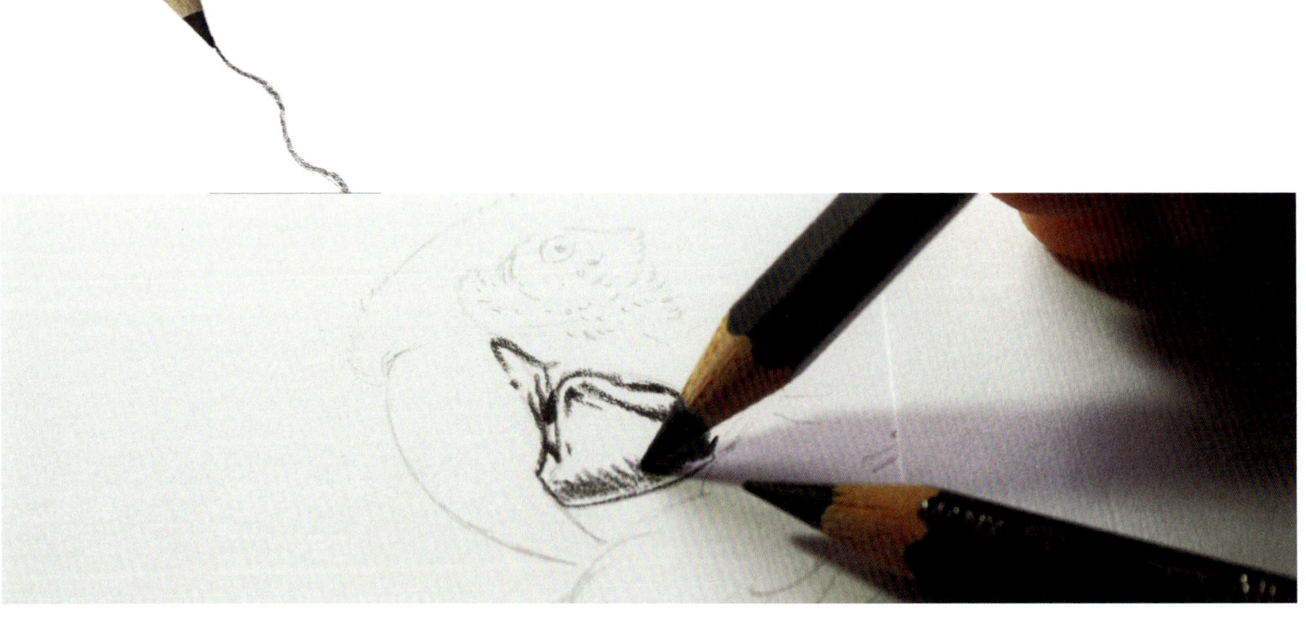

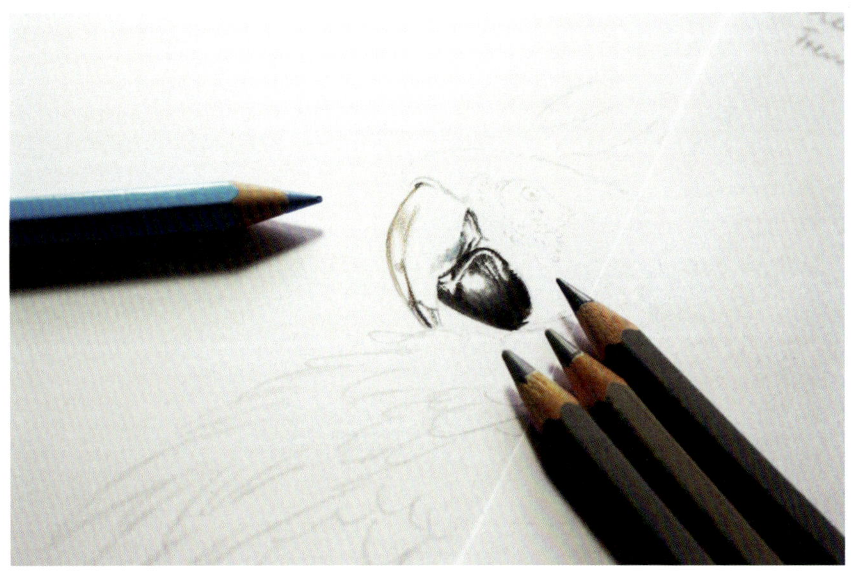

Eine der wichtigsten Fragen ist: *Wo fange ich an?* Hierauf gibt es keine mustergültige Antwort. Ein guter Startpunkt ist meiner Erfahrung nach der Kopf. Ich beginne zunächst, die Konturen der Skizze nachzuarbeiten und die dunkelsten Bereiche anzulegen. Bereits jetzt kommt neben dem schwarzen Buntstift auch eine Auswahl dunkler Grautöne zum Einsatz. Je nachdem, mit wie viel Druck Sie den Stift benutzen, lassen sich unterschiedliche Helligkeitsstufen erzeugen.

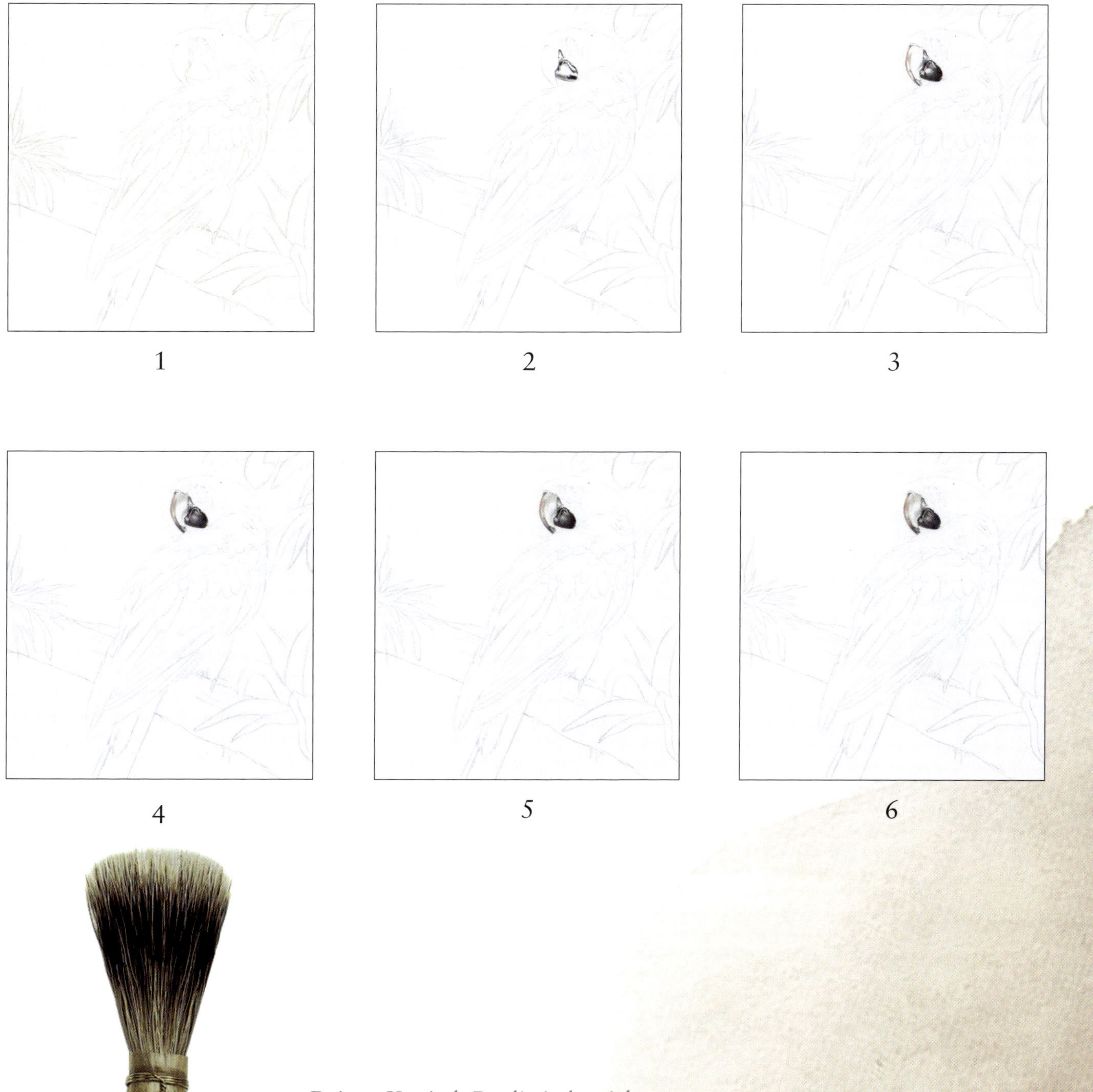

1
2
3
4
5
6

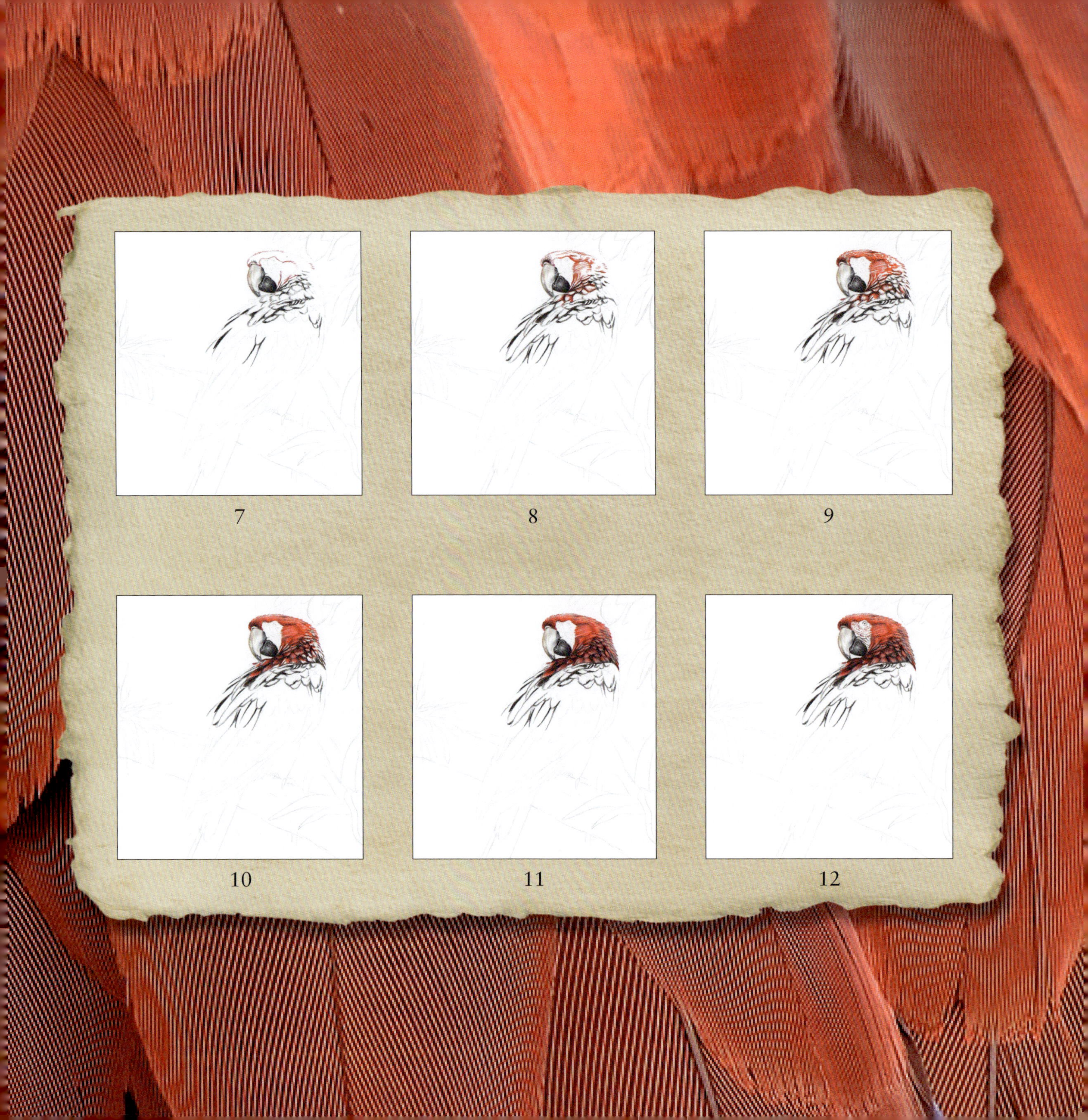

7
8
9
10
11
12

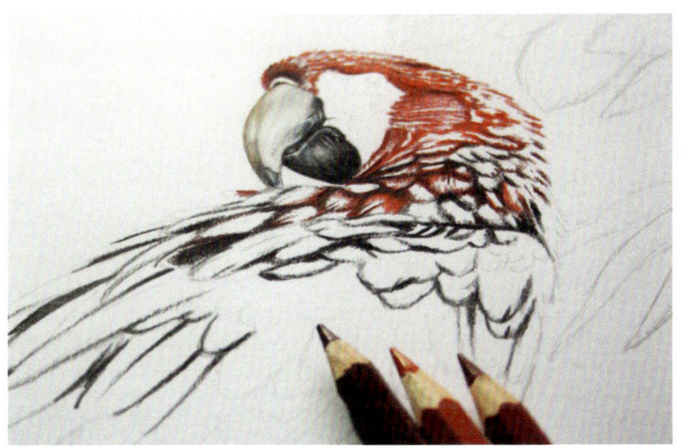

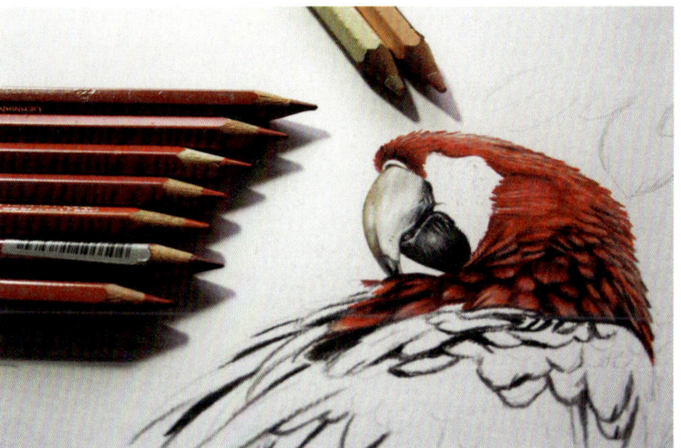

Grundsätzlich gilt für die vorgestellte Zeichentechnik, *von dunkel nach hell* zu arbeiten. Bei den Federn im Kopfbereich bedeutet das, zunächst mit dem schwarzen oder dunkelgrauen Stift die Konturen zu erfassen, dann mit einem dunklen Rot fortzufahren und schließlich mit einem hellen Rot- oder Rosaton abzuschließen. Durch das Übermalen derselben Bereiche entstehen immer mehr Schichten, die die Pigmente tiefer ins Papier drücken und dadurch fließende Übergänge schaffen.

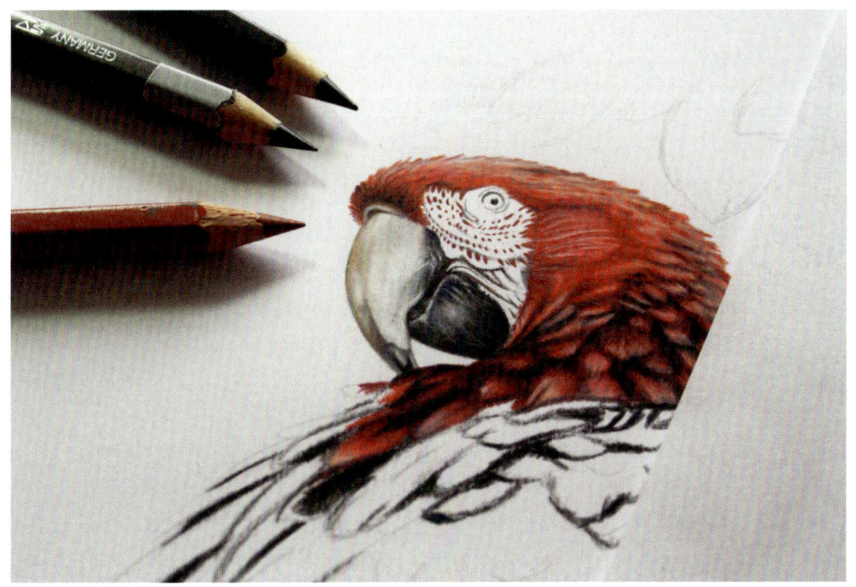

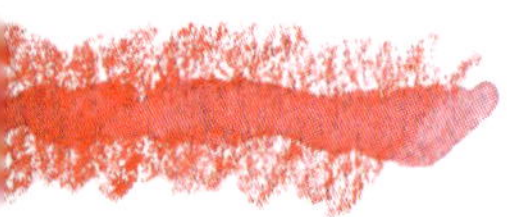

Dieser Prozess wiederholt sich in sämtlichen Bereichen der Zeichnung. Die kleinen Federn im Gesicht des Aras werden mit dem roten Farbstift angelegt und mit hellem Grau und Weiß vorsichtig übermalt.

Mit Aquarellbuntstiften haben Sie die Möglichkeit, Farbpigmente zu lösen und mit dem Pinsel zu verwischen. So werden Übergänge, besonders an den Rändern, weicher, fließender und dadurch realistischer.

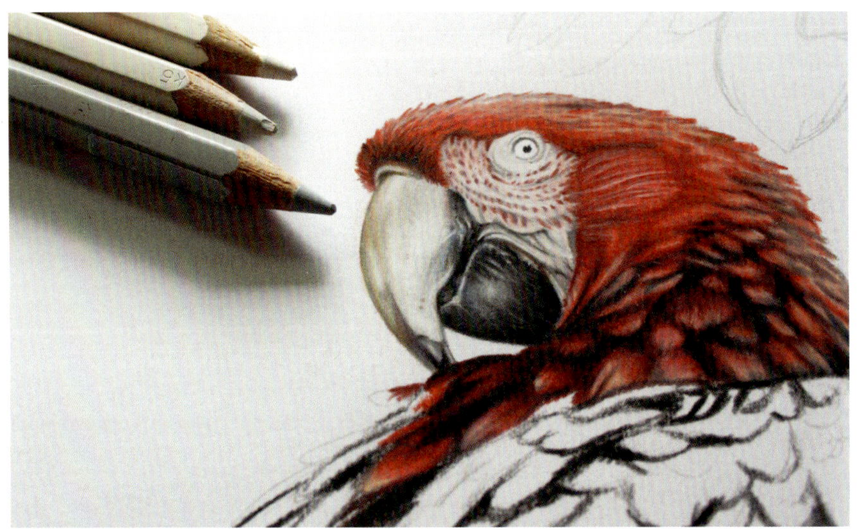

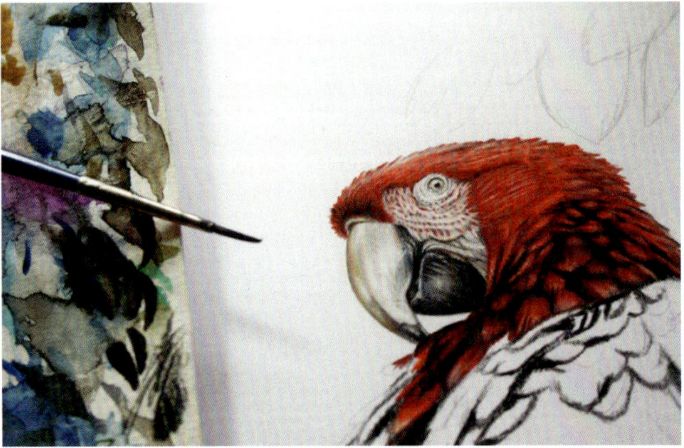

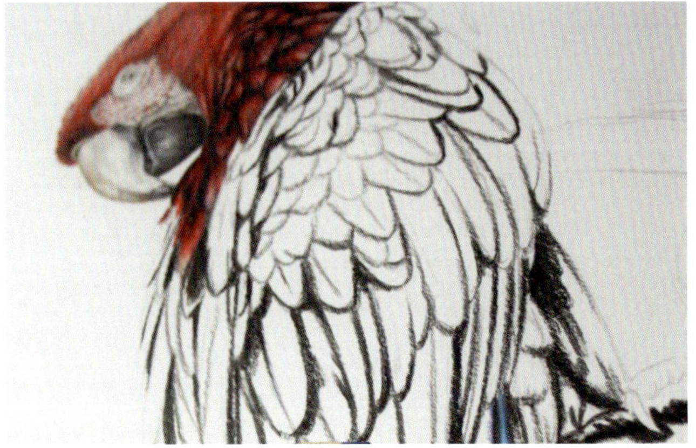

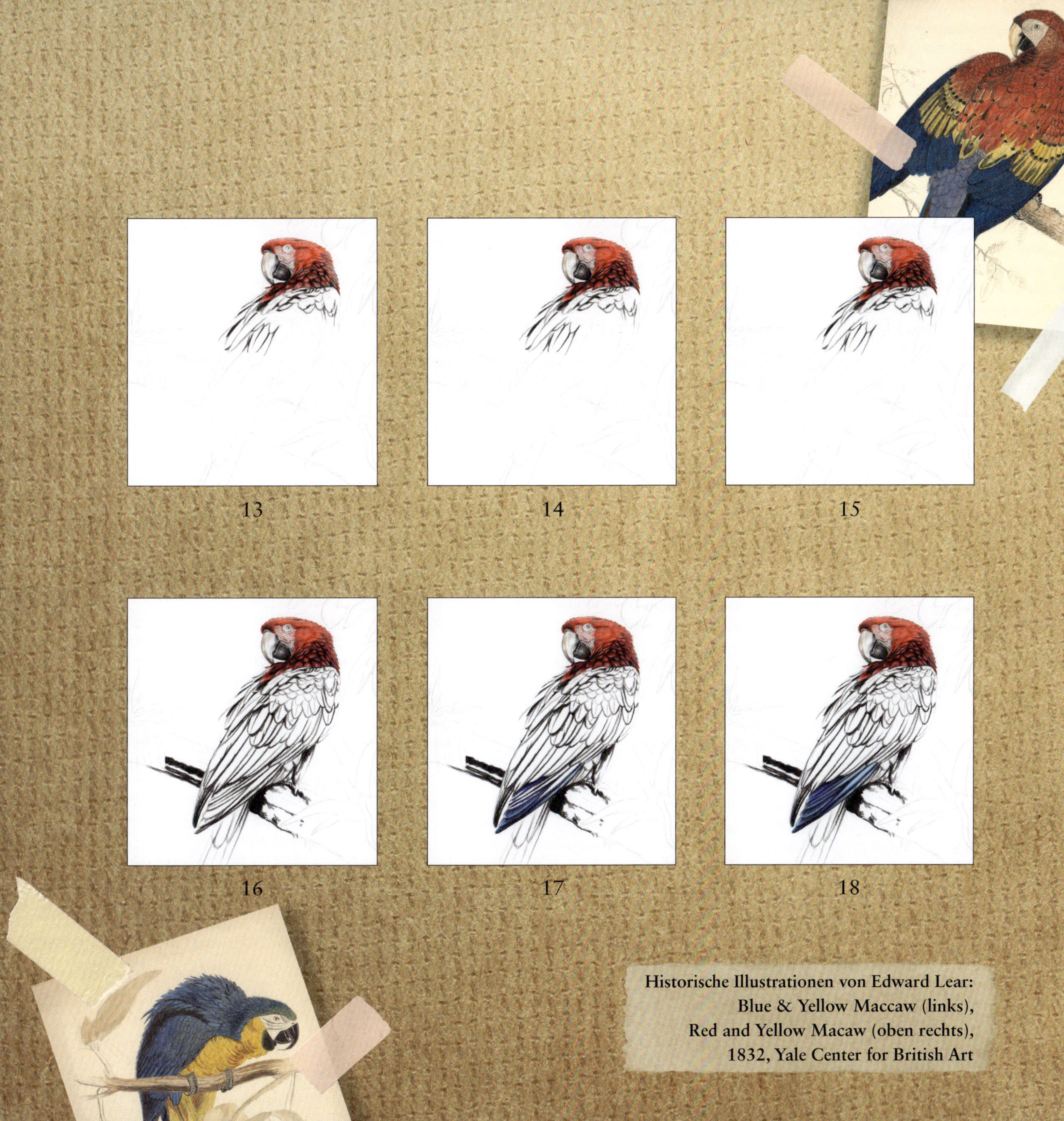

Historische Illustrationen von Edward Lear:
Blue & Yellow Maccaw (links),
Red and Yellow Macaw (oben rechts),
1832, Yale Center for British Art

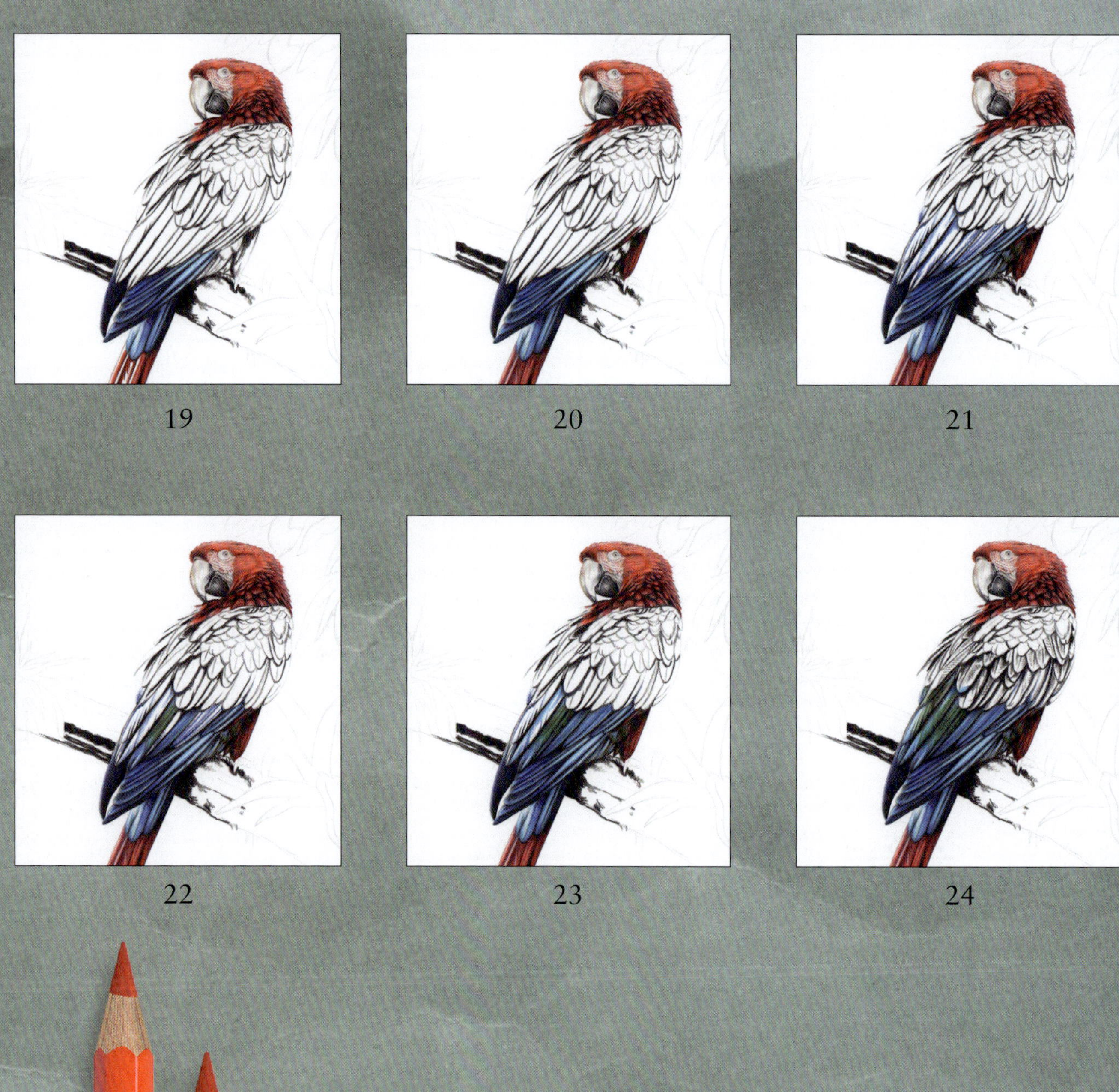

19 20 21

22 23 24

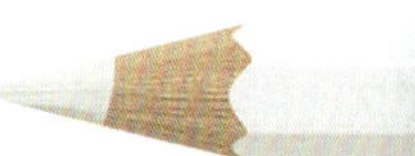

Für das Arbeiten in mehreren Farbschichten sollten Sie sich definitiv genügend Zeit einräumen. Ihre Geduld wird Sie garantiert mit einer deutlich gesteigerten Qualität der Zeichnung belohnen. Es gibt viele *unterschiedliche Arten der Schichtung* (siehe Schraffuren). Benutzen Sie beispielsweise denselben Farbton, wird der Bereich immer satter und dunkler werden. (1) Durch einen helleren oder dunkleren Stift aus derselben Farbfamilie können Sie nachträglich aufhellen oder abdunkeln. (2) Dies gilt umso mehr, wenn ein Stift aus dem Grausortiment zum Einsatz kommt. Hierbei lässt sich zudem die Farbintensität der Basisfarbe abschwächen. (3) Wollen Sie unterschiedliche Farben für die Schichten nutzen (4), sollten Sie unbedingt die Farblehre im Hinterkopf haben und vermeiden, Komplementärfarben zu verwenden, weil sie sich gegenseitig in ihrer Leuchtkraft aufheben und ein bräunlicher Mischton die Folge ist.

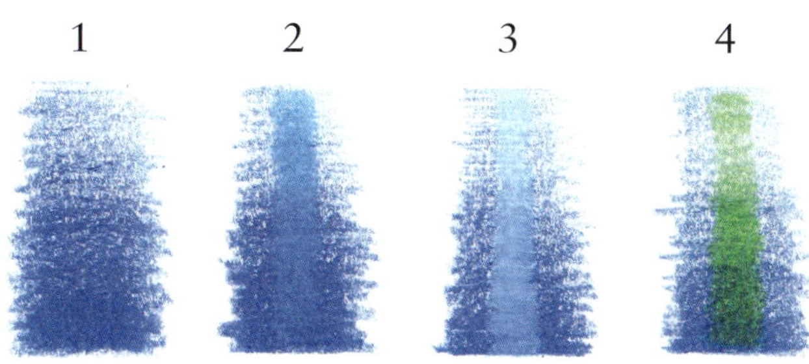

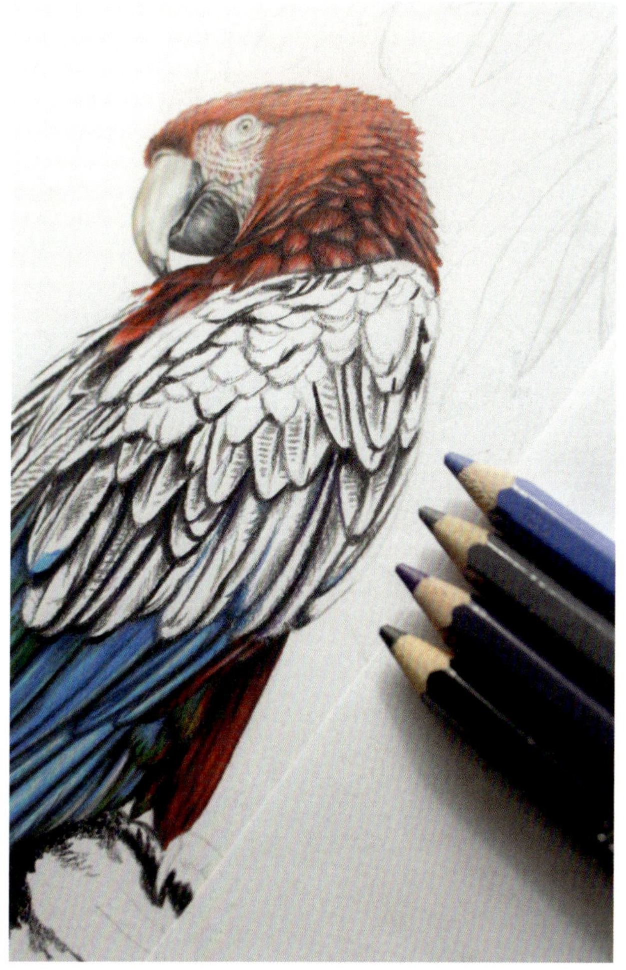

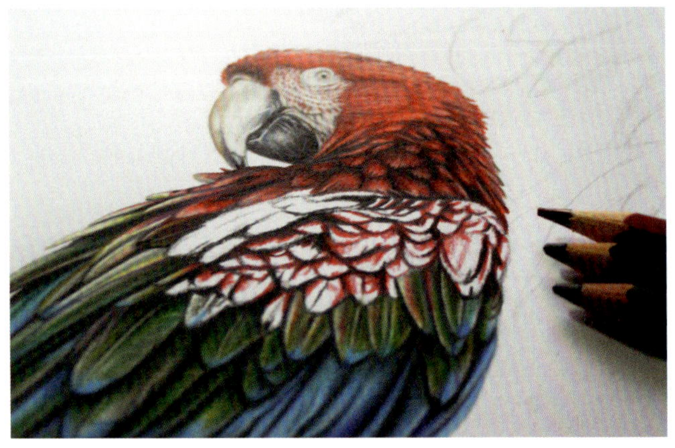
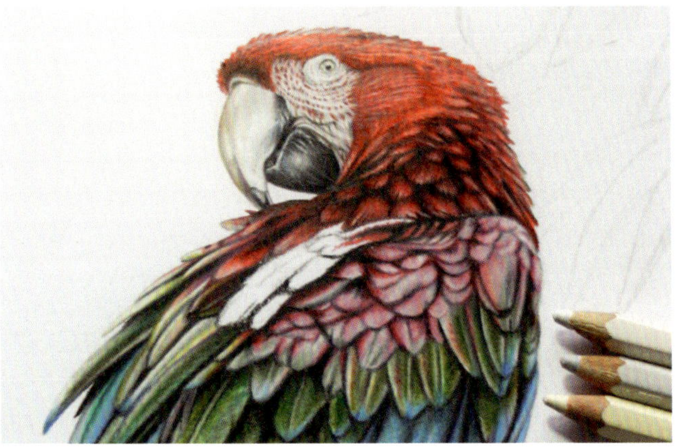
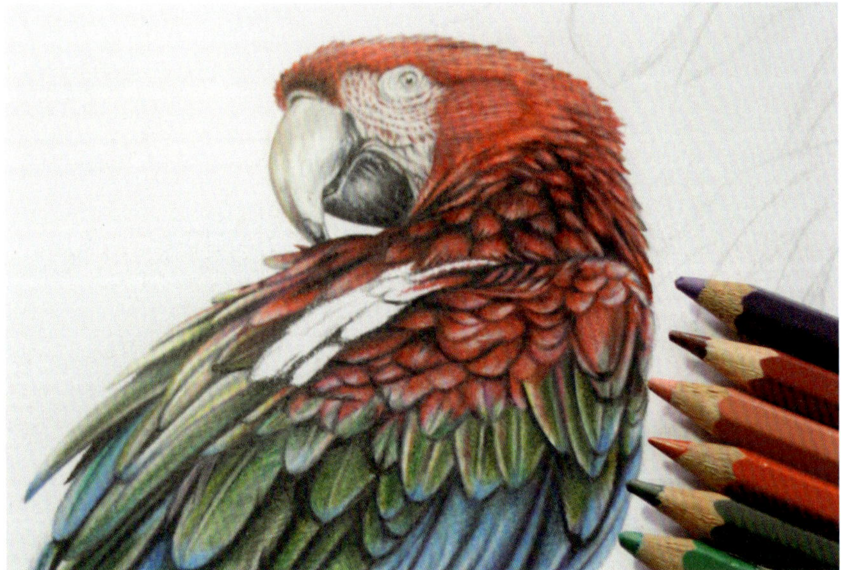

Der *Umgang mit Kontrasten und Komplementärfarben* ist vor allem in den Bereichen der Zeichnung zu beachten, in denen eben jene Farben nahe beieinander liegen – beim Ara am Flügel. Hier gehen rote und grüne Bereiche ineinander über.

Durch die neutralen Graustifte können Sie diese Bereiche füllen und so die komplementären Farben verbinden, ohne Mischfarben zu produzieren. Wo die Leuchtkraft dadurch zu schwach wird, arbeiten Sie mit den Farben nach.

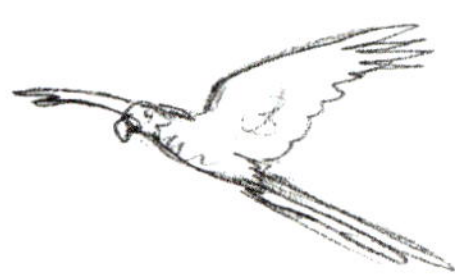

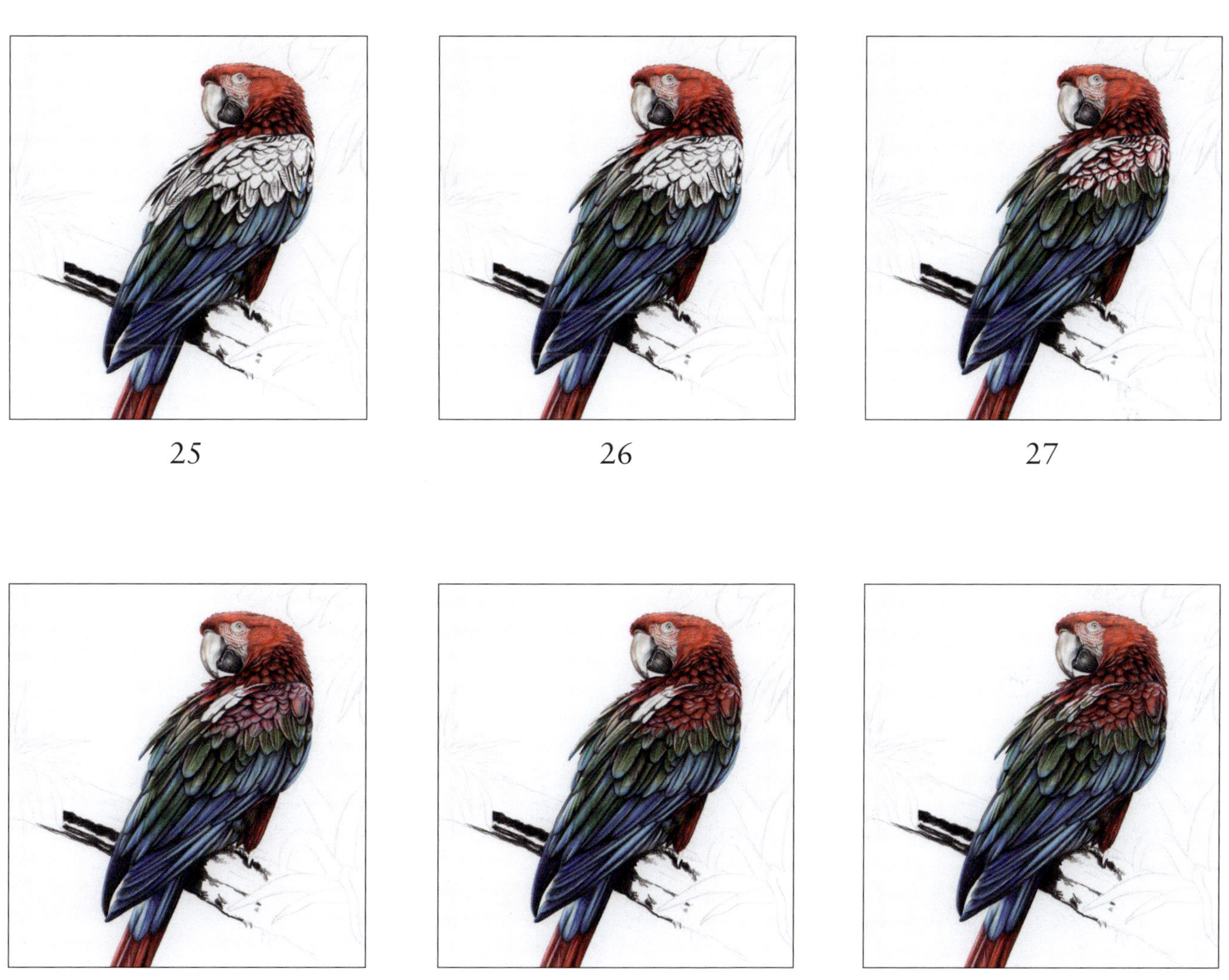
25
26
27
28
29
30

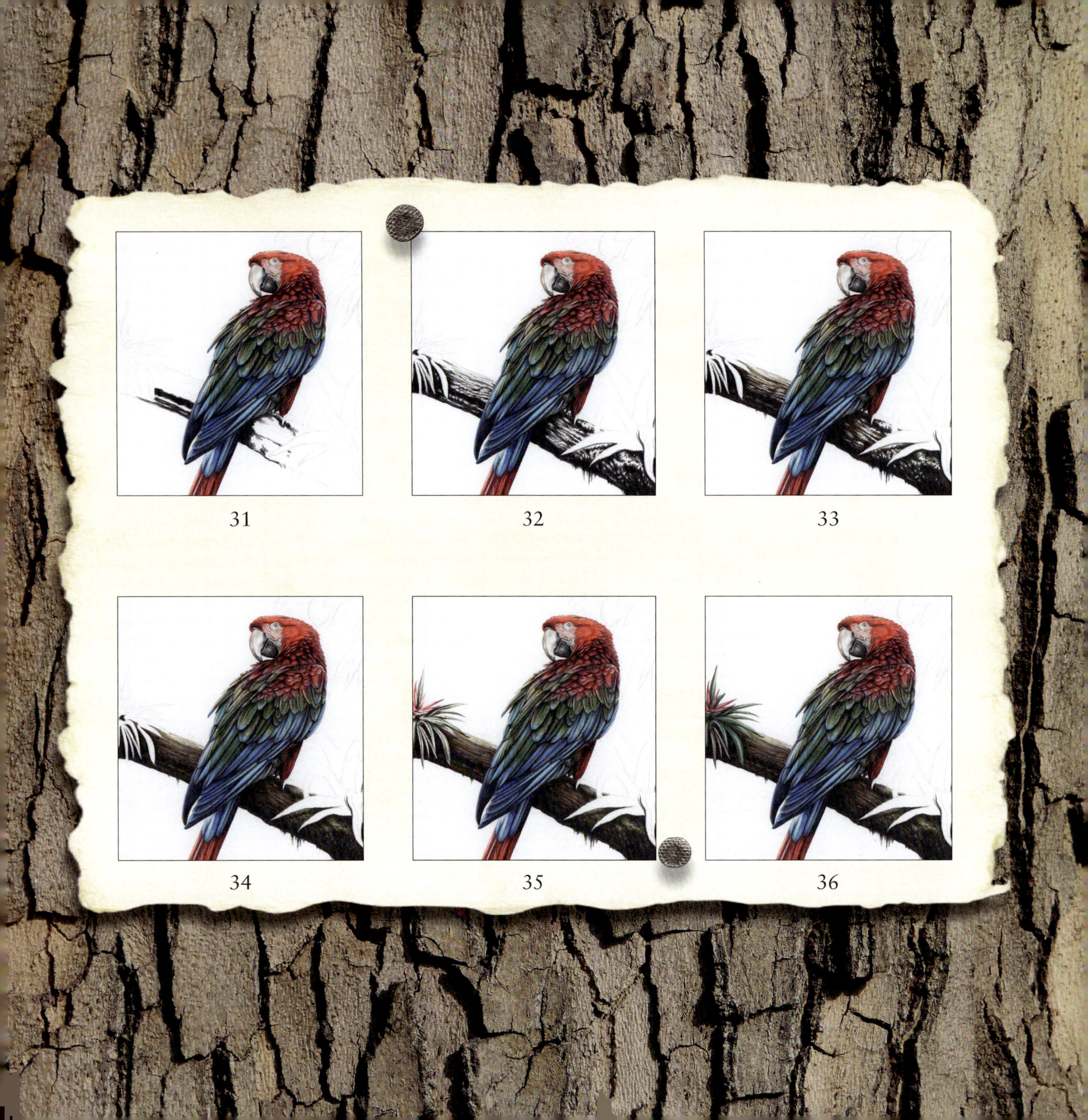
31
32
33
34
35
36

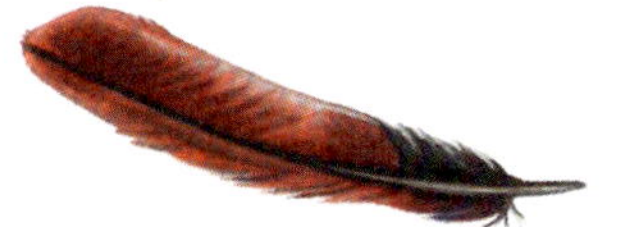

Nicht nur für das Hauptmotiv, den Papageien, habe ich mir entsprechendes *Referenzmaterial* gesucht, sondern auch für alle anderen Objekte, die in der Zeichnung zu sehen sind. Pflanzen machen mir persönlich besonders viel Spaß, denn sie ermöglichen kreative Freiheit: Blätter und Äste lassen sich ganz nach Wunsch so anordnen, wie Sie sie kompositorisch integrieren möchten.

Für Rindenstrukturen habe ich mir eine kleine Fotosammlung angelegt, die ich regelmäßig zurate ziehe. Sie können sich eine Bibliothek mit entsprechender Literatur und Fotobänden anlegen oder einen Ordner auf dem Computer erstellen, in dem Sie Bilddateien speichern. Das beste Referenzmaterial sind selbstverständlich die Dinge, wie sie wirklich sind.

Tipp: Für das Zeichnen von lebendigen Holzoberflächen sollten Sie immer einige Grüntöne in Betracht ziehen und dezent einarbeiten. Denn Grün ist nicht nur für Moose und Flechten erforderlich, sondern auch für die Reflexion der Blätter auf dem Stamm. Eine genaue physikalische Erklärung dieses Phänomens würde an dieser Stelle zu weit führen. Nützlich zu wissen bleibt, dass sich die Farben und Oberflächen von Objekten gegenseitig beeinflussen.

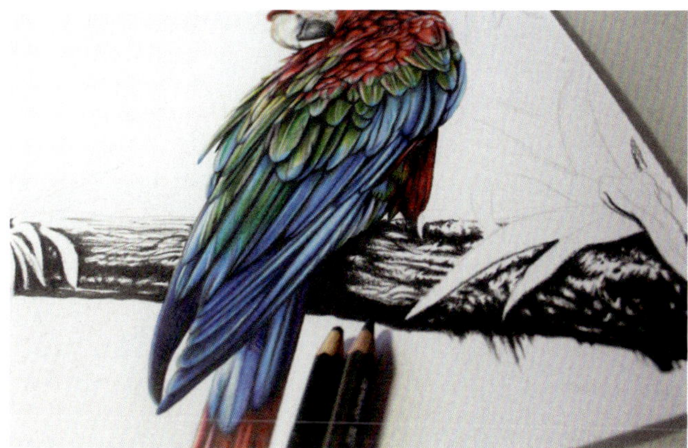

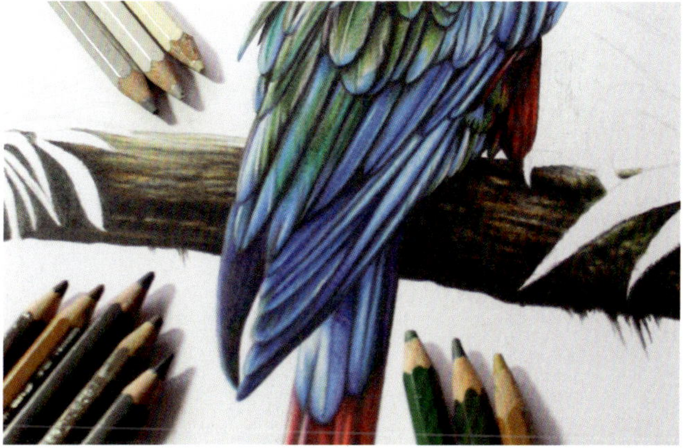

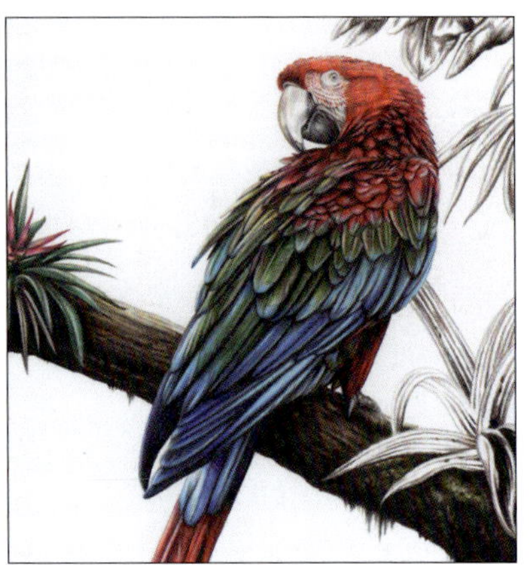

37

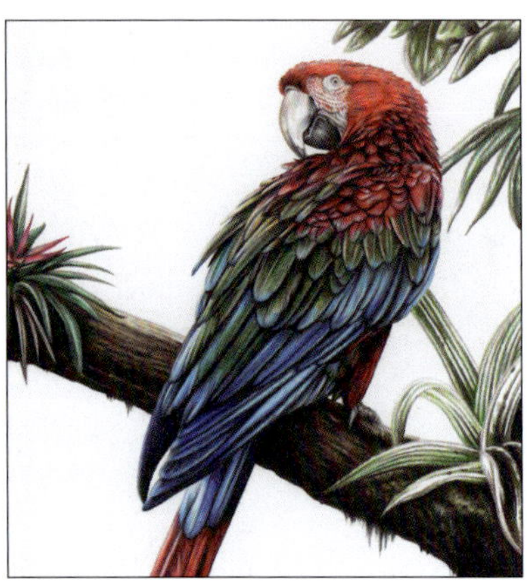

38

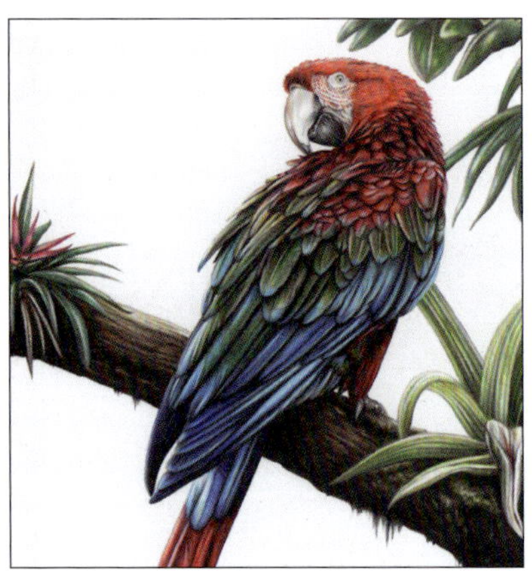

39

Die Zeichnung befindet sich nun bereits in der Endphase und es gilt nur noch, ein paar Pflanzen zu ergänzen, die dem Gesamtmotiv noch mehr Ausstrahlung verleihen und eine Umgebung andeuten, in der sich der Ara befindet.

Auf der rechten Seite ist die finale Version abgebildet. Eine weitere elementare Herausforderung neben dem handwerklichen Teil ist die Entscheidung, wann eine Zeichnung fertig ist. Diese liegt allein in Ihrer künstlerischen Verantwortung.

Wie zu erkennen ist, habe ich im letzten Schritt noch einige Kleinigkeiten ergänzt, einen handgezeichneten Rahmen um das Motiv gezogen und die Innenfläche mit abstrakten Aquarellverläufen gefüllt, wodurch eine geheimnisvolle Dschungel-Atmosphäre angedeutet wird. Des Weiteren habe ich noch einen zweiten fliegenden Ara im Hintergrund eingefügt.

Trotz aller Konzeption und Vorarbeit, die Sie für eine Zeichnung anstellen, sollten sie sich stets alle Optionen auf Änderung und Modifikation offenhalten. Denn oftmals enthüllt erst der fortschreitende Entstehungsprozess Schwächen im Bild, die Sie vorher nicht erkannt haben.

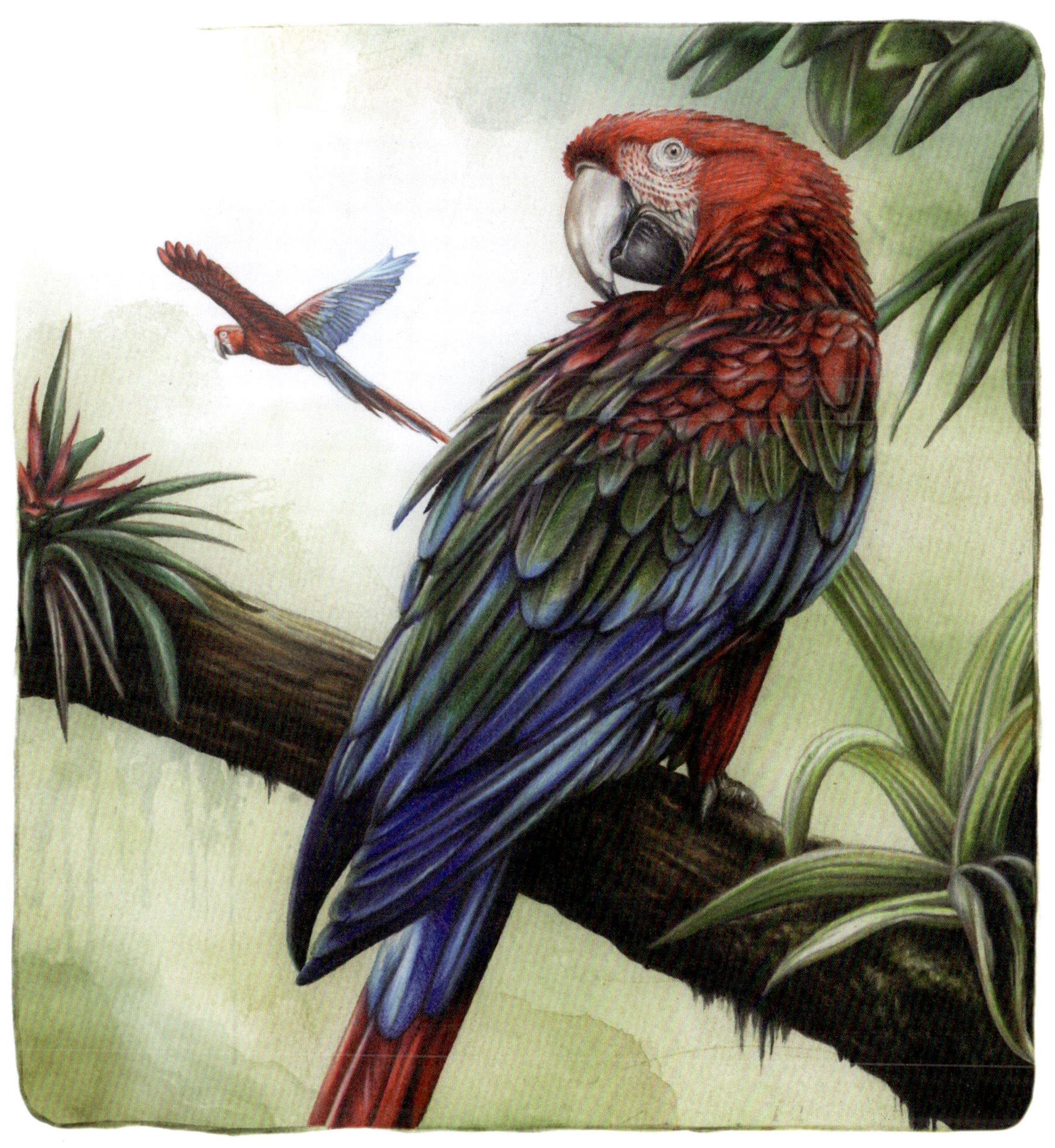

Künstlerischer Frust

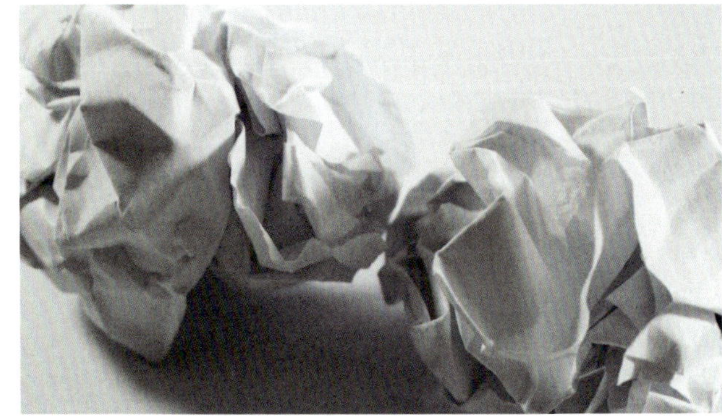

Es kann sehr frustrierend und blockierend sein, wenn man den Eindruck hat, die eigene Vision nicht ausreichend umgesetzt zu haben. Wenn man viele talentierte Zeichner, Maler und Illustratoren sowie ihre Werke kennt, führt das in vielen Fällen dazu, die eigenen Arbeiten über alle Maßen kritisch zu betrachten oder mit denen anderer zu vergleichen. Auch wenn es schwerfällt: Kritik ist der Antrieb, um besser zu werden. Fremde Werke liefern Inspiration und im Folgenden den Ansporn und die Motivation, die eigenen Fähigkeiten zu verfeinern oder auch etwas völlig Neues auszuprobieren. Eine direkte Kontaktaufnahme mit anderen Künstlern kann zudem sehr hilfreich und produktiv sein. Zu erfragen, welche Techniken und Methoden bzw. welche Menschen hinter den Werken stecken, wird Ihnen in den meisten Fällen viel schneller Antworten liefern als der Versuch, diese Unklarheiten selbst zu ergründen. Die meisten Künstler geben gerne Auskunft und freuen sich über die Wertschätzung, die man ihnen und ihren Werken schenkt.

Tipp: Sind Sie mit einer Zeichnung unzufrieden, kann eine Pause helfen, in der Sie sich mit anderen Dingen beschäftigen. Häufig schafft ein frischer Blick zu einem späteren Zeitpunkt Abhilfe.

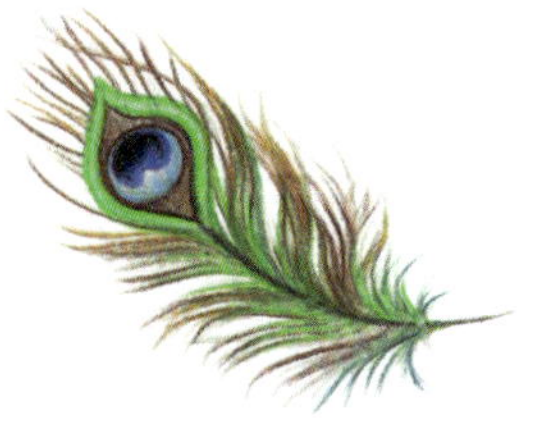

Wie überwinde ich künstlerische Selbstzweifel?

1. Definieren Sie Erfolg: Gebe ich wirklich mein Bestes? Kontrolliere ich meine Mühen in die richtige Richtung? Erwarte ich Steine im Weg und wie überwinde ich sie?

2. Verhalten Sie sich wie Ihr erfolgreichstes Ich: Welchen Lifestyle führe ich? Mit welchen Leuten umgebe ich mich? Wie nutze ich meine Zeit?

3. Gehen Sie immer weiter und denken Sie logisch: Was bringt mich voran?

Welche Faktoren behindern die Entwicklung meiner künstlerischen Fähigkeiten?

1. Unqualifizierte oder unpassende Lehrer: Wie erkenne ich, ob Lehrer zu mir passen und ob sie qualifiziert sind? Um sich diese Fragen zu beantworten, sollten Sie mehr über die künstlerischen Komponenten der betreffenden Person in Erfahrung bringen: Lassen Sie sich ein Portfolio zeigen, beobachten Sie, wie die Person selbst zeichnet; fragen Sie sie, ob sie ihre persönlichen künstlerischen Ziele erreicht hat, und prüfen Sie, ob sie auch aktuell noch aktiv kreativ arbeitet und darin erfolgreich ist.

2. Keine künstlerische Struktur: Zeichnerische Tricks allein reichen nicht aus, um überzeugende Ergebnisse zu erhalten. Die Basics (Komposition, Farbe, Kontraste, Perspektive, Anatomie usw.) und die Aneignung von Wissen sollten vielmehr im Fokus stehen und werden Ihnen langfristig wesentlich hilfreicher sein.

3. Mangelndes Vertrauen in die eigenen Fähigkeiten: Wer zunächst nicht an sich glaubt, kann trotzdem große Fortschritte machen, indem er sich auf zwei Aspekte konzentriert, nämlich Zeit und Anstrengungen. Wenn Sie Ihre Zeit sinnvoll nutzen, um zu lernen, und sich Mühe geben, werden Sie zwangsläufig besser und selbstbewusster werden.

4. Schlechte Terminplanung: Selbstverständlich ist eine kreative Beschäftigung für viele eine ausschließliche Freizeitbeschäftigung. Dennoch gilt es, sich dafür genügend Zeit einzuräumen und diese Zeit im Alltag fest und gleichwertig einzuplanen.

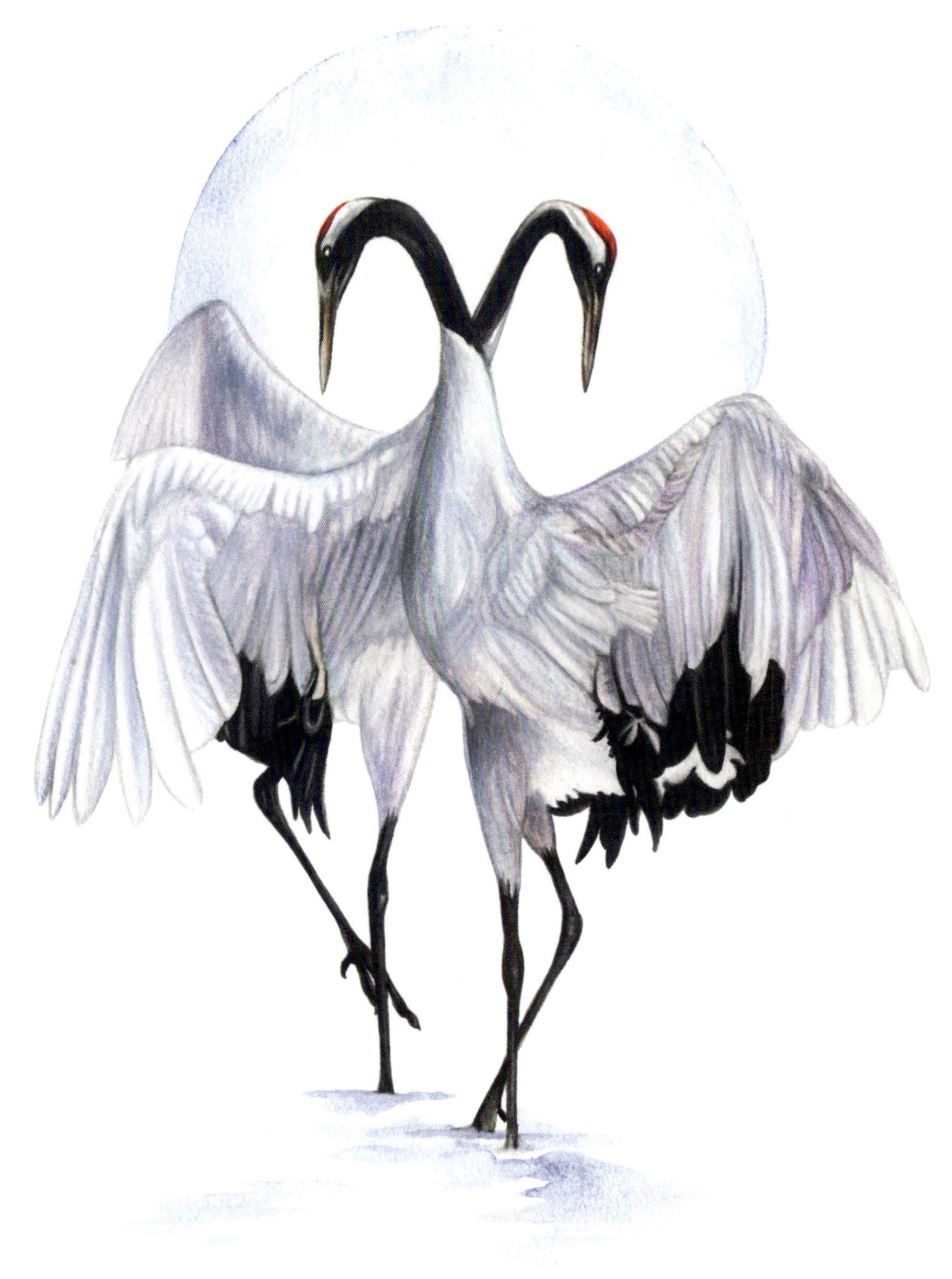

Kranichtanz

Die vielen unterschiedlichen Grautöne und auch der weiße Stift sind ganz besonders für das Zeichnen von hellen Vögeln nützlich. In Kombination und durch Ineinandermalen verleihen sie mehr Lebendigkeit.

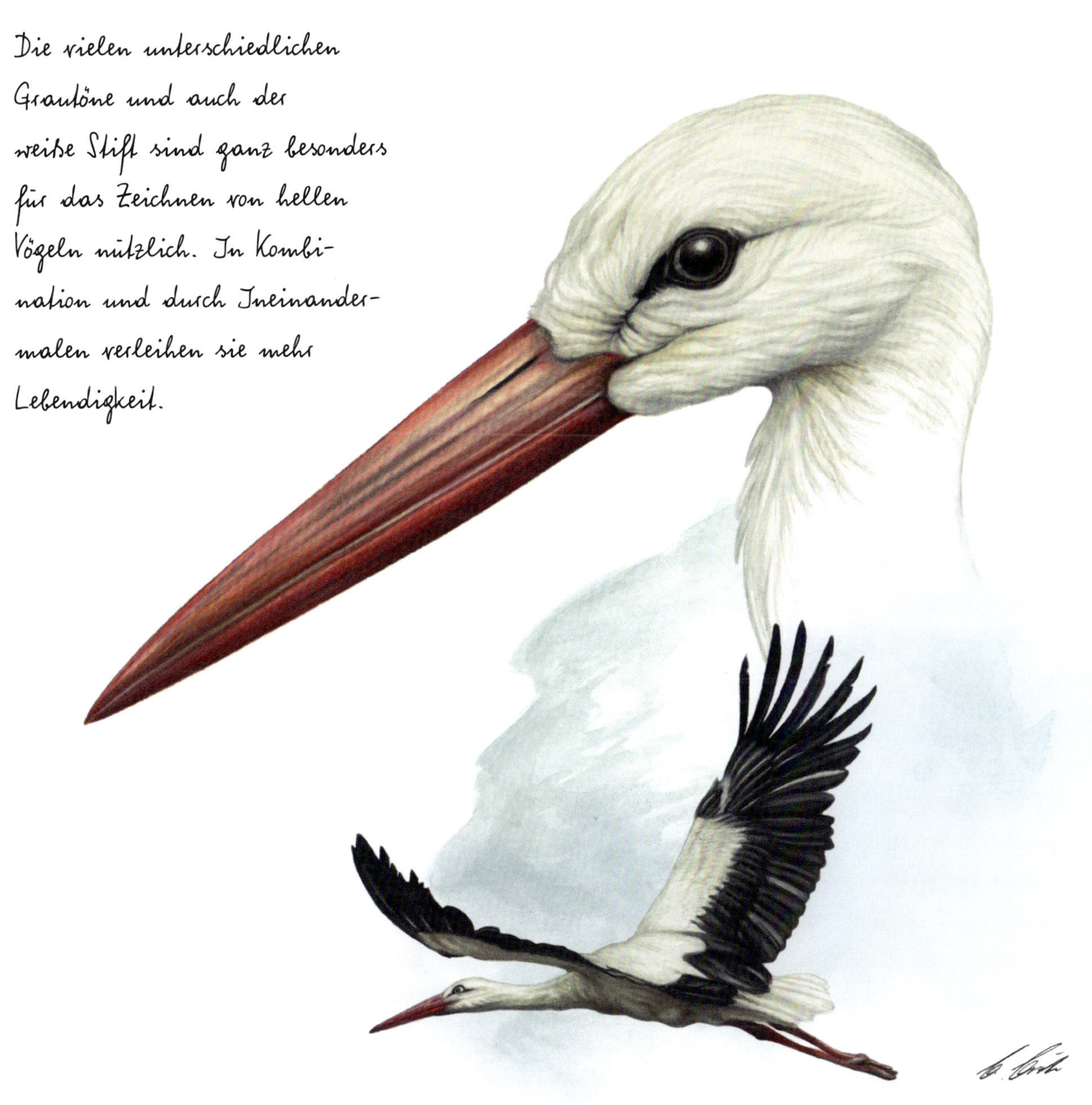

Weißstorch

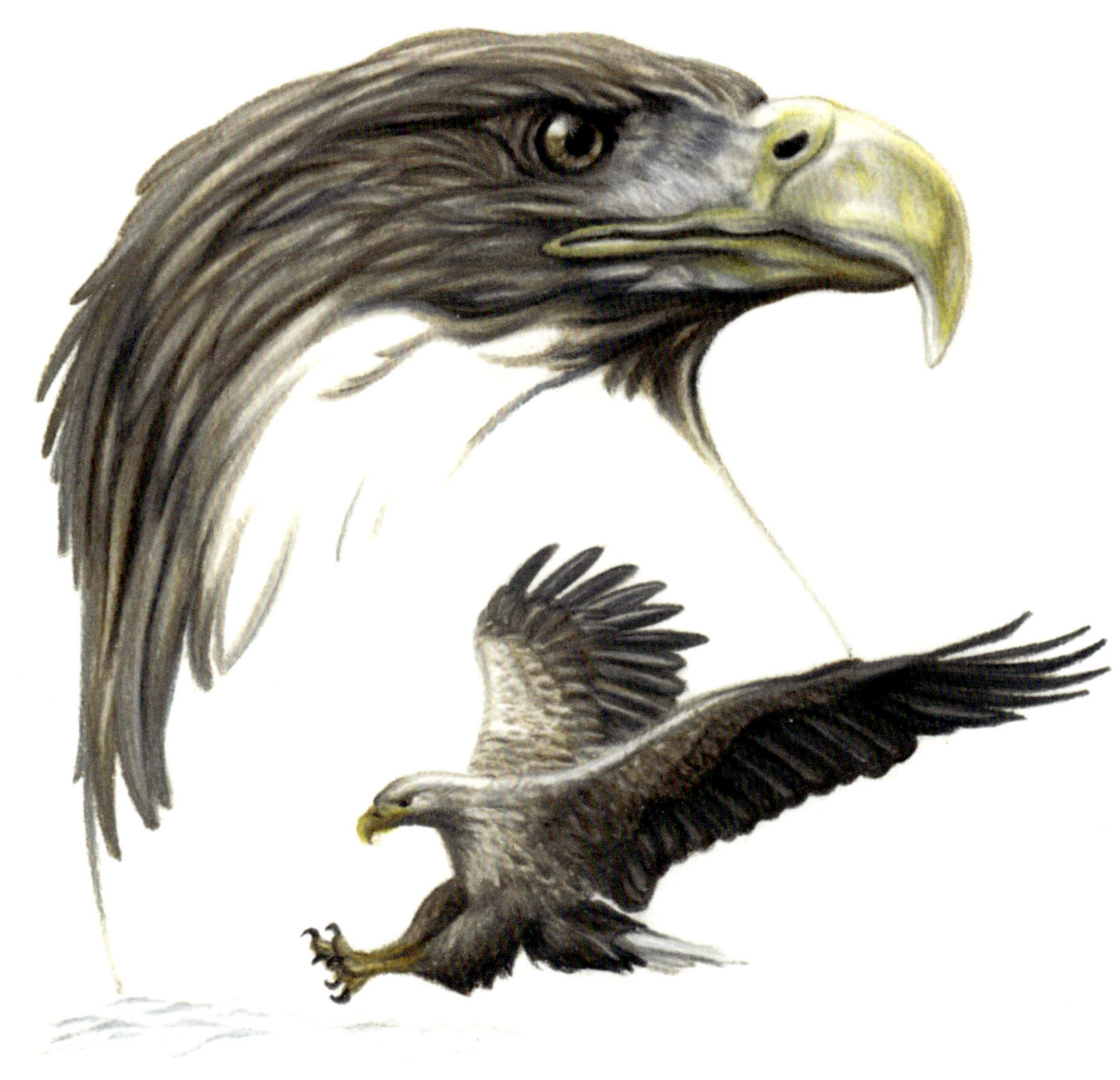

Seeadler

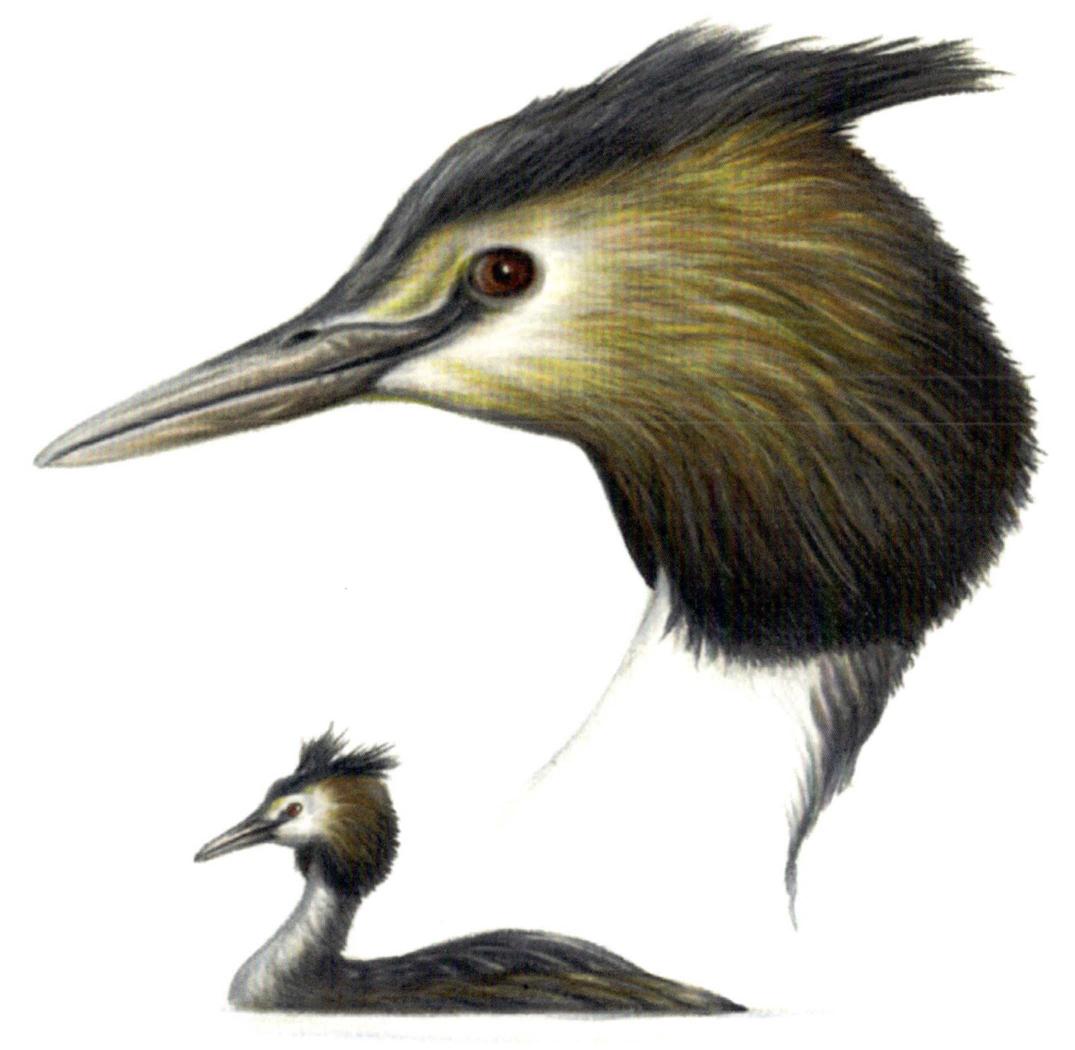

Haubentaucher

Federn zeichnen

Es muss nicht immer ein kompletter Vogel aufs Papier gebracht werden. Auch Detailausschnitte wie ein Auge oder ein Fuß sind zeichnerisch sehr reizvoll. Ein ganz typisches Vogelmerkmal sind die Federn. Ebenso wie die Tiere, zu denen sie gehören, variieren sie stark in ihrer Größe, Form und Farbigkeit.

Das Leitgerüst einer jeden Feder bildet der Federkiel, der sich wiederum aus dem unteren Teil, der sogenannten Spule, und dem oberen Bereich, dem Schaft, zusammensetzt. Von ihm gehen die einzelnen Äste ab, deren winzige Verzweigungen sich überlappen und so die glatte Oberfläche der Feder bilden. Den Aufbau zu verstehen ist wichtig, um ein überzeugendes, zeichnerisches Abbild herzustellen. Die Struktur sollte erkennbar sein, was Sie leicht mit einer entsprechenden Zeichenrichtung mit den Buntstiften erreichen können.

Beim Zeichnen von Federn empfiehlt es sich, den Stift tatsächlich immer in derselben Ausrichtung zu bewegen und Kreuzschraffuren zu vermeiden. Vielmehr sollten Sie viele unterschiedliche Farbtöne schichten und mit den Druckverhältnissen auf den Stiften experimentieren. Auch die Nutzung von Aquarellbuntstiften und die Zugabe von Wasser ist sinnvoll. Nutzen Sie nach Möglichkeit echte Federn als Referenzmaterial oder zumindest Fotos davon.

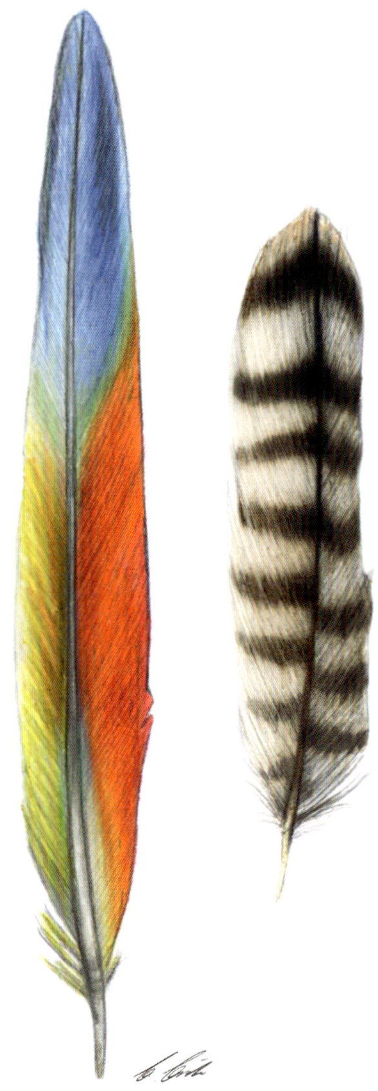

Nicht nur unter den Raubvögeln allgemein, sondern sogar unter den Falken gibt es viele unterschiedliche Arten. Hierbei sind die spezifischen Merkmale teilweise sehr subtil.

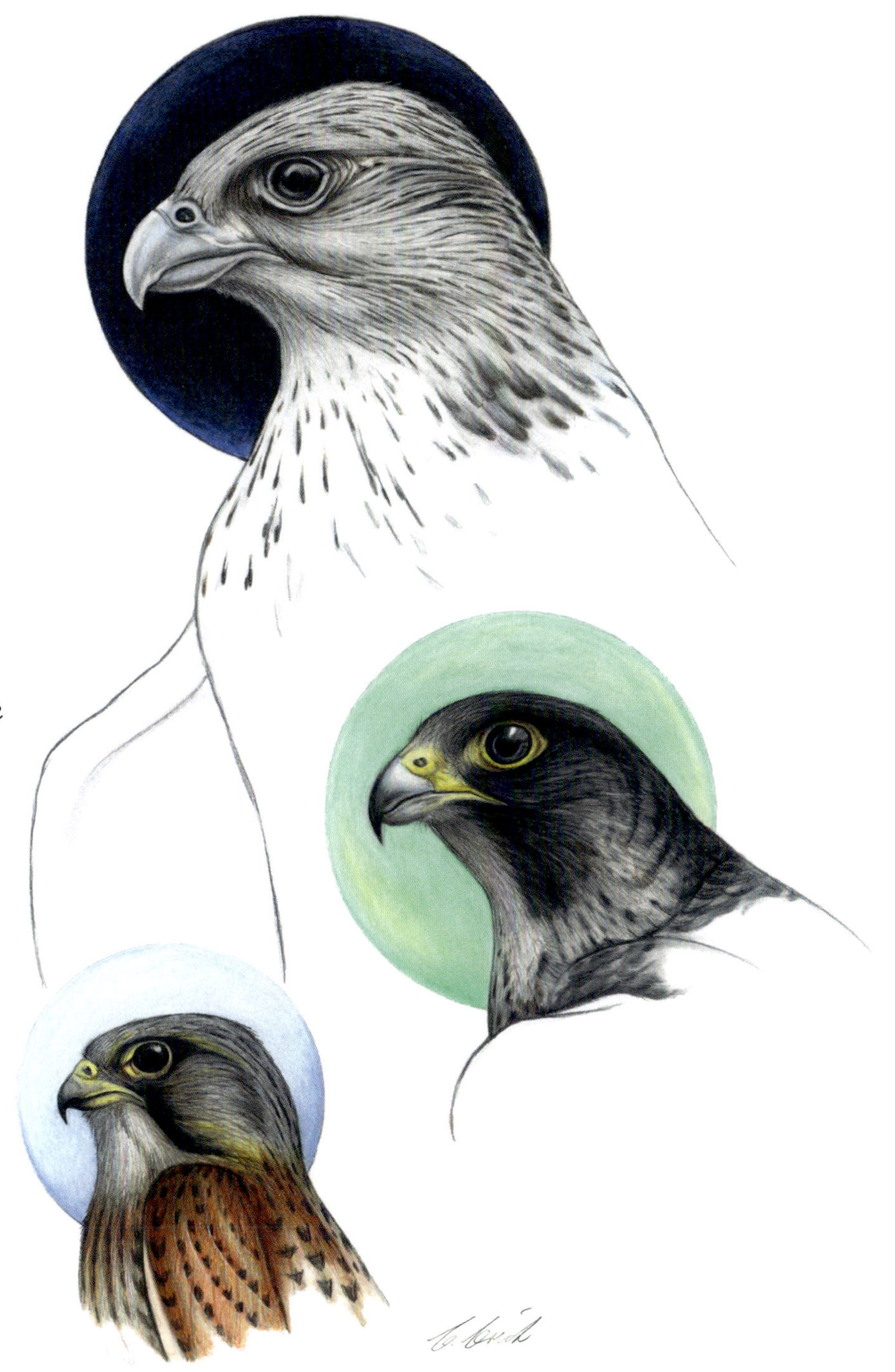

Falken

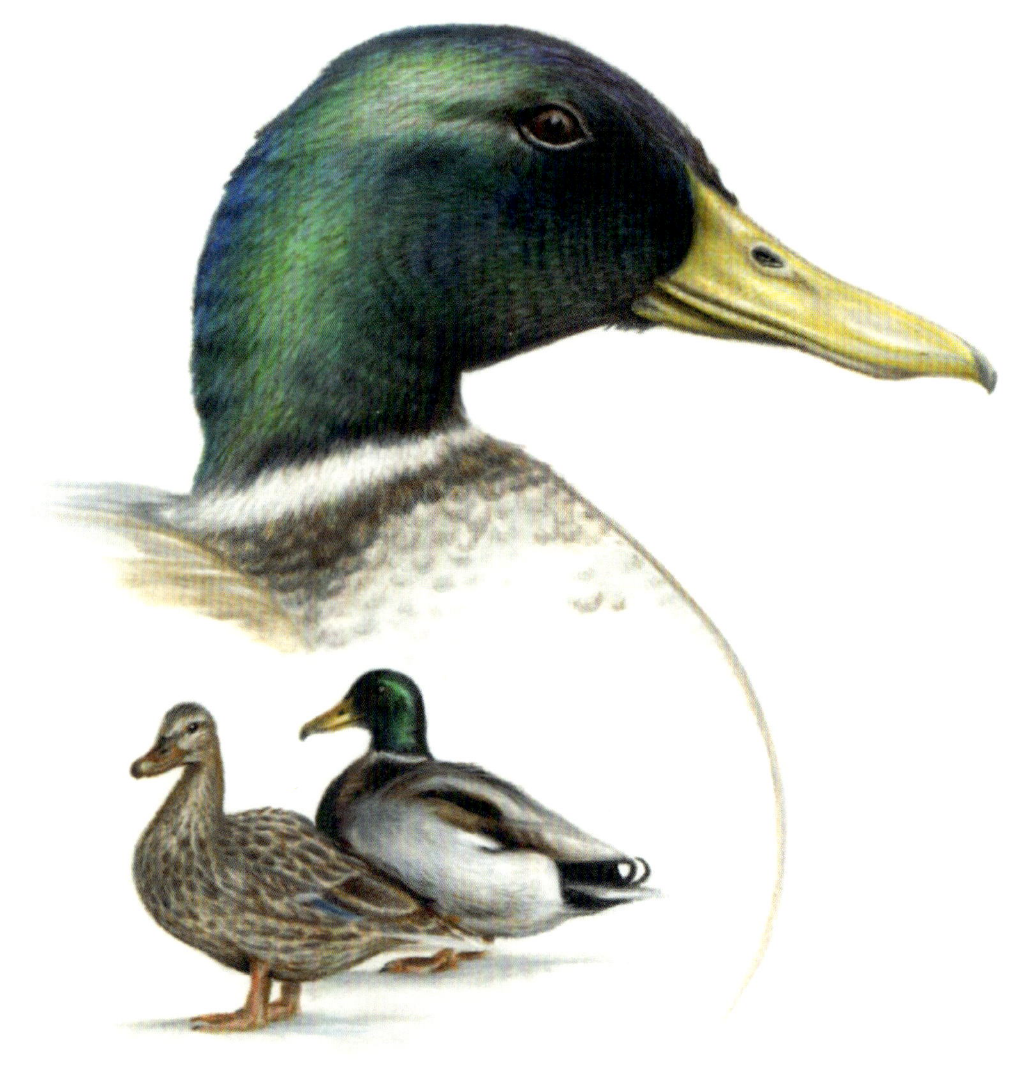

Stockenten

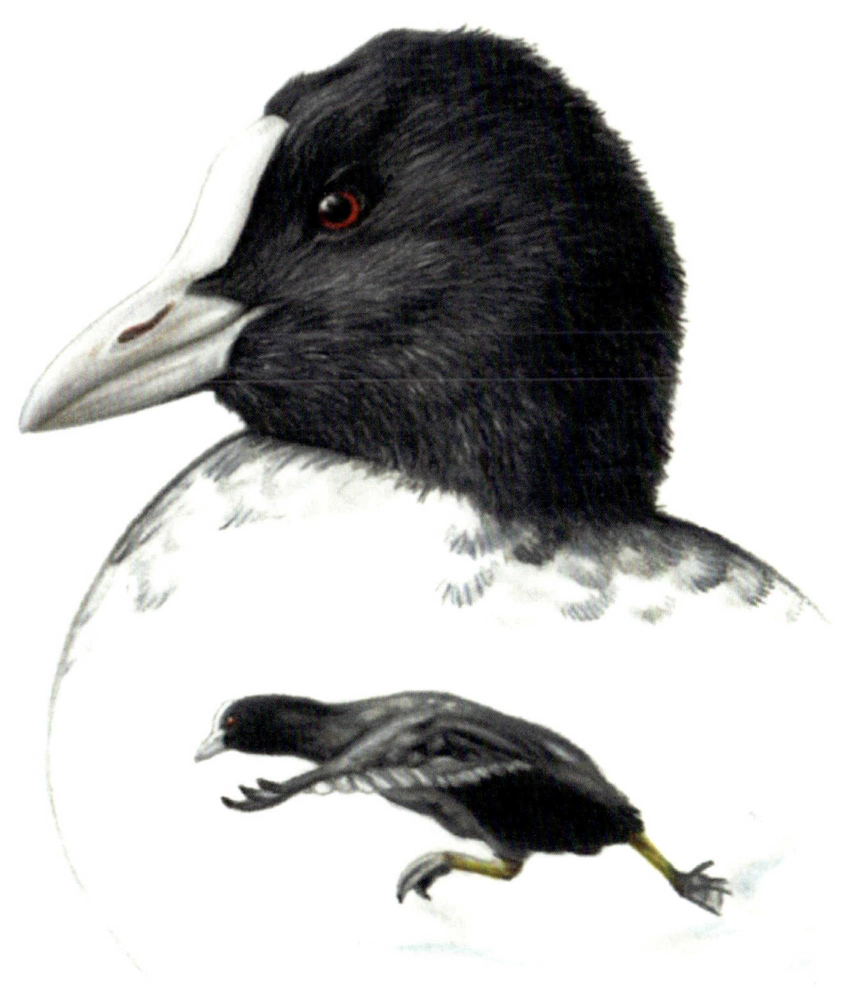

Blässhuhn

Warum werde ich nicht besser im Zeichnen?

1. Schwache Lernmuskulatur: Unser Gehirn ist wie ein Muskel. Wenn wir es länger nicht nutzen, um ständig etwas zu lernen, wird diese Fähigkeit schwächer. In der Schule oder während des Studiums sind wir es gewohnt, die meiste Zeit des Tages mit Lernen zu verbringen. Später werden die Lernimpulse in der Regel weniger und die Hirnleistung lässt nach. Allerdings können wir das Gehirn auch trainieren. Genau wie im Fitnesssport empfiehlt es sich dabei, wieder langsam einzusteigen und die Intensität schrittweise zu steigern. Beginnen Sie etwa mit fünf- bis zehnminütigem Skizzieren im Zeichenbuch.

2. Keine Zeit: Häufig scheitern die Bemühungen an zu wenig Freizeit, die man sich selbst zum Zeichnen einräumen kann. In diesem Fall gilt es, Zeiten zu finden, in denen Sie es einrichten können. Hilfreich kann es auch sein, sich mit anderen zum Zeichnen zu verabreden.

3. Kein Geld: Viele Menschen sind der Meinung, teure, extravagante Materialien würden eine sofortige Steigerung der künstlerischen Fähigkeiten bewirken. Selbstverständlich arbeiten die entsprechenden Werkzeuge immer nur so gut wie die Hand, die sie führt. Allerdings sollten Sie schon auf die Qualität der Produkte achten. Workshops, Bücher und Vorträge können ebenfalls eine lohnende Investition sein.

4. Ungeduld: Übung macht den Meister. Dieser alte Spruch hat nach wie vor nicht an Bedeutung verloren. Es braucht schlichtweg Zeit, um besser zu werden.

5. Sinken des eigenen Anspruchs: Um wirklich merklich Fortschritte zu machen, müssen Sie das ultimative Ziel immer vor Augen haben und dürfen nicht beginnen, es Stück für Stück niedriger anzusetzen.

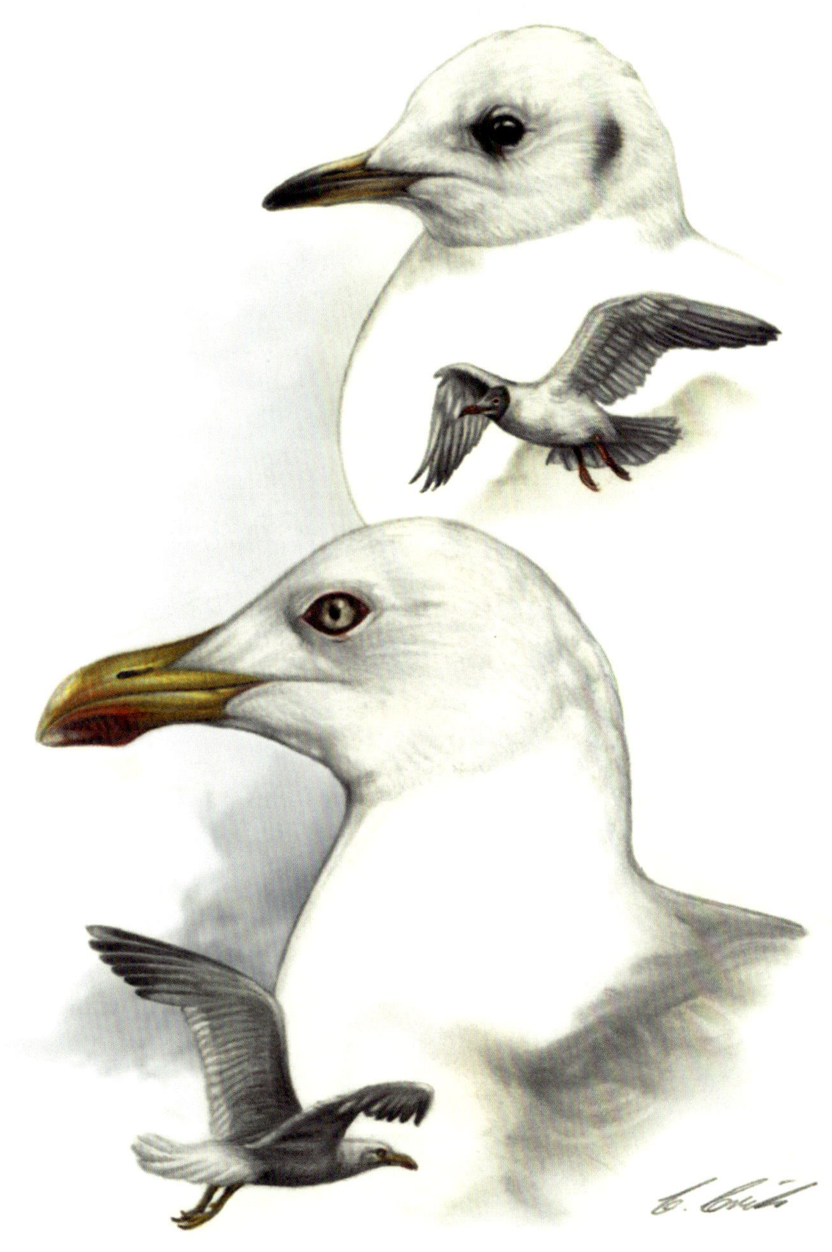

Lach- und Silbermöwe

Zeichnen mit wasserlöslichen Buntstiften

Mit Aquarellbuntstiften haben Sie die Möglichkeit, durch das Hinzufügen von Wasser die Pigmente zu verflüssigen und ineinander zu vermalen. Das richtige Papier ist in diesem Fall besonders wichtig. Aquarellpapier ist die sicherste Wahl, allerdings lässt sich bei kontrolliertem Umgang auch ein fester Zeichenkarton verwenden.

So oder so sollten Sie nie zu viel Wasser verwenden. Weil das Papier auf die Feuchtigkeit reagiert und sich ausdehnt, sollten Sie es vor Beginn der Zeichnung unbedingt auf einer festen, wasserabweisenden Unterlage fixieren, z. B. einer Glas- oder Kunststoffplatte. Sobald die Farben trocknen, wird das Papier wieder zu großen Teilen in die Ausgangsposition zurückschrumpfen. Je mehr Wasser im Prozess verwendet wird, desto größer ist die Gefahr, dass Wellen entstehen und auch erhalten bleiben.

Im folgenden Zeichenbeispiel habe ich die Farbe mit den Buntstiften aufgetragen. Wollen Sie Wasser einsetzen und den Aquarelleffekt nutzen, ist es nicht nötig, mit viel Druck zu arbeiten. Die Pigmente werden dann später im gelösten Zustand in die Papierstruktur eindringen und eine gleichmäßig geschlossene Farbfläche bewirken.

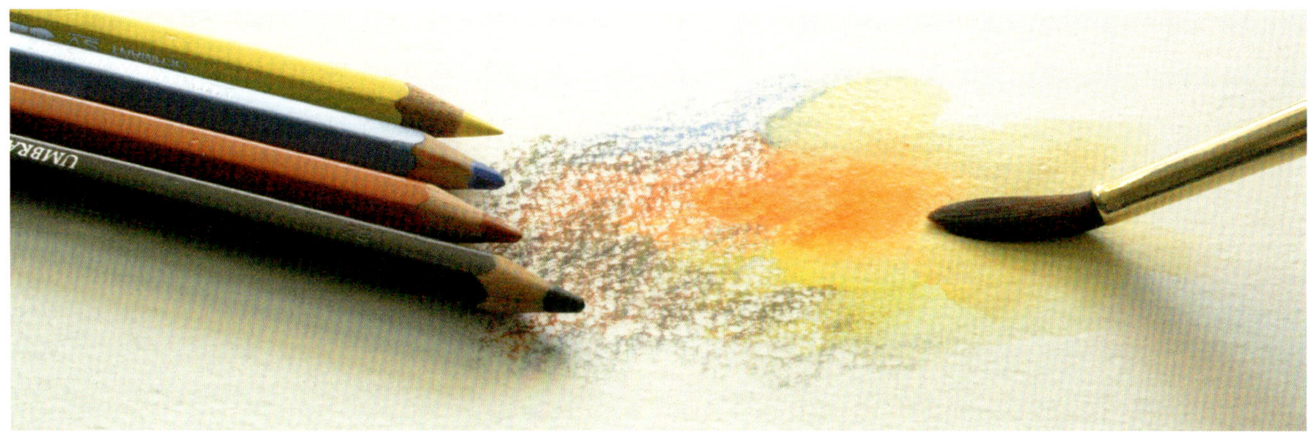

1

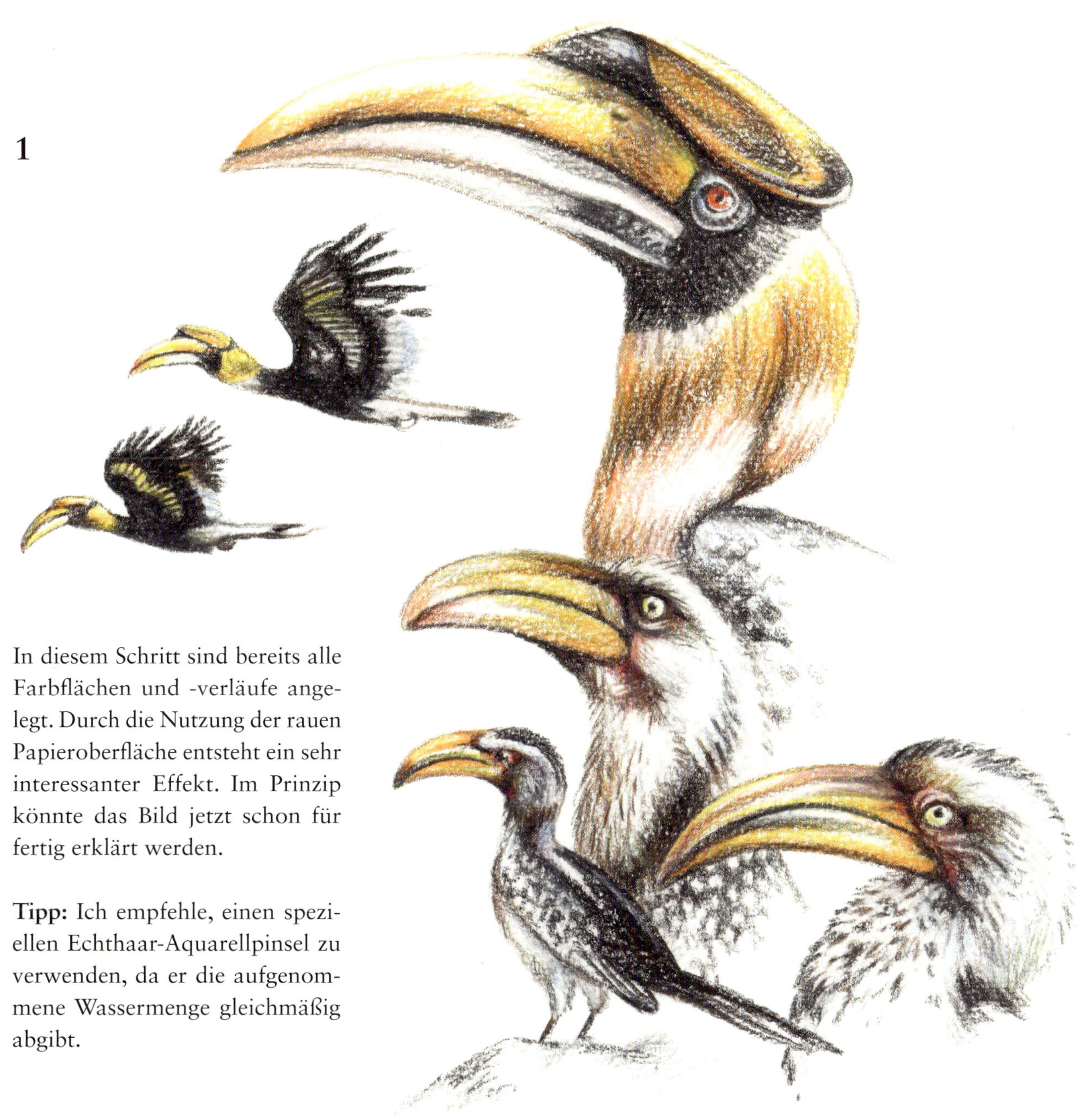

In diesem Schritt sind bereits alle Farbflächen und -verläufe angelegt. Durch die Nutzung der rauen Papieroberfläche entsteht ein sehr interessanter Effekt. Im Prinzip könnte das Bild jetzt schon für fertig erklärt werden.

Tipp: Ich empfehle, einen speziellen Echthaar-Aquarellpinsel zu verwenden, da er die aufgenommene Wassermenge gleichmäßig abgibt.

Nashornvögel – ohne Wasser

2

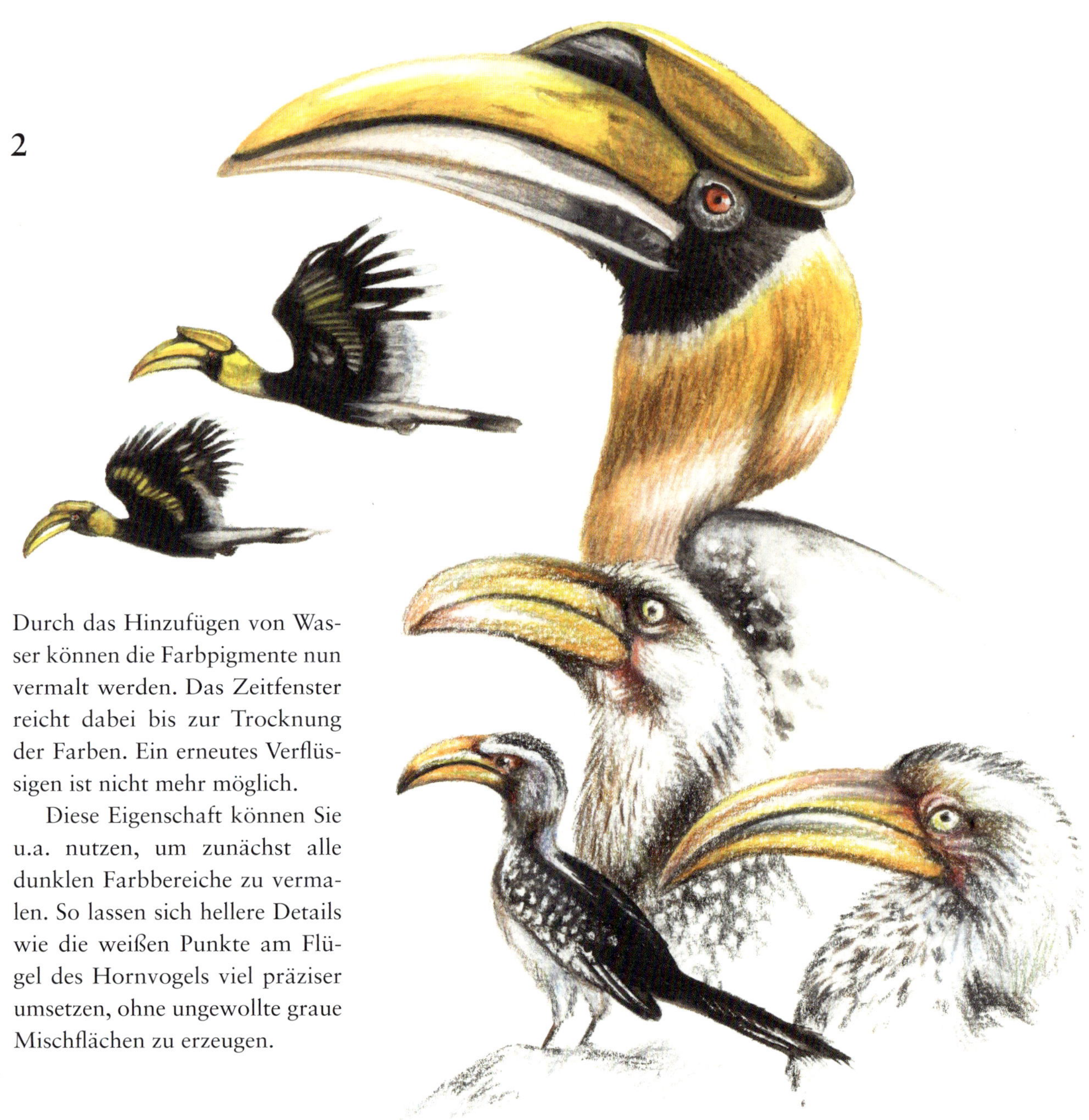

Durch das Hinzufügen von Wasser können die Farbpigmente nun vermalt werden. Das Zeitfenster reicht dabei bis zur Trocknung der Farben. Ein erneutes Verflüssigen ist nicht mehr möglich.

Diese Eigenschaft können Sie u.a. nutzen, um zunächst alle dunklen Farbbereiche zu vermalen. So lassen sich hellere Details wie die weißen Punkte am Flügel des Hornvogels viel präziser umsetzen, ohne ungewollte graue Mischflächen zu erzeugen.

Nashornvögel – mit Wasser

3

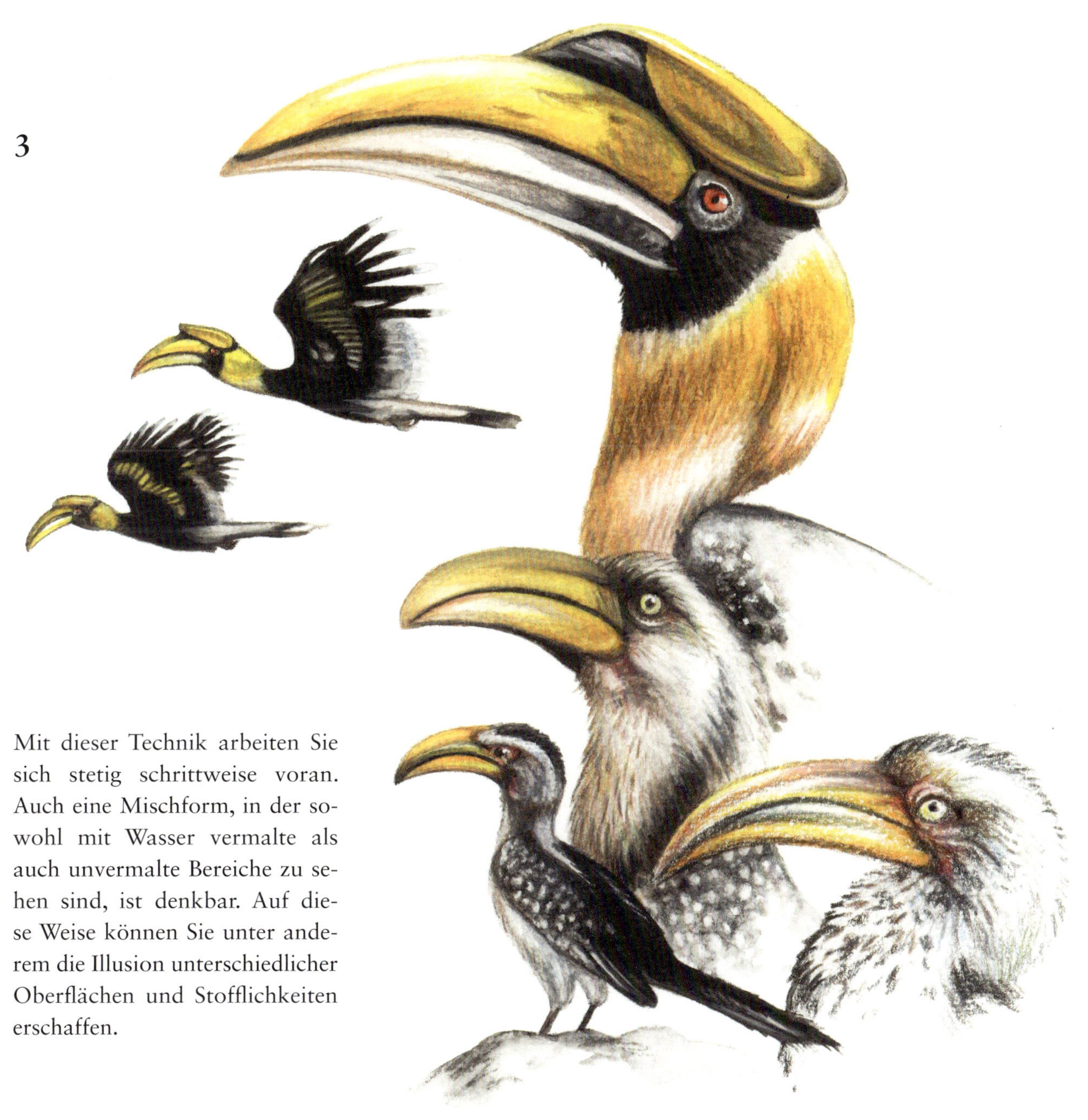

Mit dieser Technik arbeiten Sie sich stetig schrittweise voran. Auch eine Mischform, in der sowohl mit Wasser vermalte als auch unvermalte Bereiche zu sehen sind, ist denkbar. Auf diese Weise können Sie unter anderem die Illusion unterschiedlicher Oberflächen und Stofflichkeiten erschaffen.

4

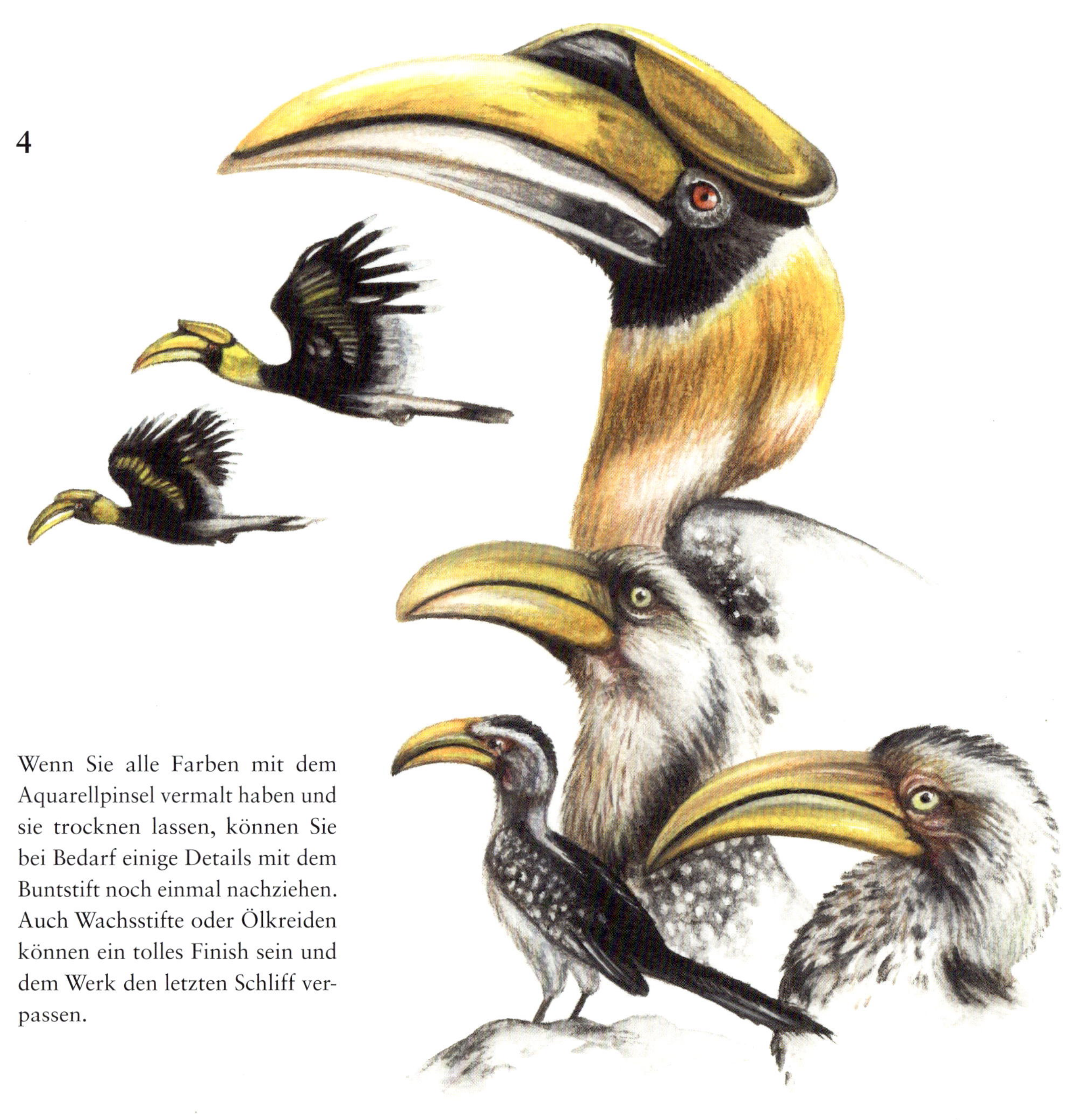

Wenn Sie alle Farben mit dem Aquarellpinsel vermalt haben und sie trocknen lassen, können Sie bei Bedarf einige Details mit dem Buntstift noch einmal nachziehen. Auch Wachsstifte oder Ölkreiden können ein tolles Finish sein und dem Werk den letzten Schliff verpassen.

5

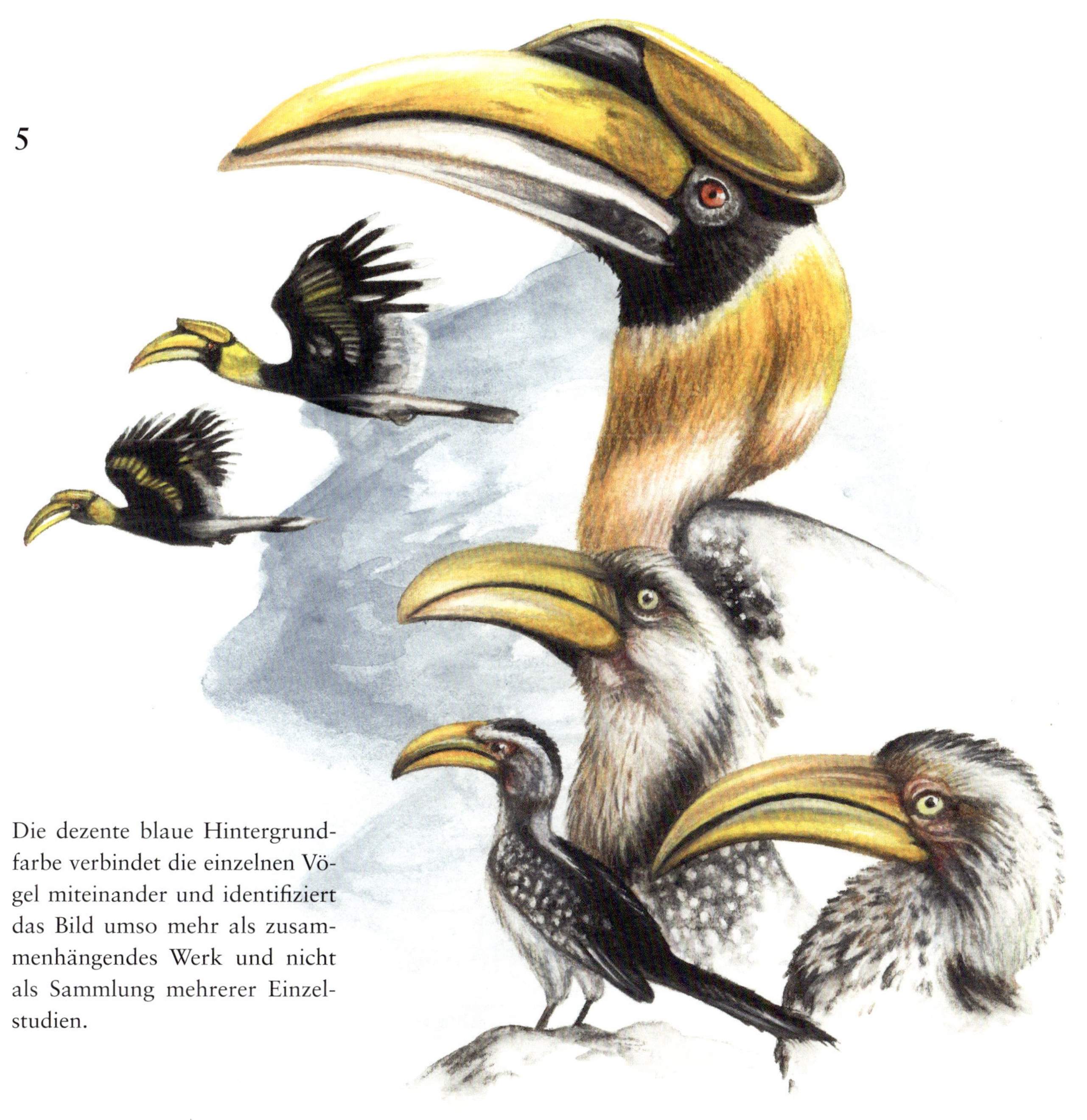

Die dezente blaue Hintergrundfarbe verbindet die einzelnen Vögel miteinander und identifiziert das Bild umso mehr als zusammenhängendes Werk und nicht als Sammlung mehrerer Einzelstudien.

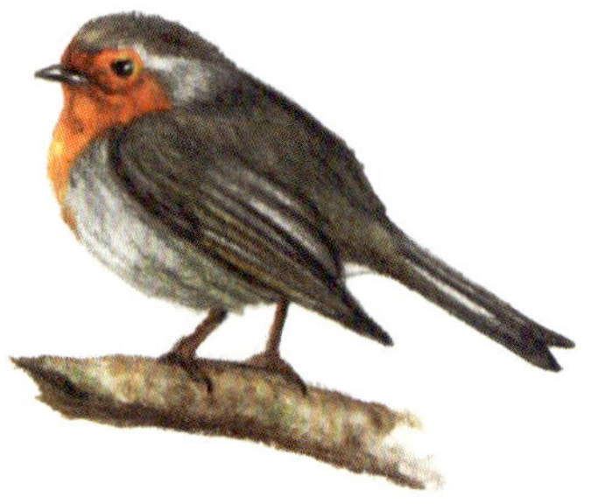

Meiner Erfahrung nach sind kleine Zeichnungen nicht unbedingt einfacher, denn Sie sind gezwungen, auch die winzigen Details, auf die es häufig ankommt, im selben Maßstab umzusetzen. Auf einem größeren Format fällt das viel leichter.

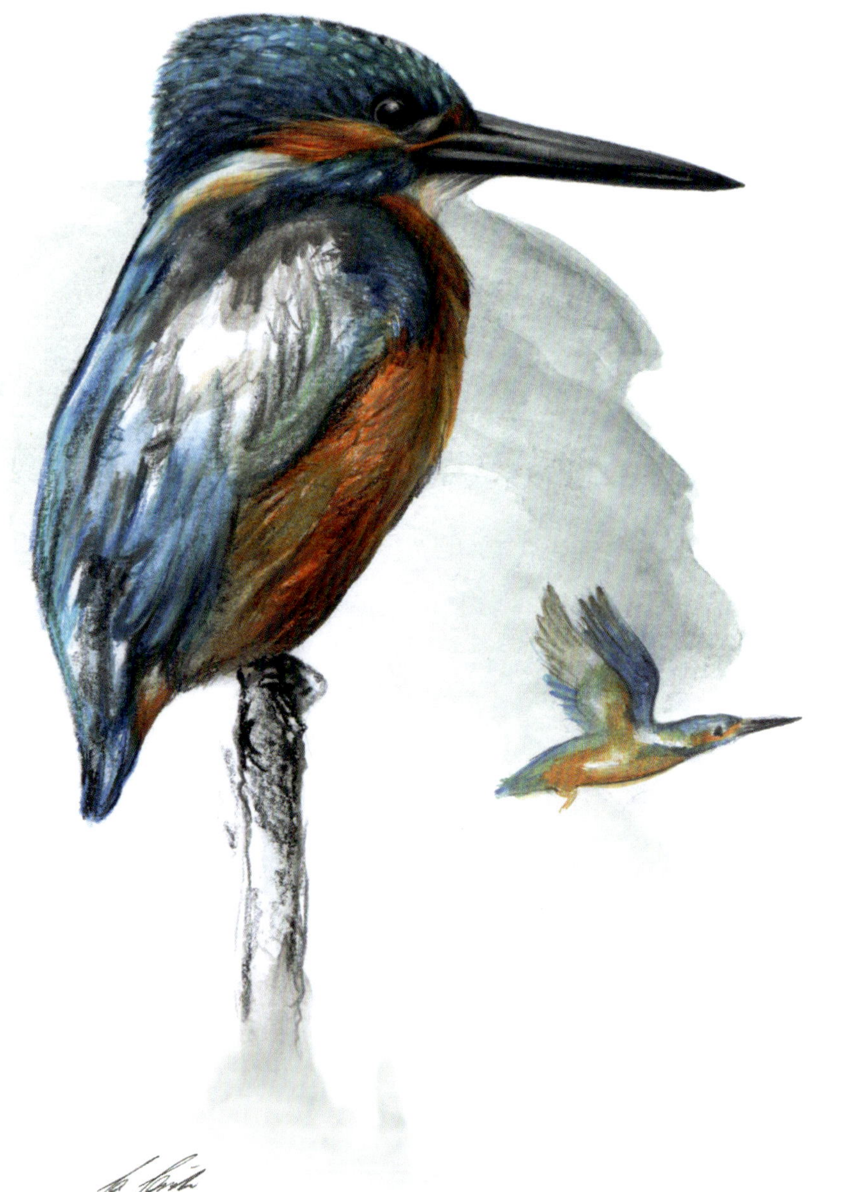

Eine Zeichnung muss nicht unbedingt bis zum Letzten ausgearbeitet werden. Skizzenartige Bereiche können einen besonderen Reiz ausmachen. Am Beispiel des Eisvogels lässt sich erkennen, dass Teile des Flügels nur angedeutet sind.

Eisvogel und Rotkehlchen

Viele Vogelarten reizen mit einem farbenprächtigen Gefieder und laden Sie geradezu ein, Buntstifte zu nutzen.

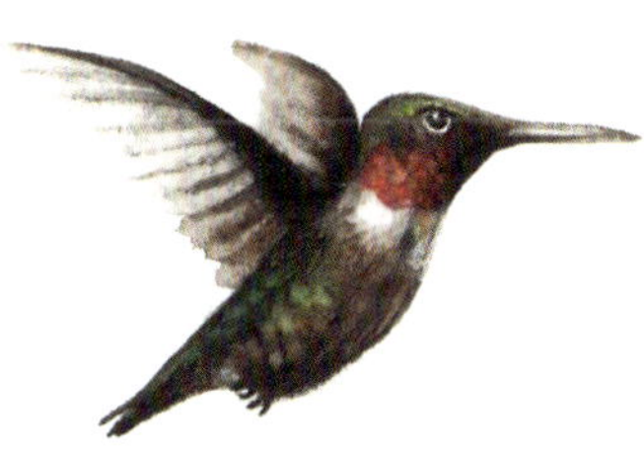

Ihnen steht immer offen, sich für eine Anwendung mit oder ohne Wasser zu entscheiden – natürlich sofern Sie wasserlösliche Stifte benutzen. Vor allem bei der Verwendung mit Wasser sollten Sie stets darauf achten, welche Farbkombinationen eventuell unerwünschte Mischfarben hervorbringen.

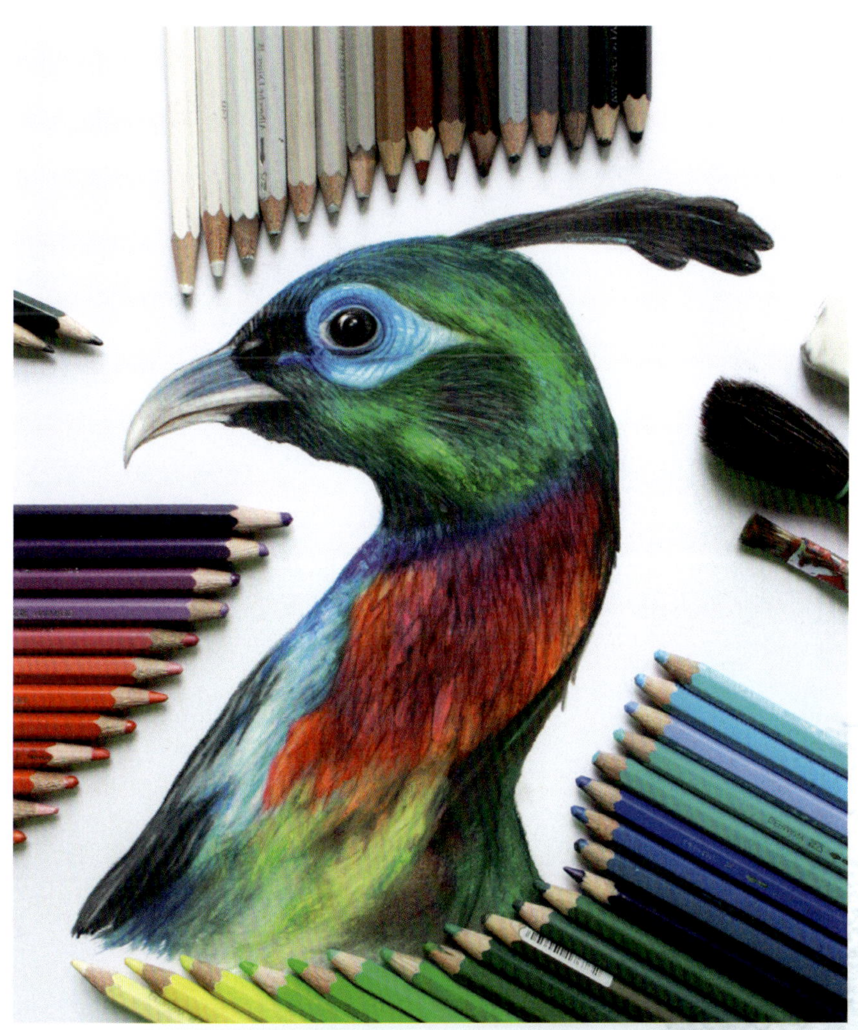

Himalaya-Glanzfasan und Kolibri

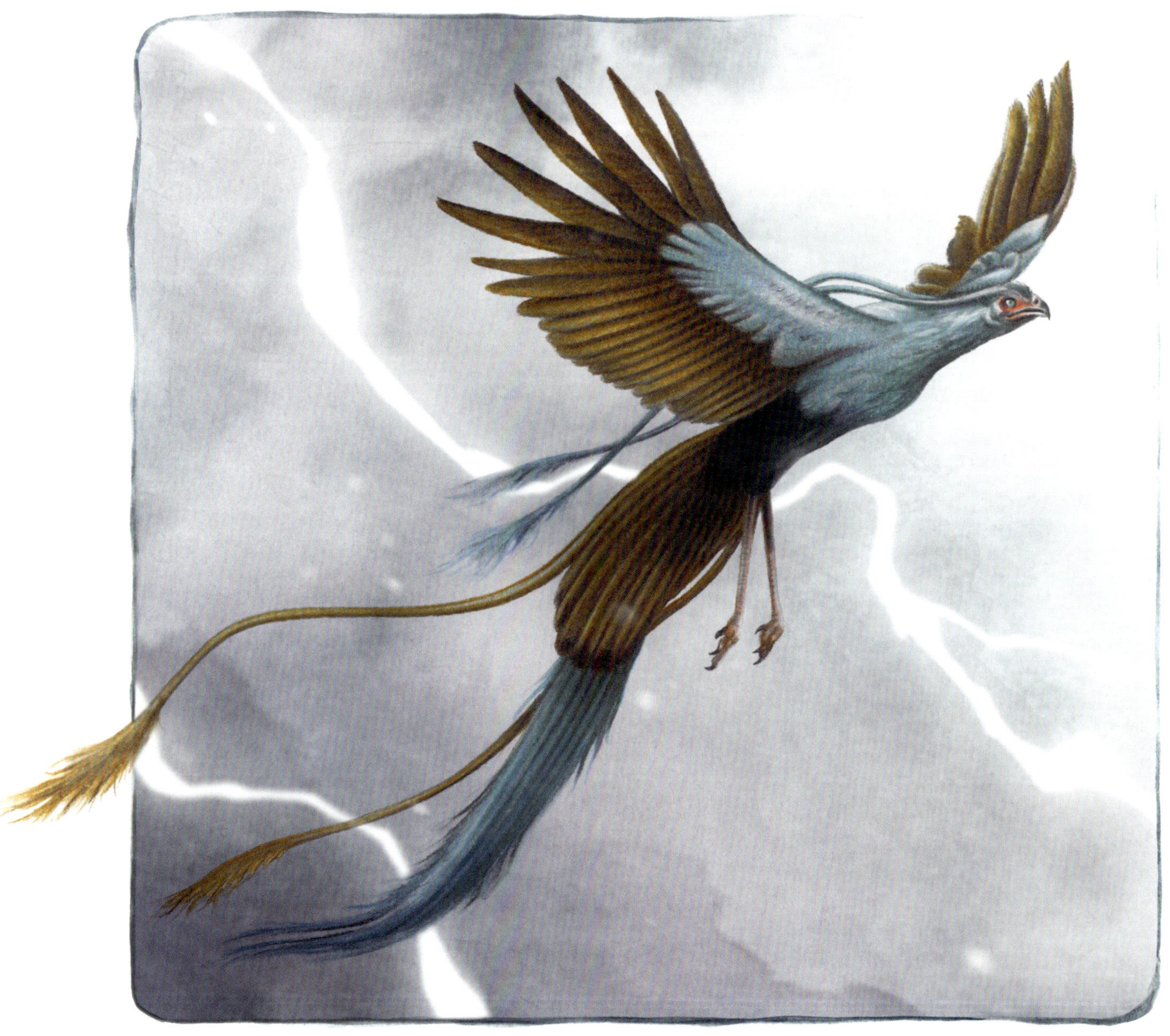

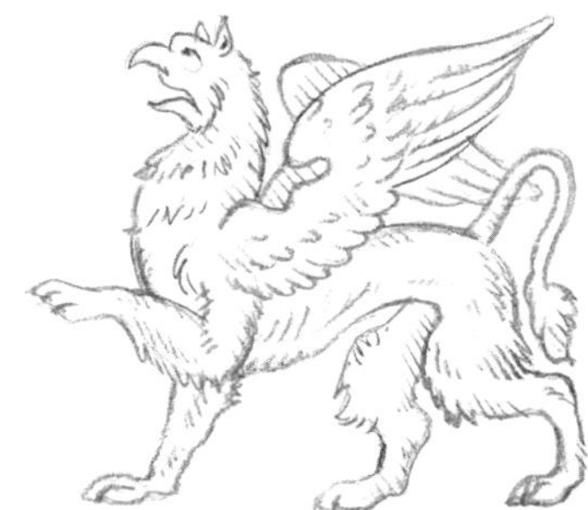

FANTASTISCH ZEICHNEN

Viertes Kapitel

Nicht nur in Fantasy- und Science-Fiction-Filmen tummeln sich unzählige sonderbare Kreaturen und magische Wesen. Die Faszination für derartige Geschöpfe ist tief in der Identität und der Geschichte von uns Menschen verwurzelt. In nahezu allen Kulturen und Zeitaltern lassen sich Darstellungen von Drachen, Greifen, Einhörnern, Dämonen, Geistern oder Gottheiten in Tiergestalt finden. Eines jedoch haben sie alle gemeinsam: Sie sind das Produkt menschlicher Erfindungskraft.

Heute freilich dienen Aliens, Monster und Fabelwesen hauptsächlich der Unterhaltung. Es kann sehr viel Spaß bereiten, sich solch exotische Wesen auszudenken und dadurch gewissermaßen selbst zum Schöpfer zu werden. Doch wie zeichnet man das, was es eigentlich gar nicht gibt? Wo finden Sie Inspirationsquellen? Genau um diese Fragen, entsprechende Lösungsansätze und Beispiele geht es in diesem Kapitel. Natürlich werden auch hier die gefiederten Exemplare im Fokus stehen und zeigen, was Sie aus Vögeln noch so alles gestalten können.

Neben den inhaltlichen Schwerpunkten werden zudem einige interessante Mischtechniken vorgestellt, wobei Buntstifte in Kombination mit anderen Materialien spannende Ästhetiken und Möglichkeiten bewirken.

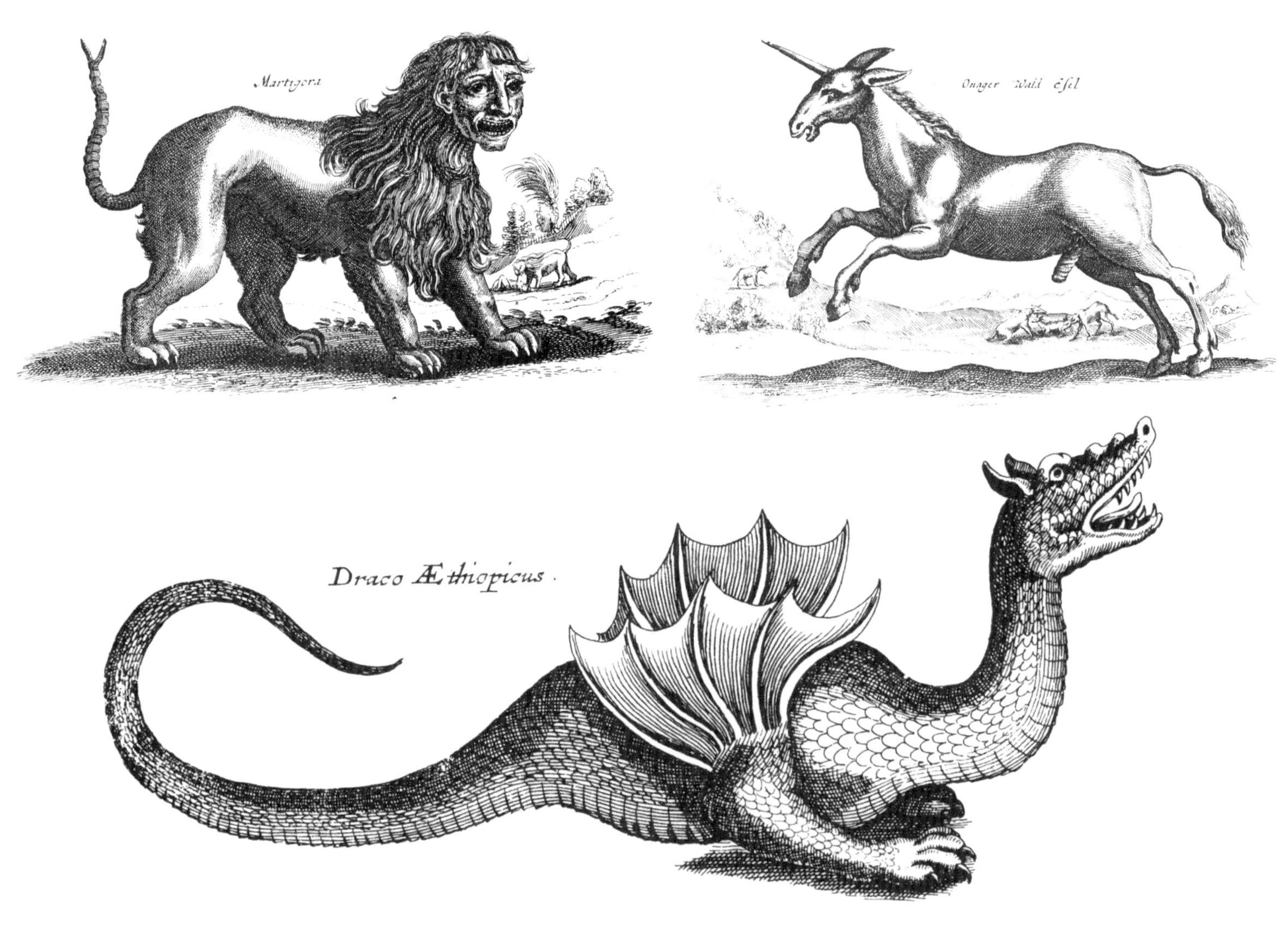

Fabelwesen, Kupferstich von Matthäus Merian, aus der Historia Naturalis, um 1650

Kreaturen-Design: Greif

Genau wie beim Zeichnen real existierender Vögel und anderer Tiere ist es bei der Erschaffung von Fabelwesen sehr hilfreich, sich zunächst einen Überblick über die Materie zu verschaffen. Die Bildbeispiele auf dieser Doppelseite von Matthäus Merian stammen aus einer Zeit, in der Wissenschaft und Magie zu großen Teilen noch eine Einheit bildeten. Die Existenz vieler dieser fantastischen Wesen galt als durchaus möglich bis bestätigt.

Auch wenn die modernen Wissenschaften die meisten Fabelwesen als solche identifiziert haben, sind sie dennoch oder gerade deshalb so überaus bekannt und beliebt. Für das Zeichenbeispiel in diesem Kapitel erscheint mir besonders eine Kreatur besonders reizvoll: der Greif. Er besitzt viele prägnante Merkmale eines Vogels, hat einen Schnabel, Federn, Flügel und Klauen und passt somit vortrefflich zur Thematik dieses Buches.

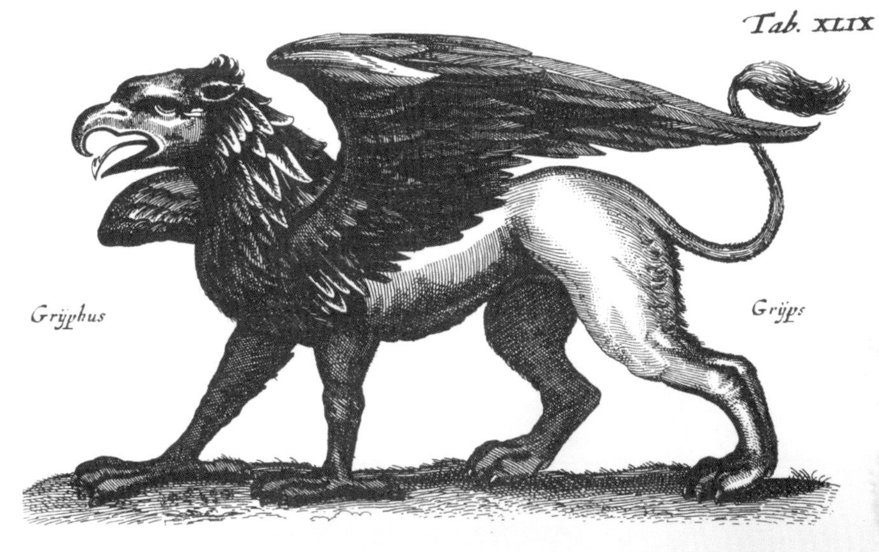

Quellen nutzen

Da die Geschichte der Fabelwesen und anderer mythologischer Kreaturen weit in die Vergangenheit zurückreicht, gibt es von ihnen auch zahlreiche Darstellungen aus unterschiedlichen Zeiten, Kulturen und in variierenden Interpretationen der jeweiligen Künstler. Diese unabhängigen Quellen bieten eine tolle Grundlage, um sich Inspiration für ein eigenes Werk zu verschaffen. Es ist sehr wichtig, nicht nur aus einer einzigen Quelle zu schöpfen, denn dadurch werden Vielfalt und Ideenreichtum maßgeblich reduziert. Im Zeitalter des Internets ist es spielend einfach, über fast jeden Themenbereich Informationen zu sammeln, die Sie umso mehr dazu befähigen, eine komplexe und fundierte Zeichnung zu erstellen. Dabei können Sie nicht nur zweidimensionale Abbildungen nutzen, sondern auch Skulpturen, Wasserspeier usw.

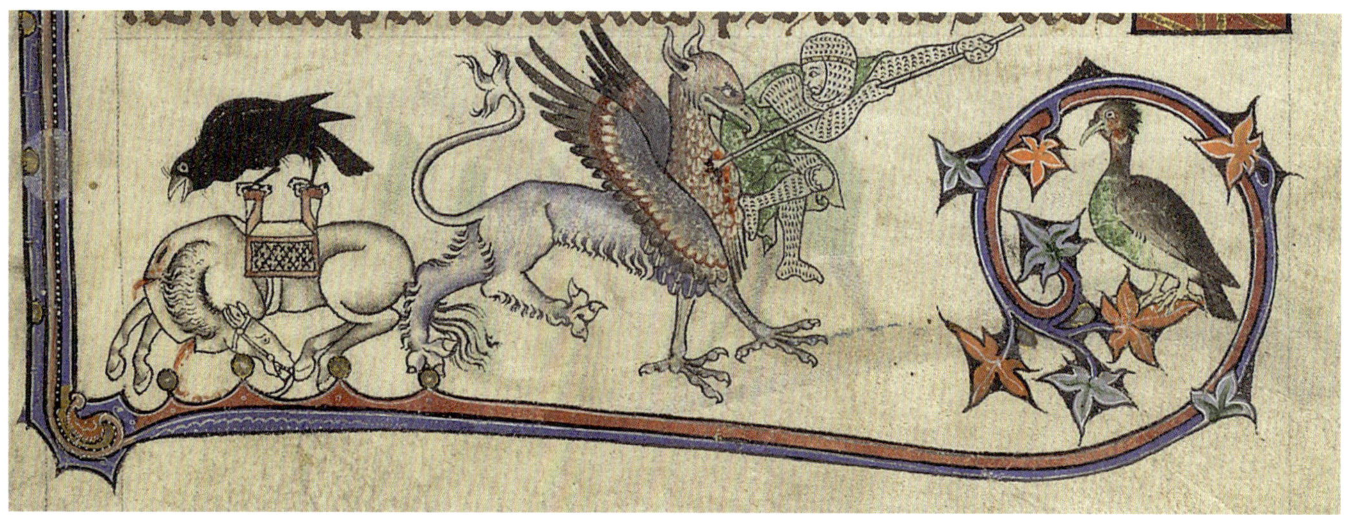

Soldat im Kampf mit einem Greifen, Buchmalerei aus dem Alphonso-Psalter, 1284

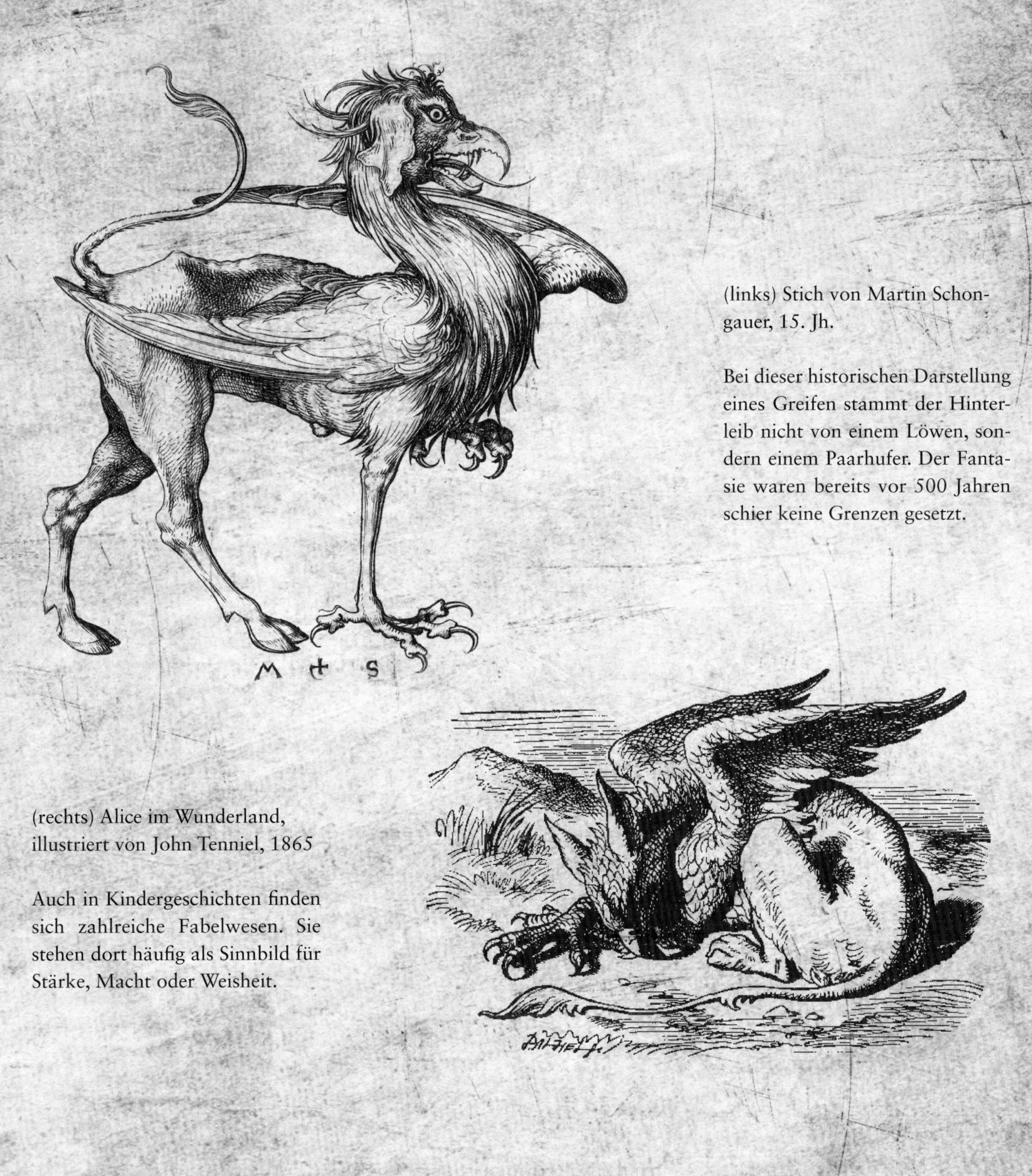

(links) Stich von Martin Schongauer, 15. Jh.

Bei dieser historischen Darstellung eines Greifen stammt der Hinterleib nicht von einem Löwen, sondern einem Paarhufer. Der Fantasie waren bereits vor 500 Jahren schier keine Grenzen gesetzt.

(rechts) Alice im Wunderland, illustriert von John Tenniel, 1865

Auch in Kindergeschichten finden sich zahlreiche Fabelwesen. Sie stehen dort häufig als Sinnbild für Stärke, Macht oder Weisheit.

Von der Studie zum fertigen Bild

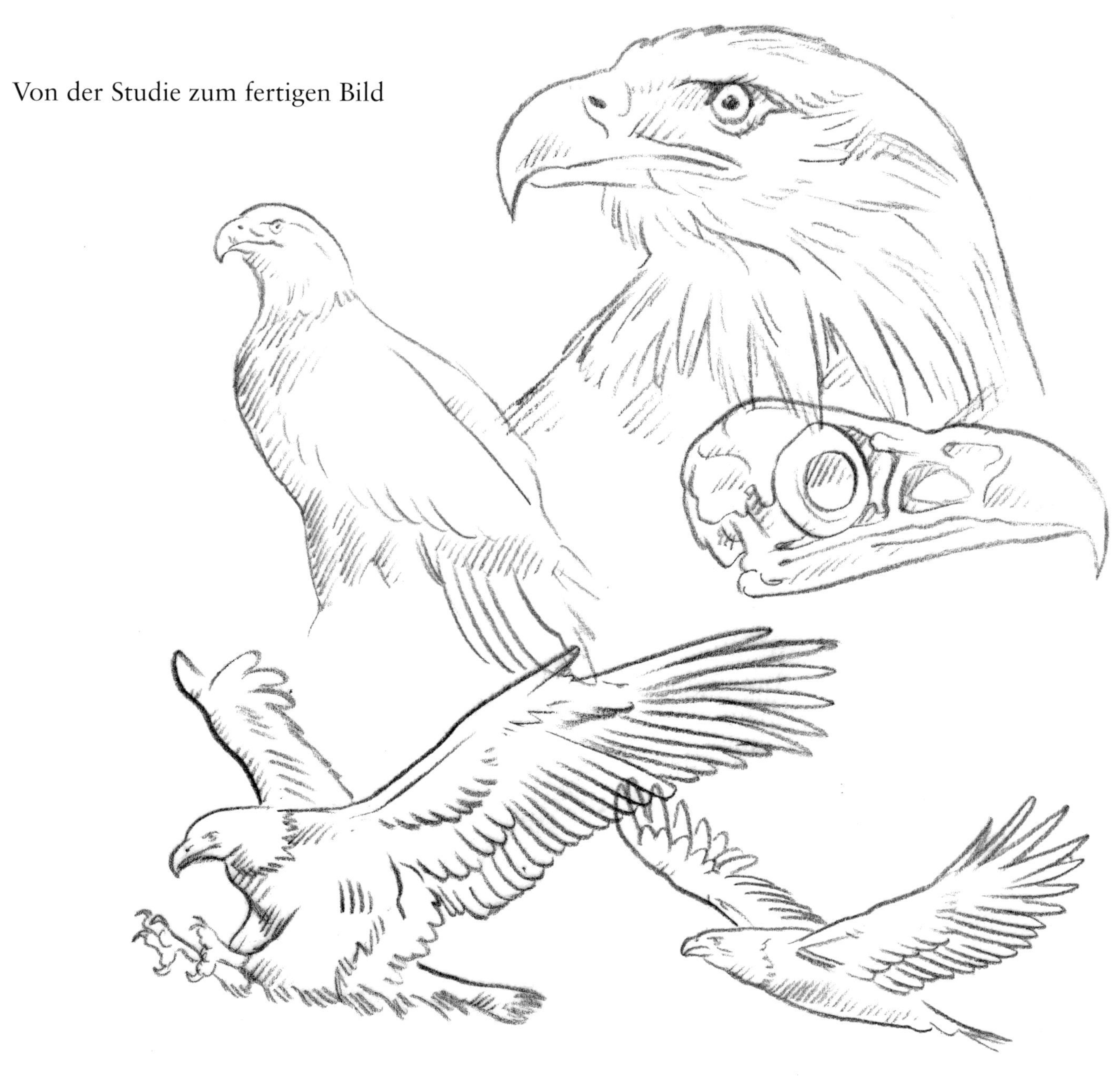

Studien: Adler

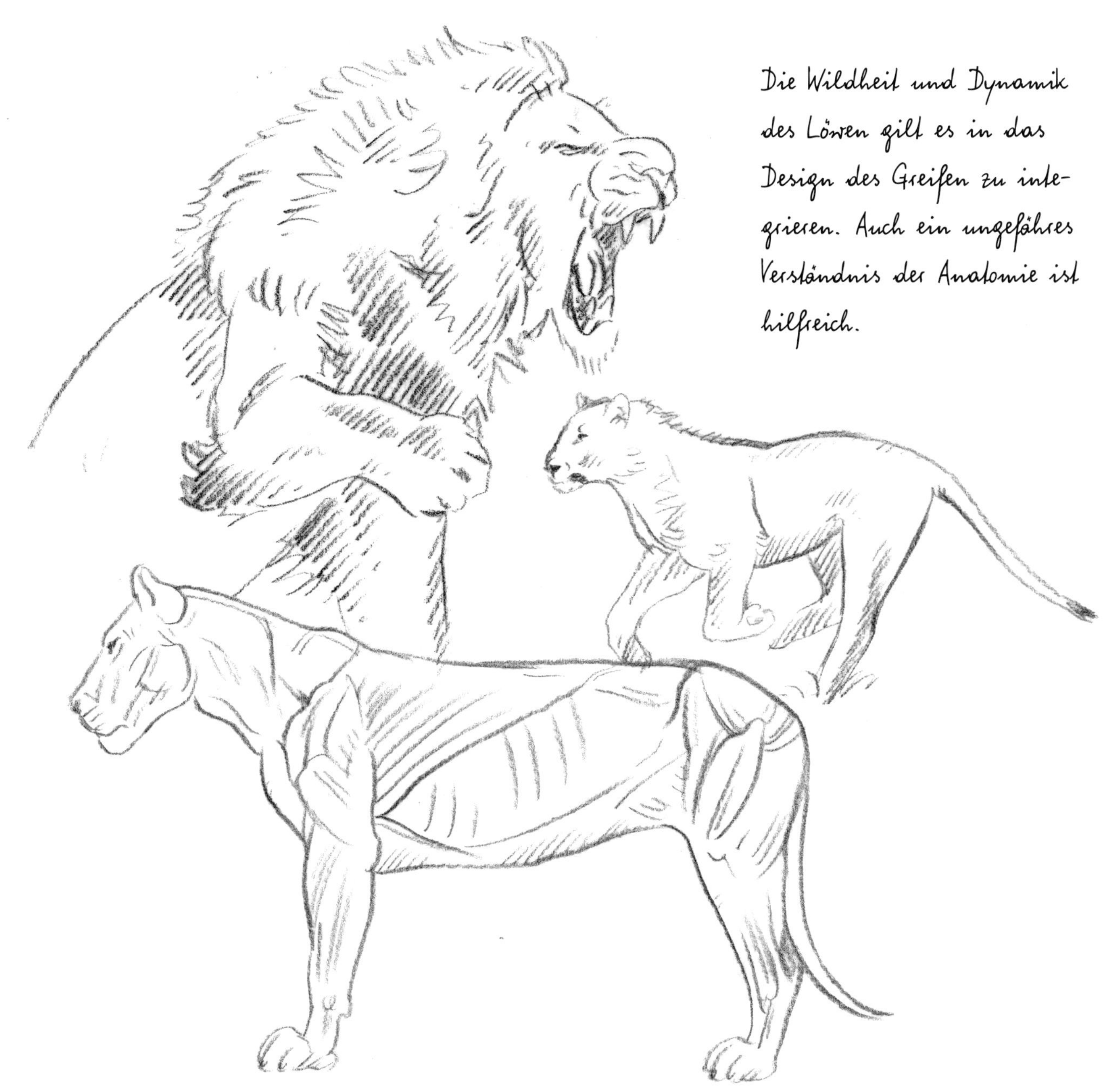

Studien: Löwe

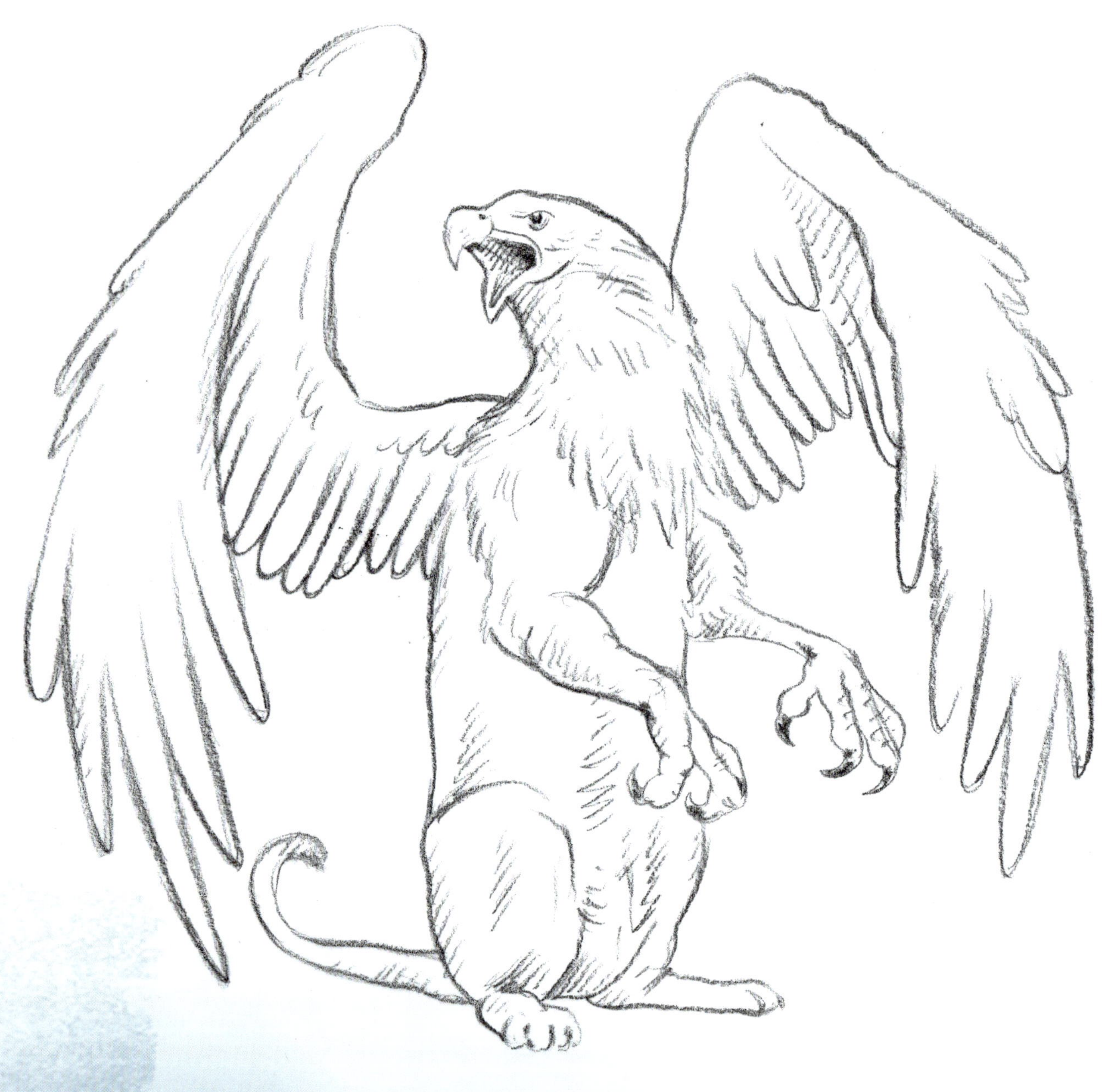

Konzeptskizze: Greif sitzend

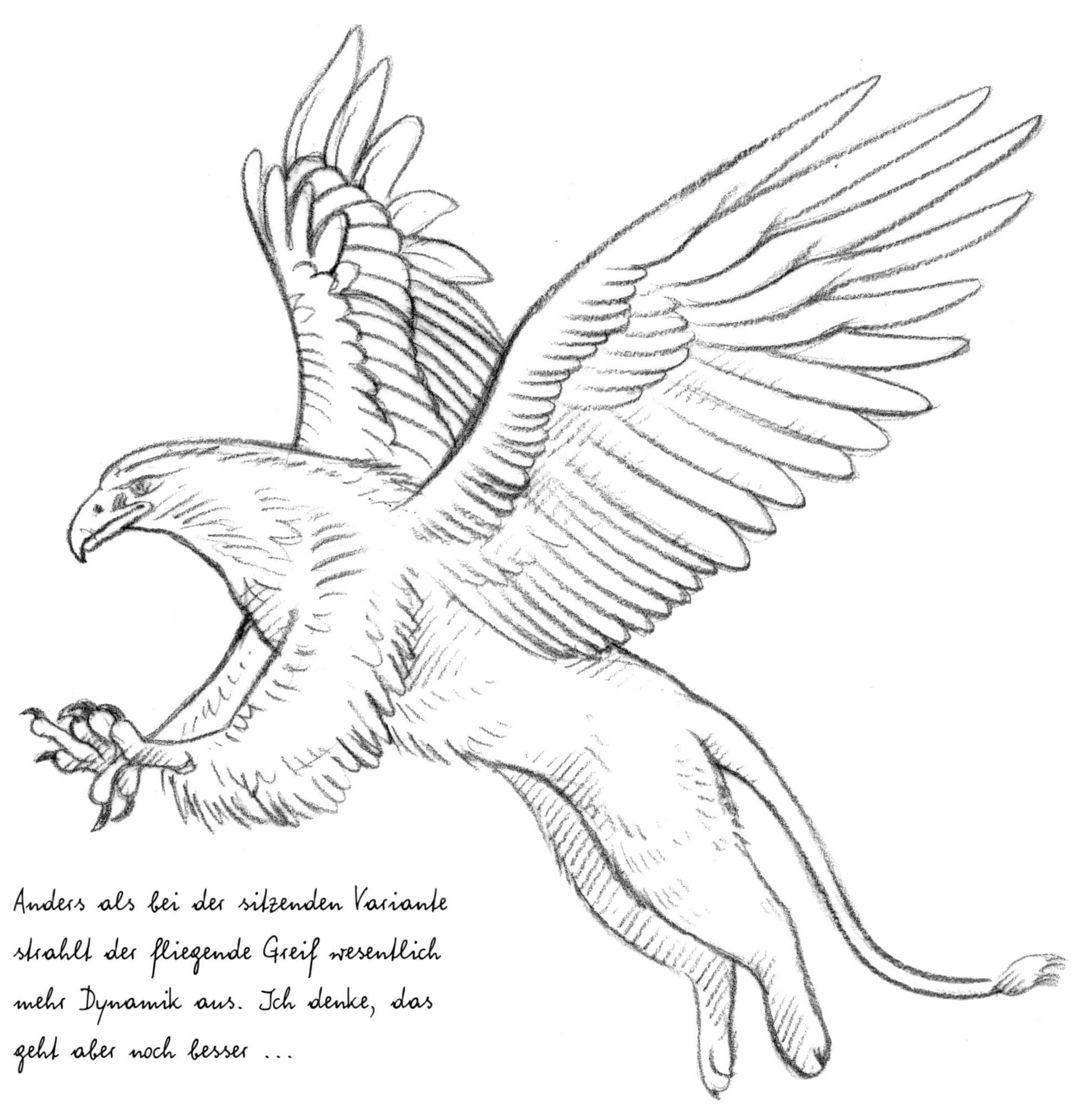

Konzeptskizze: Greif fliegend

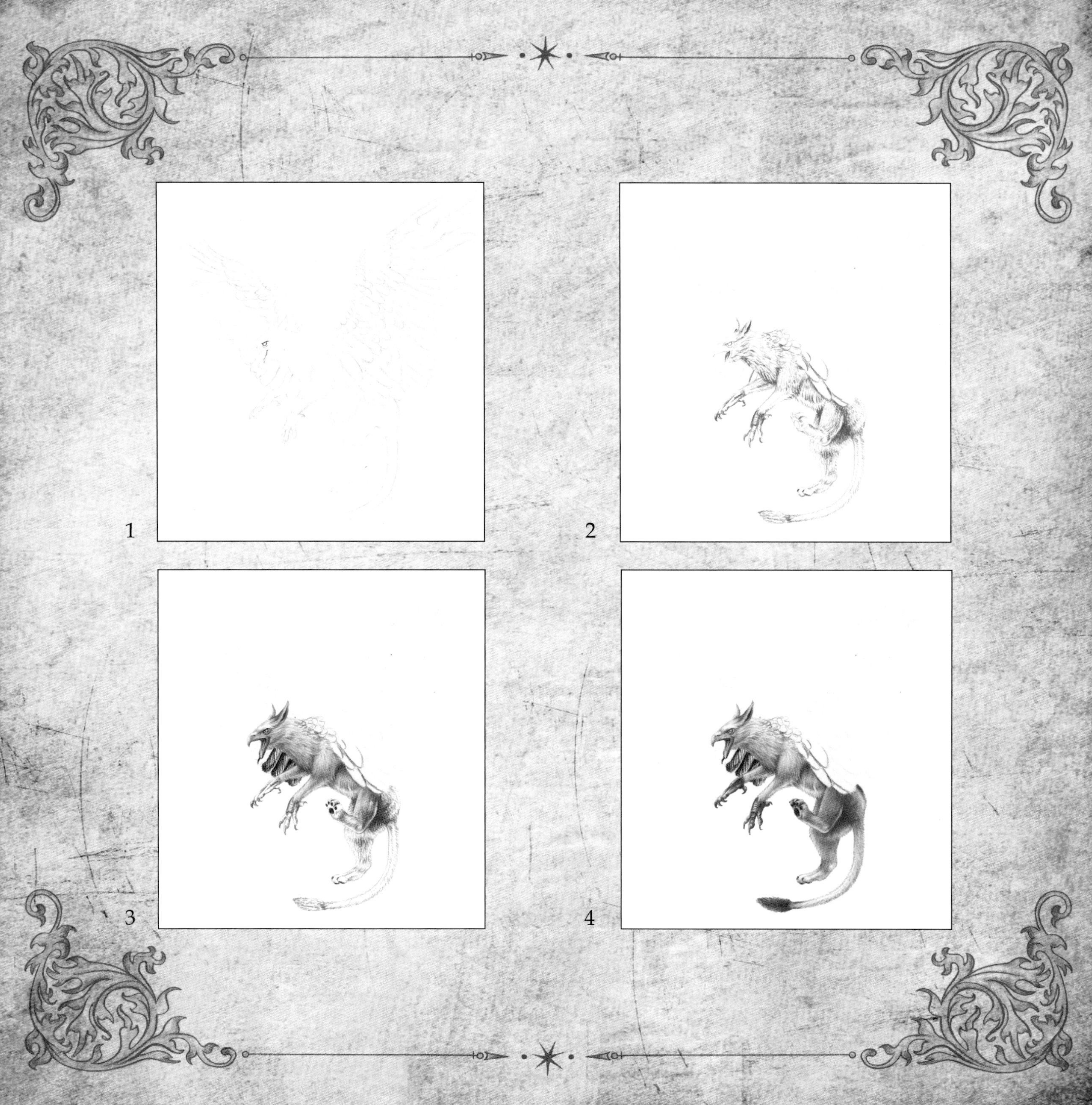
1
2
3
4

Methodisch ist dieses Zeichenbeispiel dem Ara aus dem vorangegangenen Kapitel sehr ähnlich, weshalb es an dieser Stelle mehr um die Herausforderungen des Designprozesses gehen wird.

Jedes gute Design von Aliens, Monstern und Fabelwesen steht und fällt mit seiner Glaubwürdigkeit. Zu diesem Zweck sollte eine grundsätzlich funktionierende Anatomie erkennbar sein. Im Falle des Greifen müssen also Adler und Löwe so miteinander verschmolzen werden, dass ein augenscheinlich lebensfähiges Geschöpf entsteht. Da Vögel und Säugetiere einen sehr unterschiedlichen Körperbau haben, ist das keine sonderlich leichte Aufgabe. Beispielsweise werden die Adlerfüße zu den Vordergliedmaßen des Fabelwesens umfunktioniert. Anderes gesagt: Aus Hinterbeinen werden plötzlich Vorderbeine.

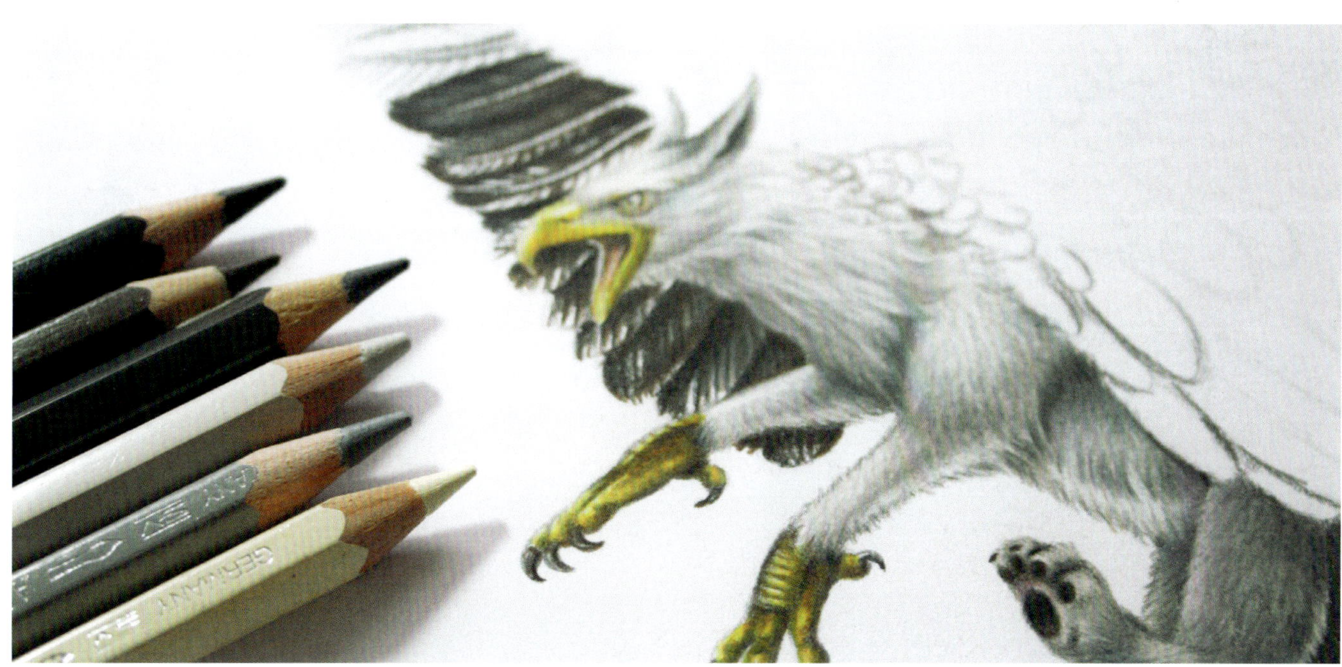

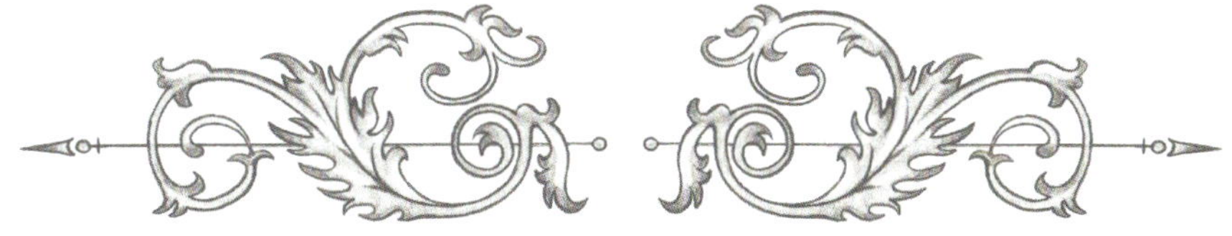

Wie bereits zuvor empfehle ich, immer mit dunklen Farbtönen zu starten und schrittweise immer hellere Stifte zu verwenden. Achten Sie darauf, an Kanten helle Bereiche zu lassen, wie hier an den Schwungfedern, sodass sich einzelne Strukturen optisch gut voneinander abheben. In welcher Reihenfolge Sie das Motiv dabei abarbeiten, können Sie nach eigenem Ermessen frei entscheiden. Häufig kann es Abwechslung bieten, an mehreren Bereichen parallel zu beginnen und mal hier und mal dort das Bild zu entwickeln.

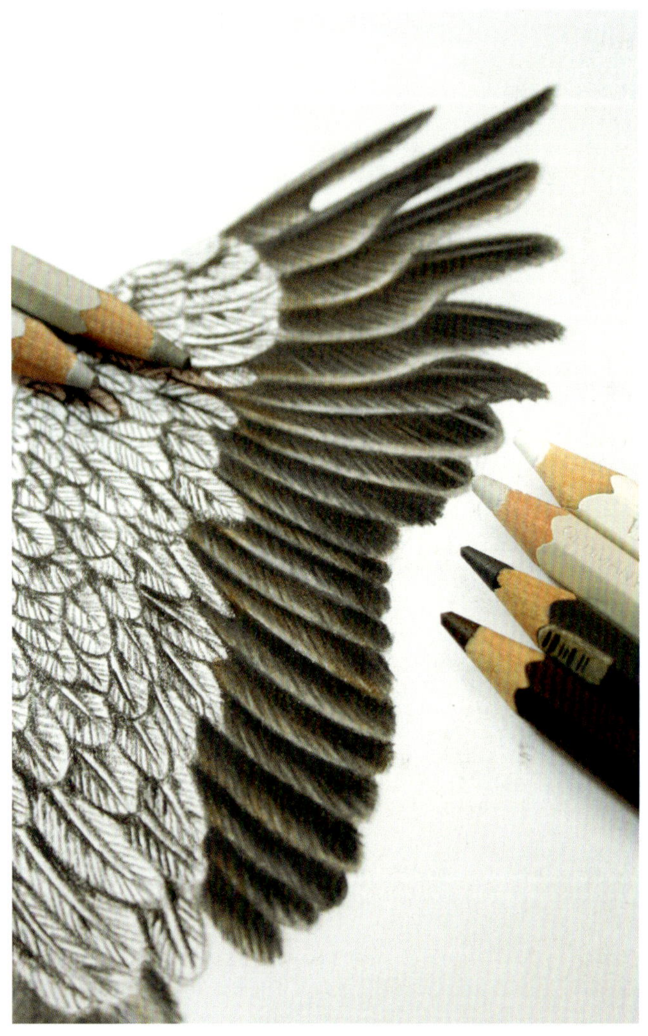

Tipp: Um zu vermeiden, dass Sie mit der Hand bereits farblich gestaltete Bereiche verwischen, können Sie einen blanken Papierbogen unter Ihre Hand legen. So werden die Farbflächen geschützt, es lässt sich wesentlich entspannter arbeiten und das Endergebnis sieht sauberer und klarer aus. Vor allem, wenn auf das Original großen Wert gelegt wird, ist diese Vorgehensweise nützlich. Eine andere Methode wäre, die Zeichnung zu scannen, digital nachzubearbeiten und schlussendlich einen hochwertigen Druck in Auftrag zu geben.

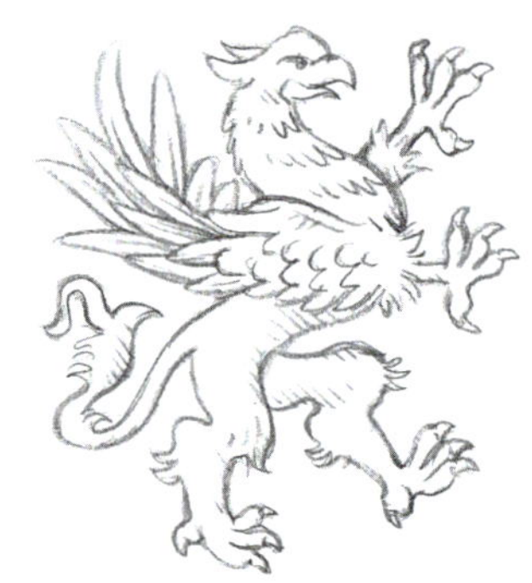

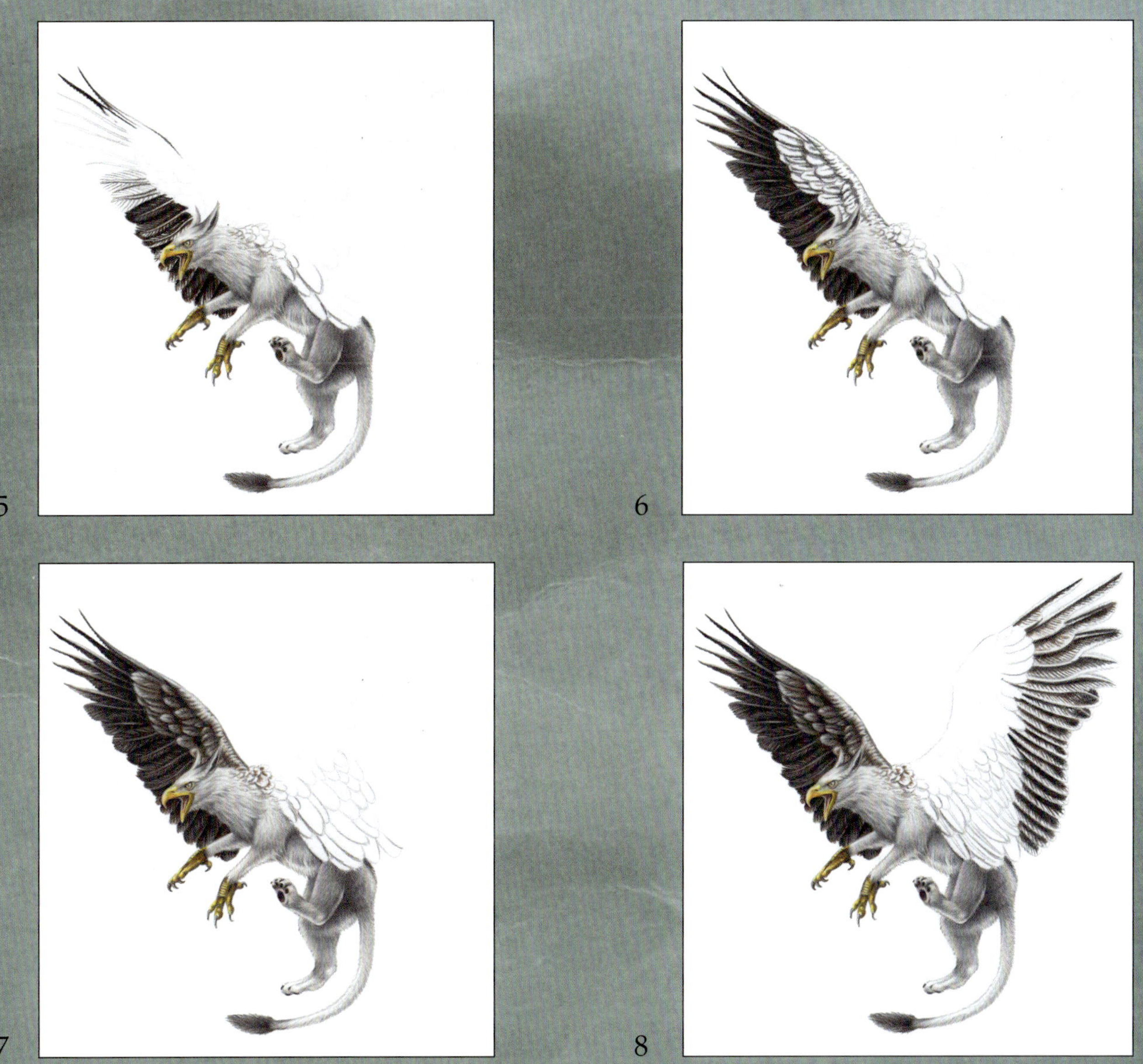
5
6
7
8

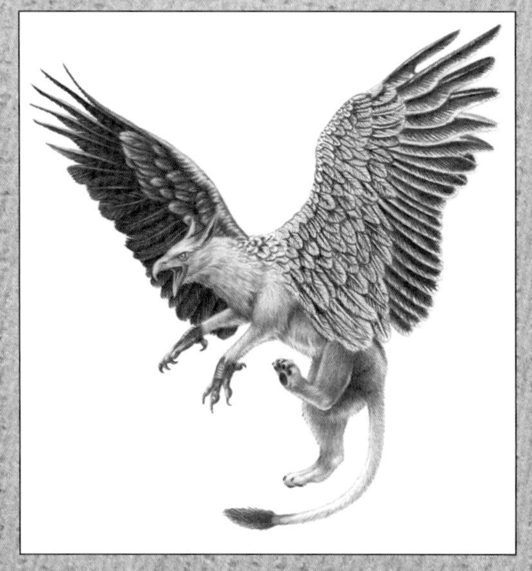

9

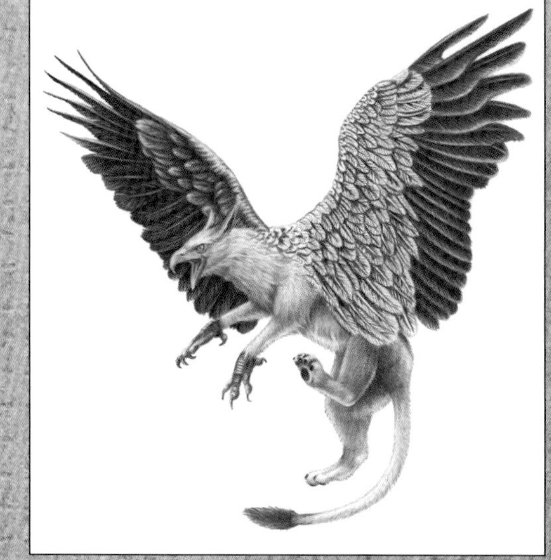

10

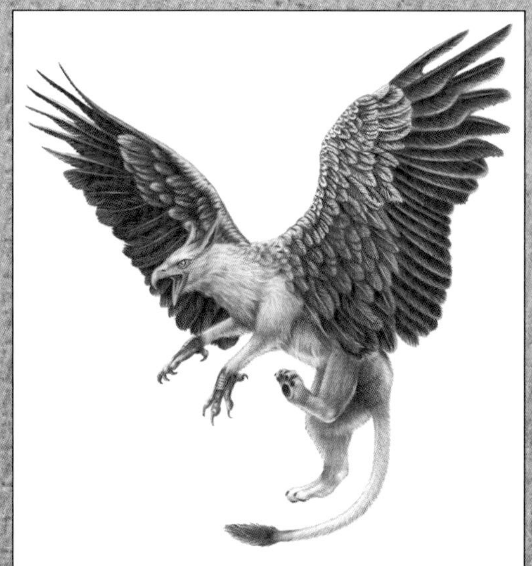

11

Eine dynamische Körperhaltung ist zweifellos eine größere Herausforderung, bringt aber den Charakter der Kreatur viel besser zum Ausdruck als beispielsweise eine neutrale Darstellung im Profil.

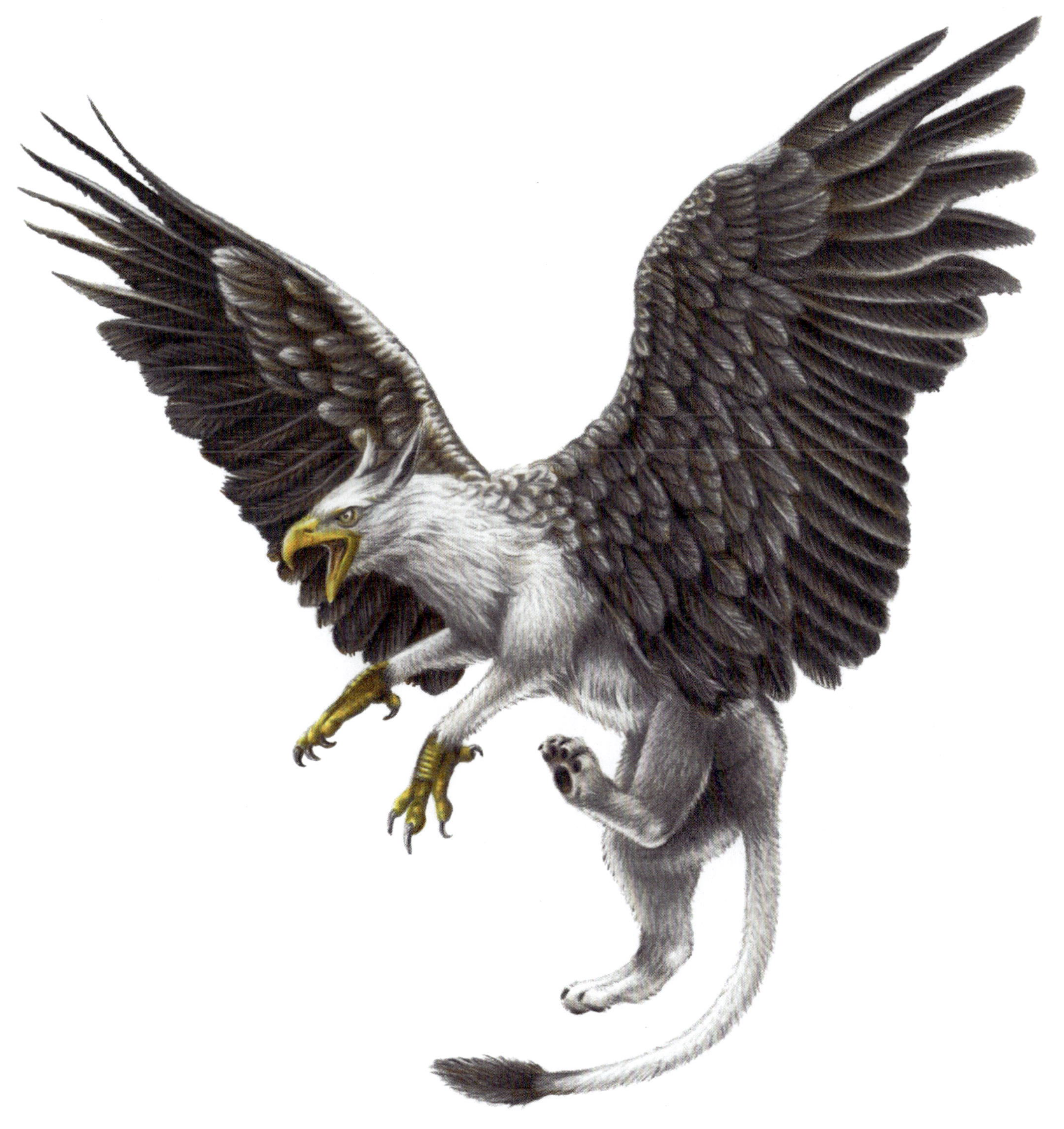

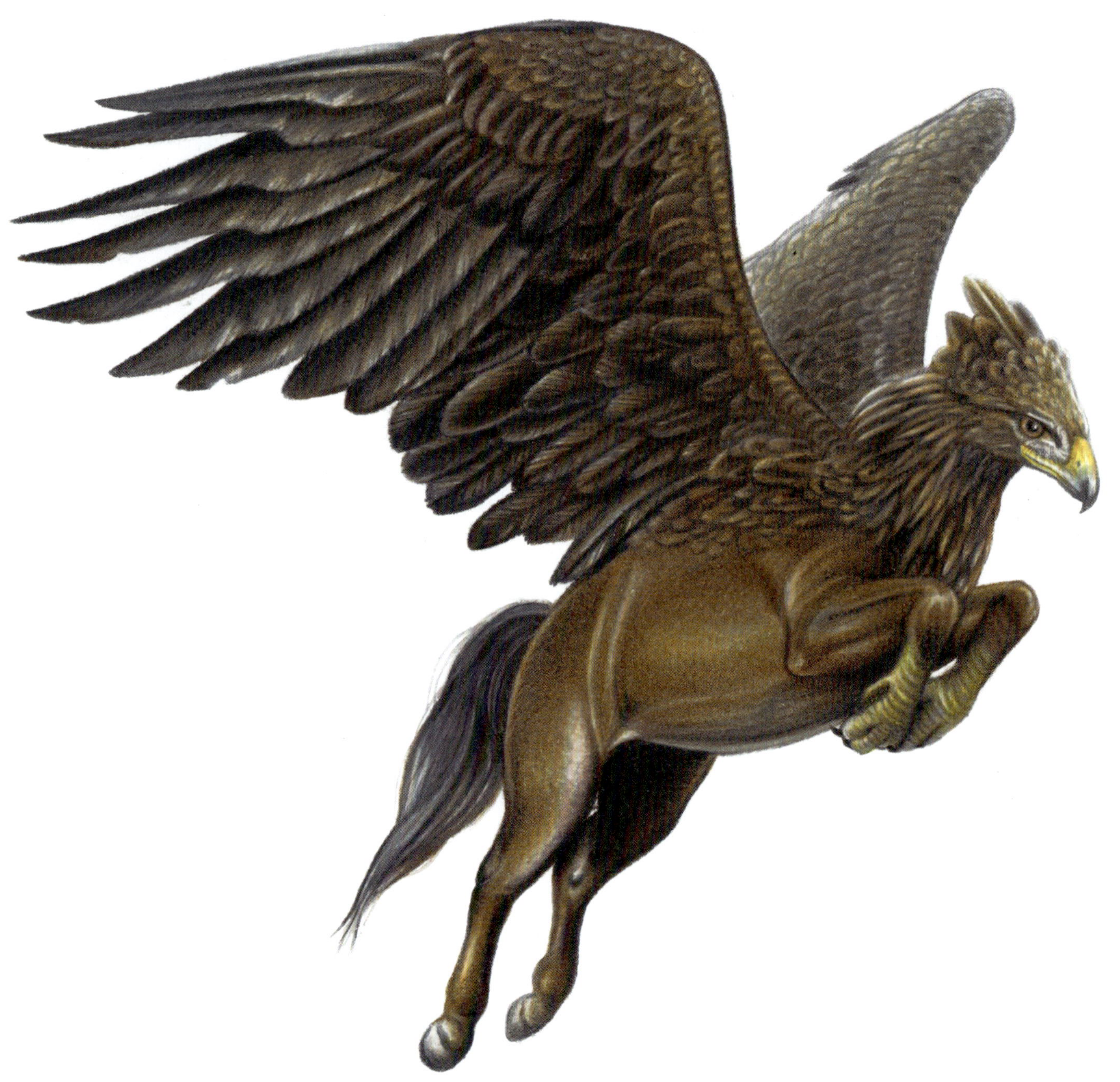

Hippogreif

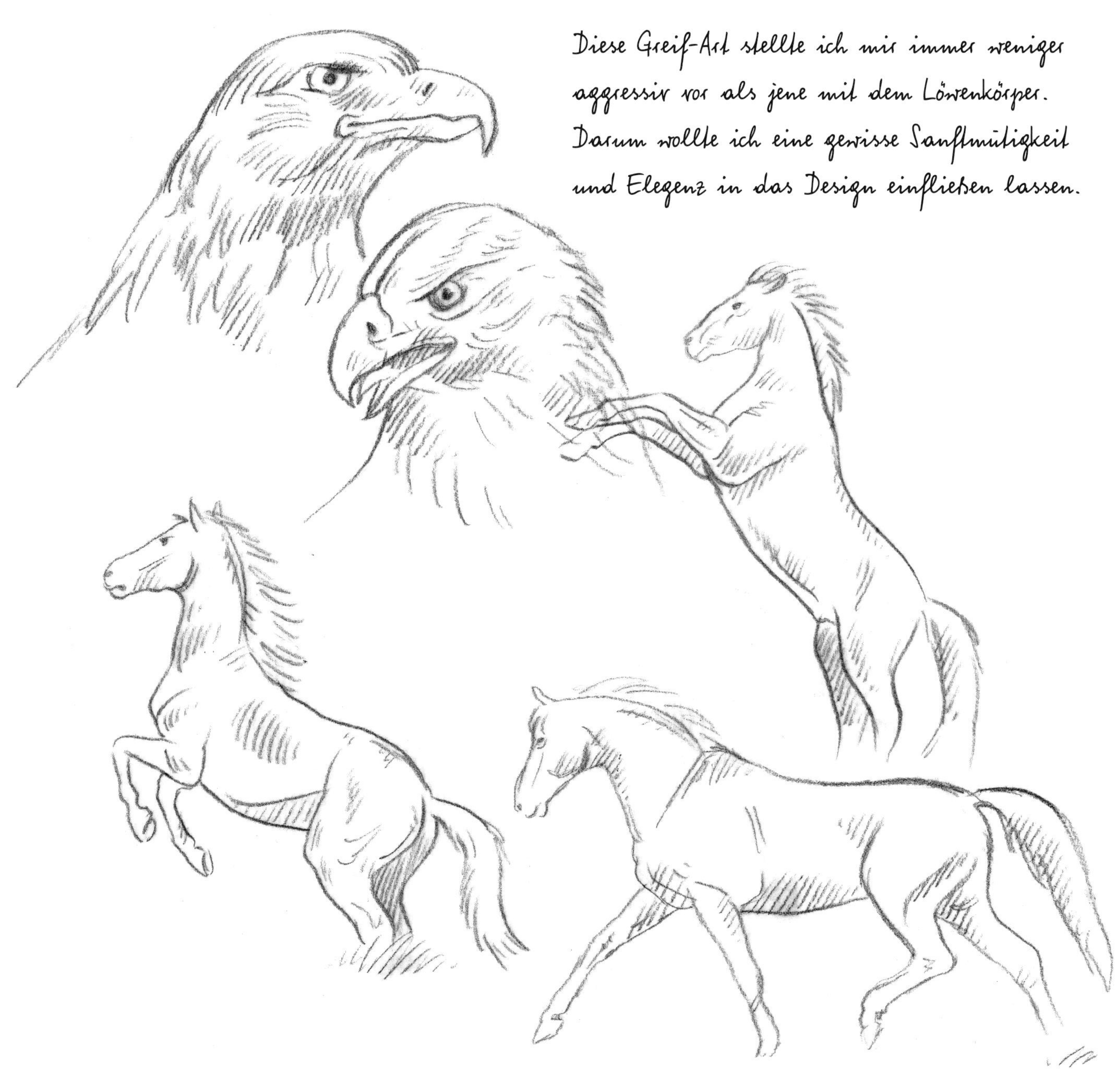

Studien: Adler und Pferde

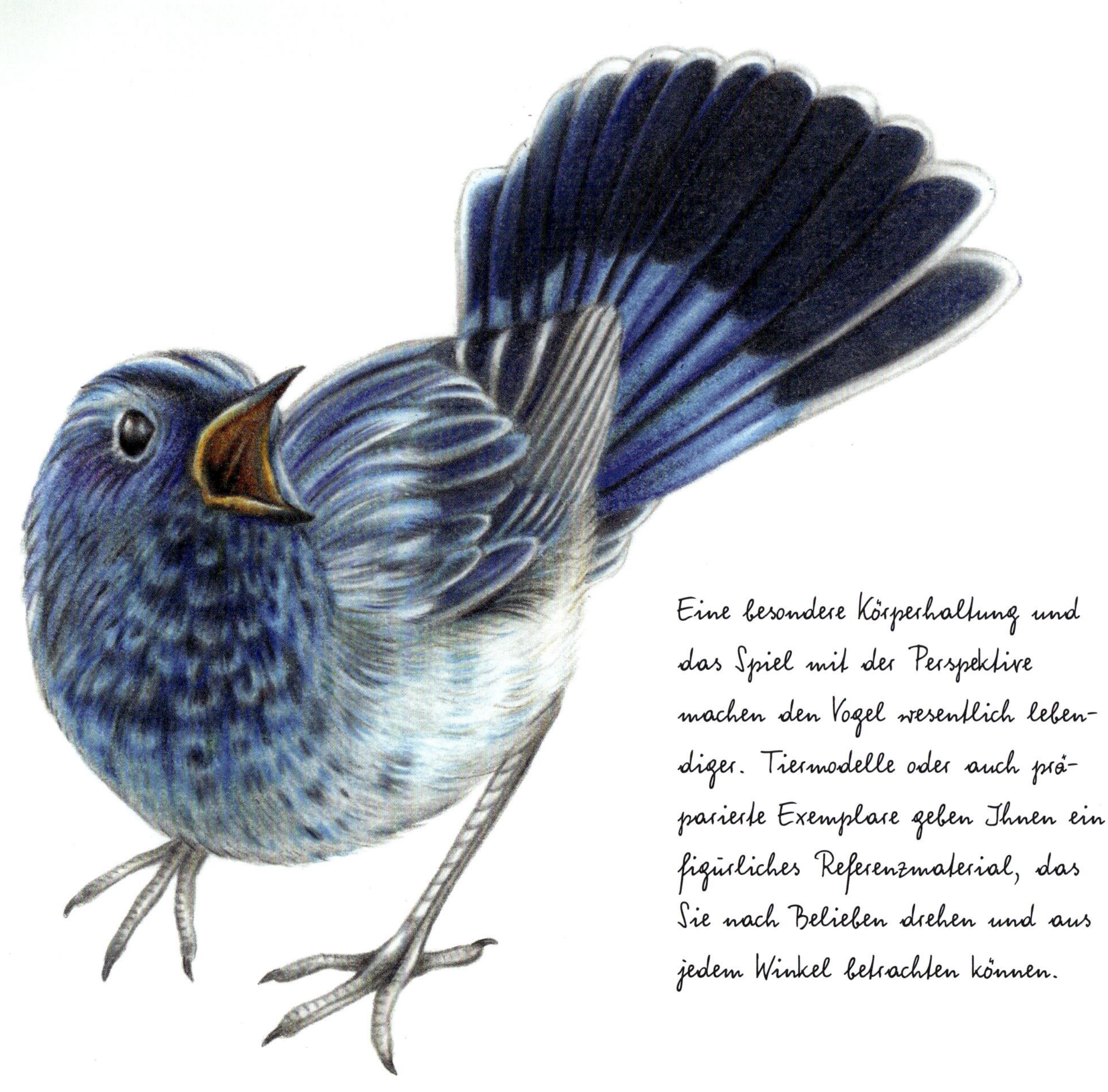

Eine besondere Körperhaltung und das Spiel mit der Perspektive machen den Vogel wesentlich lebendiger. Tiermodelle oder auch präparierte Exemplare geben Ihnen ein figürliches Referenzmaterial, das Sie nach Belieben drehen und aus jedem Winkel betrachten können.

Blaufink

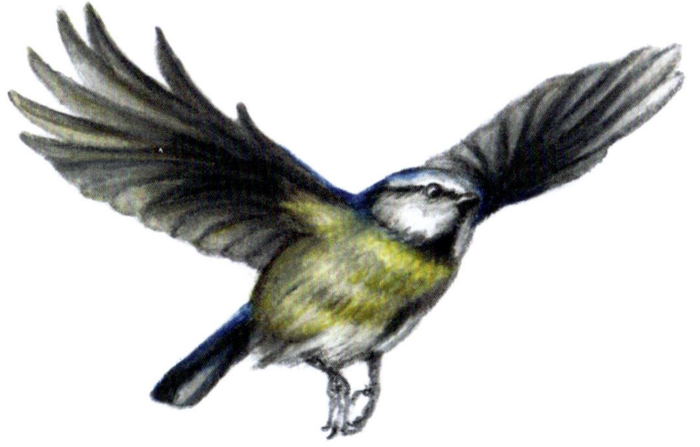

Für das Design des Blaufinken habe ich zunächst einige kleine Vertreter der Sperlingsvögel betrachtet. Meisen, Spatzen und Finken waren eine gute Grundlage, um die Form und Federstrukturen umzusetzen.

Fantastische Vögel

Eine einfache Methode, sich Tiere auszudenken, die es eigentlich nicht gibt, ist es, die Farbigkeit zu verändern. Hierzu können Sie zunächst alle möglichen Farbmuster zurate ziehen, um sich einen Überblick über die real existierenden Varianten zu verschaffen und Inspiration zu schöpfen.

Um das Design des Blaufinken von dem der anderen Wesen in diesem Kapitel abzugrenzen, wollte ich einen Vogel kreieren, der den Vögeln im heimischen Garten sehr ähnlich und dennoch anders ist. Er hat einen spatzenähnlichen Körperbau und auch die Struktur der Federn ist der echter Vögel recht naturgetreu nachempfunden. Nur wählte ich im Folgenden Blautöne für die Farbgestaltung, die zur Bauchseite hin immer mehr aufhellen und schließlich in weißen Bereichen auslaufen. Die gesprenkelte Brust ist von der Drossel inspiriert.

Ein detaillierter Bildband ist ein wahrer Fundus für atemberaubende Fell-, Feder- und Schuppenzeichnungen. Beispielsweise könnten Sie auch Farbmuster quer durch das Tierreich variieren und unter anderem einen Adler mit Tigerstreifen versehen oder ihm anstelle von Federn eine Krokodilshaut und ledrige Fledermausflügel verpassen. Solange Sie dabei der Realität einen deutlichen Stellenwert einräumen und genau beobachten, entsteht ein Design, das trotz aller Verrücktheit nach denselben Regeln zu funktionieren scheint wie das realer Tiere.

Die Qual der Wahl

Weil es beim Design von Figuren, die es in der Realität nicht gibt, beinahe keine Grenzen an Möglichkeiten gibt, liegt es ausschließlich an Ihnen, das rechte Maß zu finden und die Kreatur nicht zu überladen wirken zu lassen. Bereits in der Skizze können viele Varianten ausprobiert werden. Allerdings zeigt sich wie so oft häufig erst während der Ausarbeitung, ob eine Idee wirklich funktioniert oder nicht. Bei dem Grüngeier auf dieser Doppelseite bin ich mir nicht sicher, ob der Vogel mit oder ohne Rückenfedern besser funktioniert. In solchen Zwickmühlen empfiehlt es sich, tatsächlich beide Versionen auszuarbeiten und nebeneinander zu betrachten.

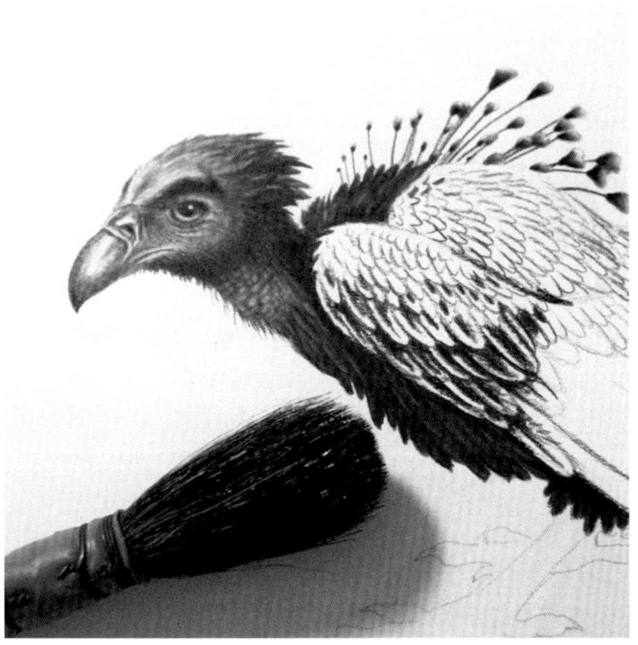

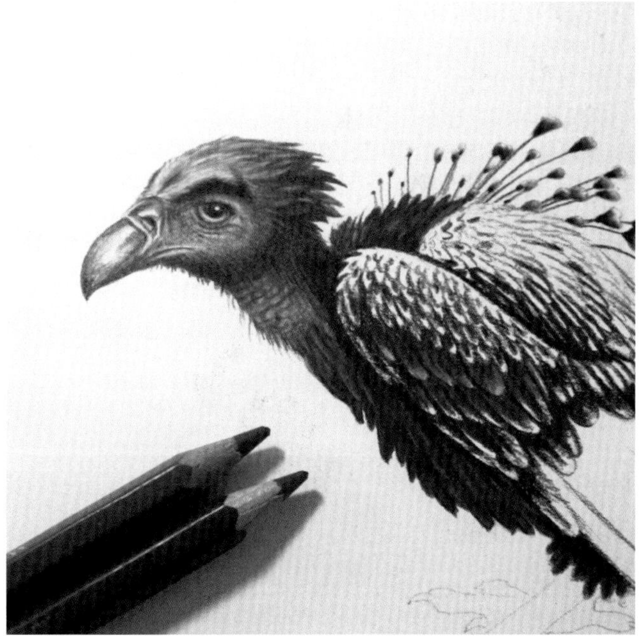

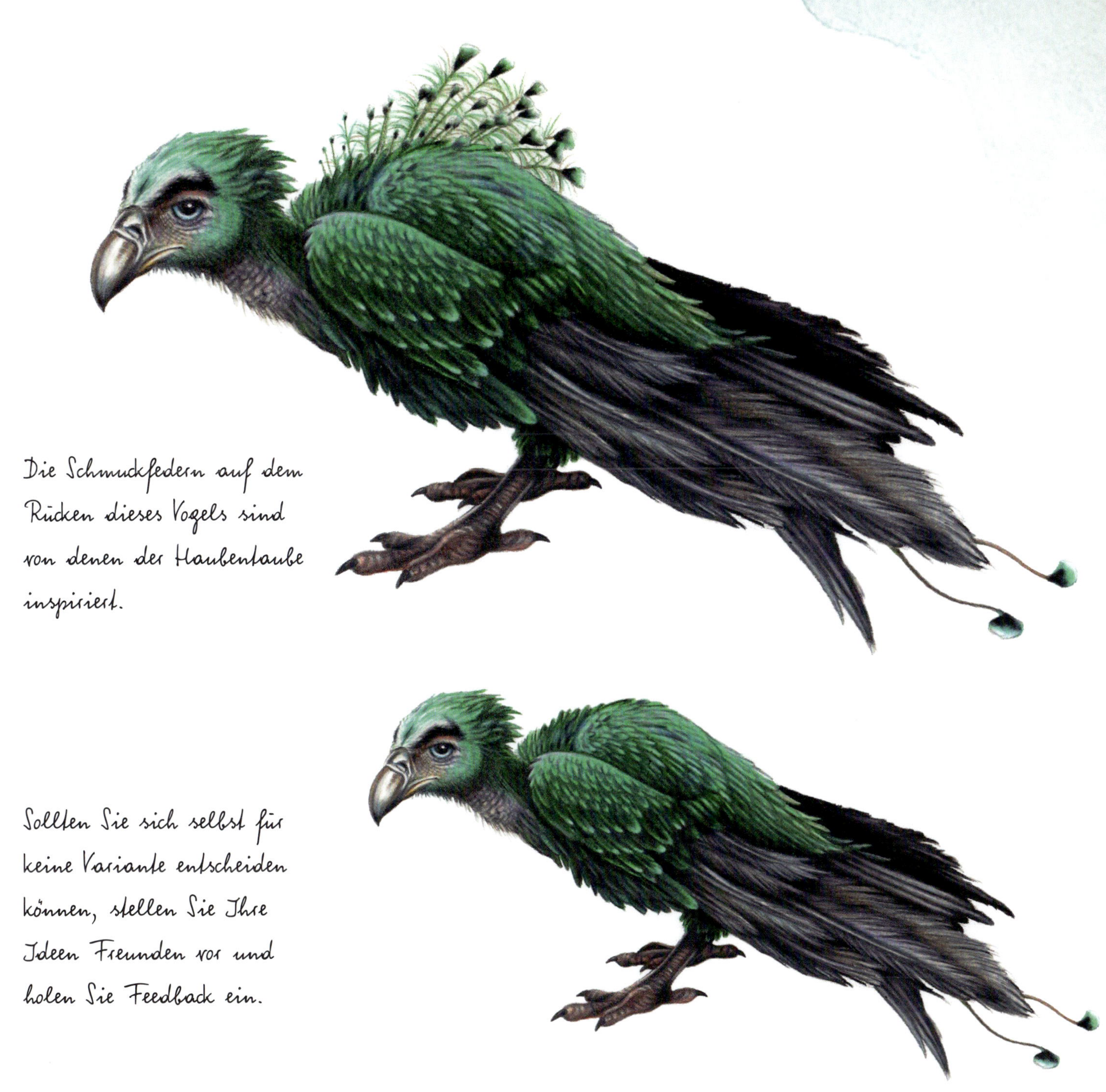

Die Schmuckfedern auf dem Rücken dieses Vogels sind von denen der Haubentaube inspiriert.

Sollten Sie sich selbst für keine Variante entscheiden können, stellen Sie Ihre Ideen Freunden vor und holen Sie Feedback ein.

Grüngeier

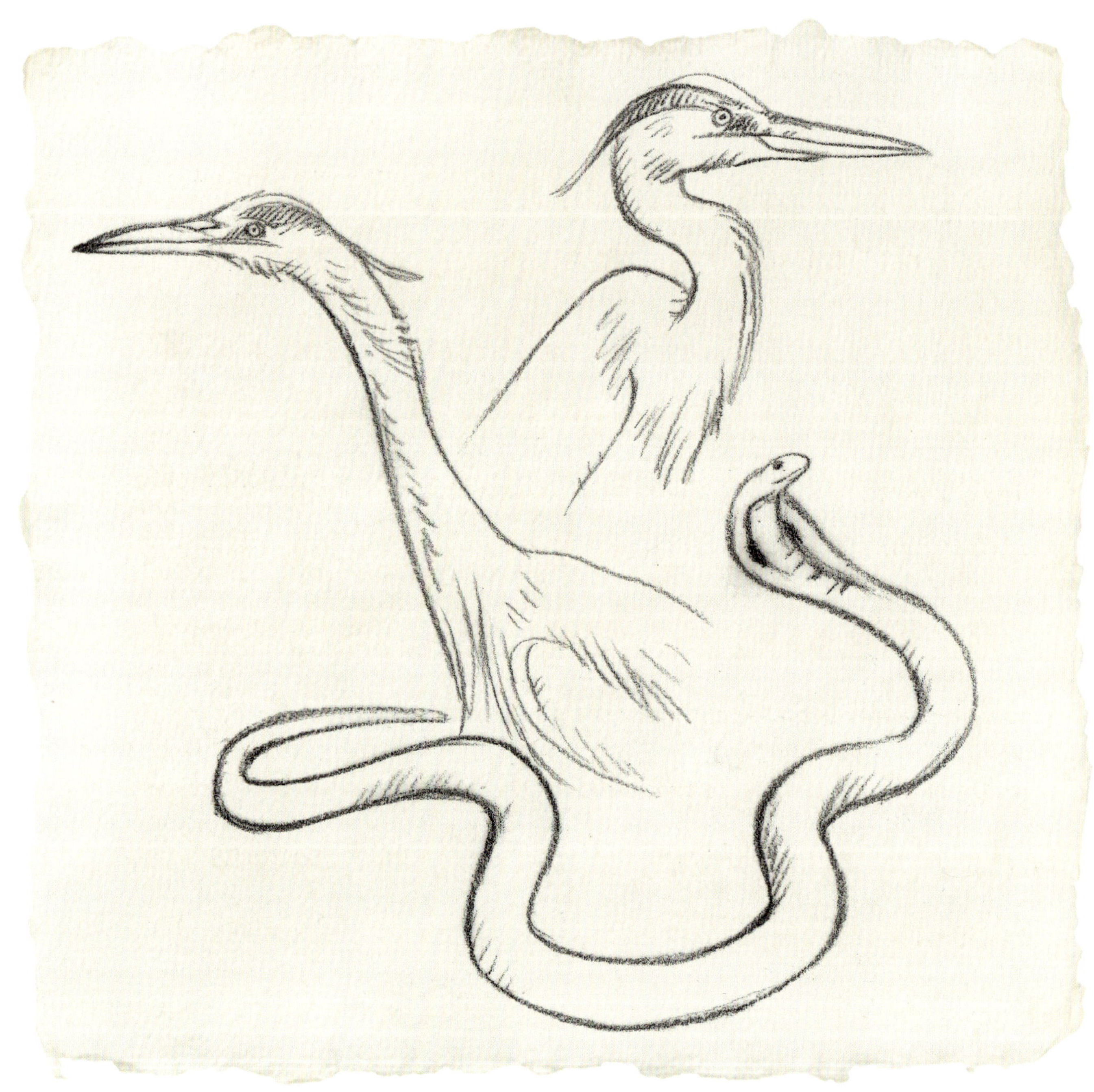

Studien: Graureiher und Kobra

Diese seltsame Kreatur setzt sich aus einem Vogel und einer Schlange zusammen. Anders als bei den Greifen gibt es hier keine erkennbaren Grenzen zwischen den Tieren. Das Design ist fließend.

Um das Schlangenhafte auch von der Vogelseite zu unterstützen, konzentrierte ich mich bei der Recherche vor allem auf Schreitvögel mit einem langen elastischen Hals, mit denen sich eine gute Verbindung zur Kobra herstellen ließ.

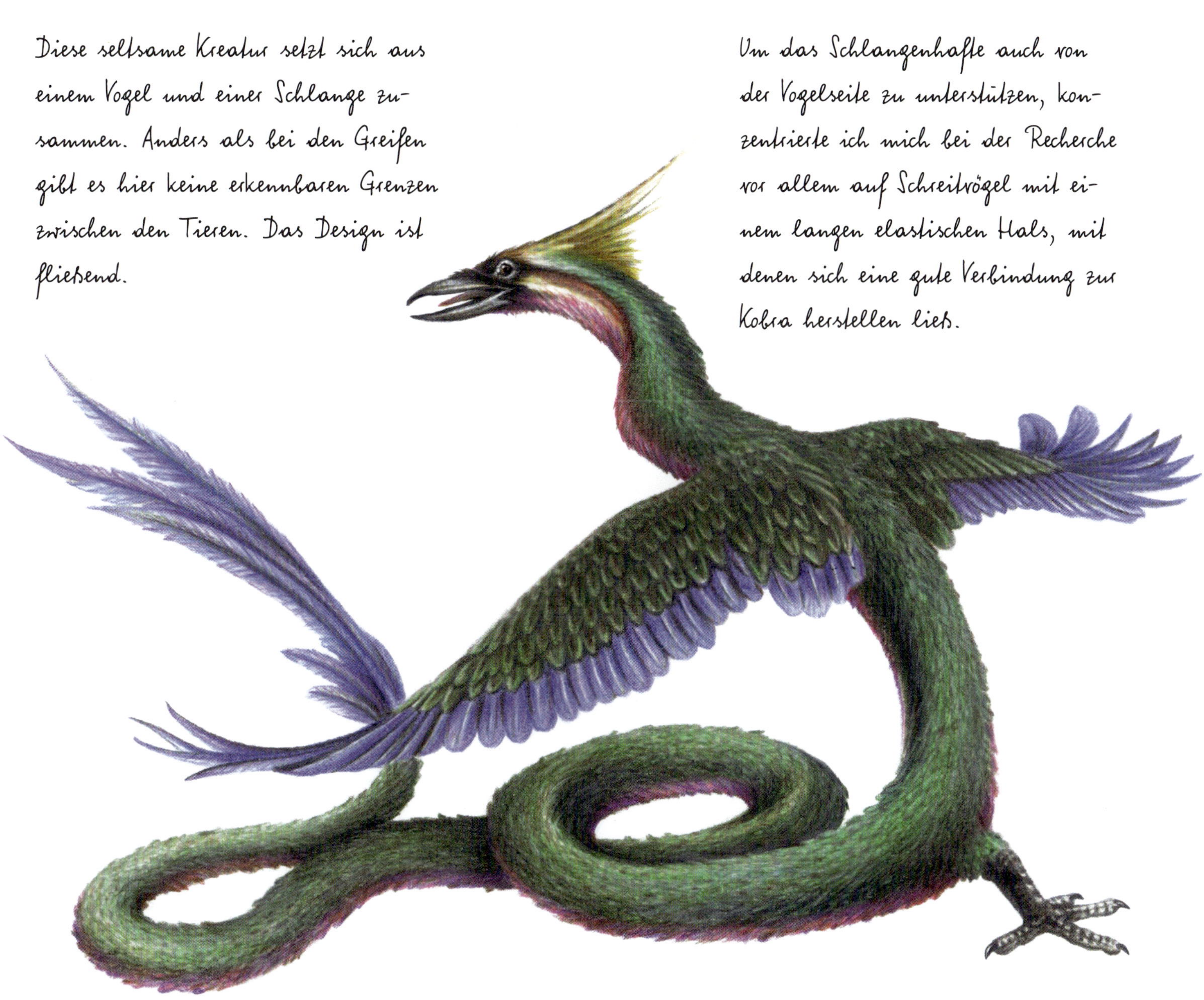

Schlangen-Vogel

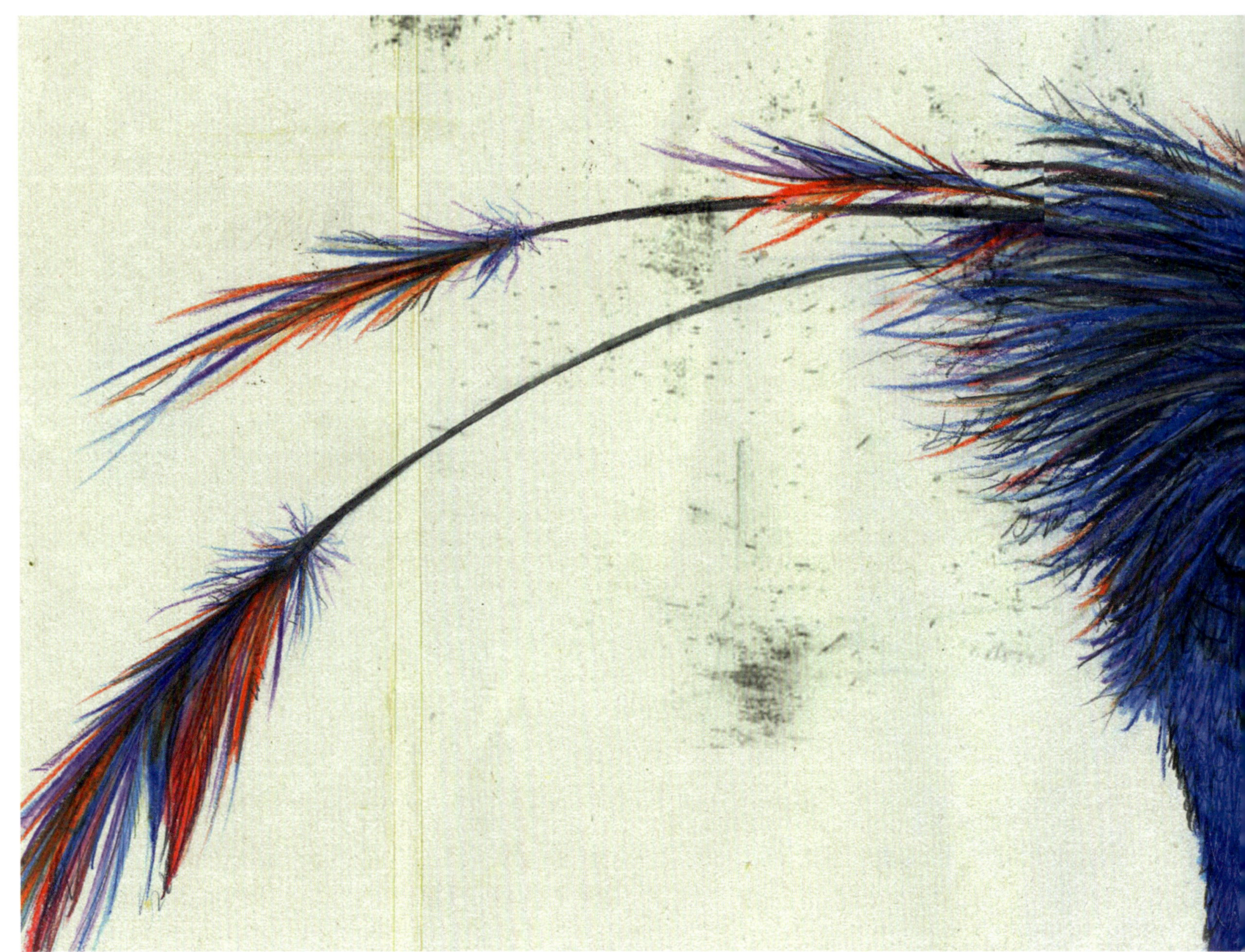

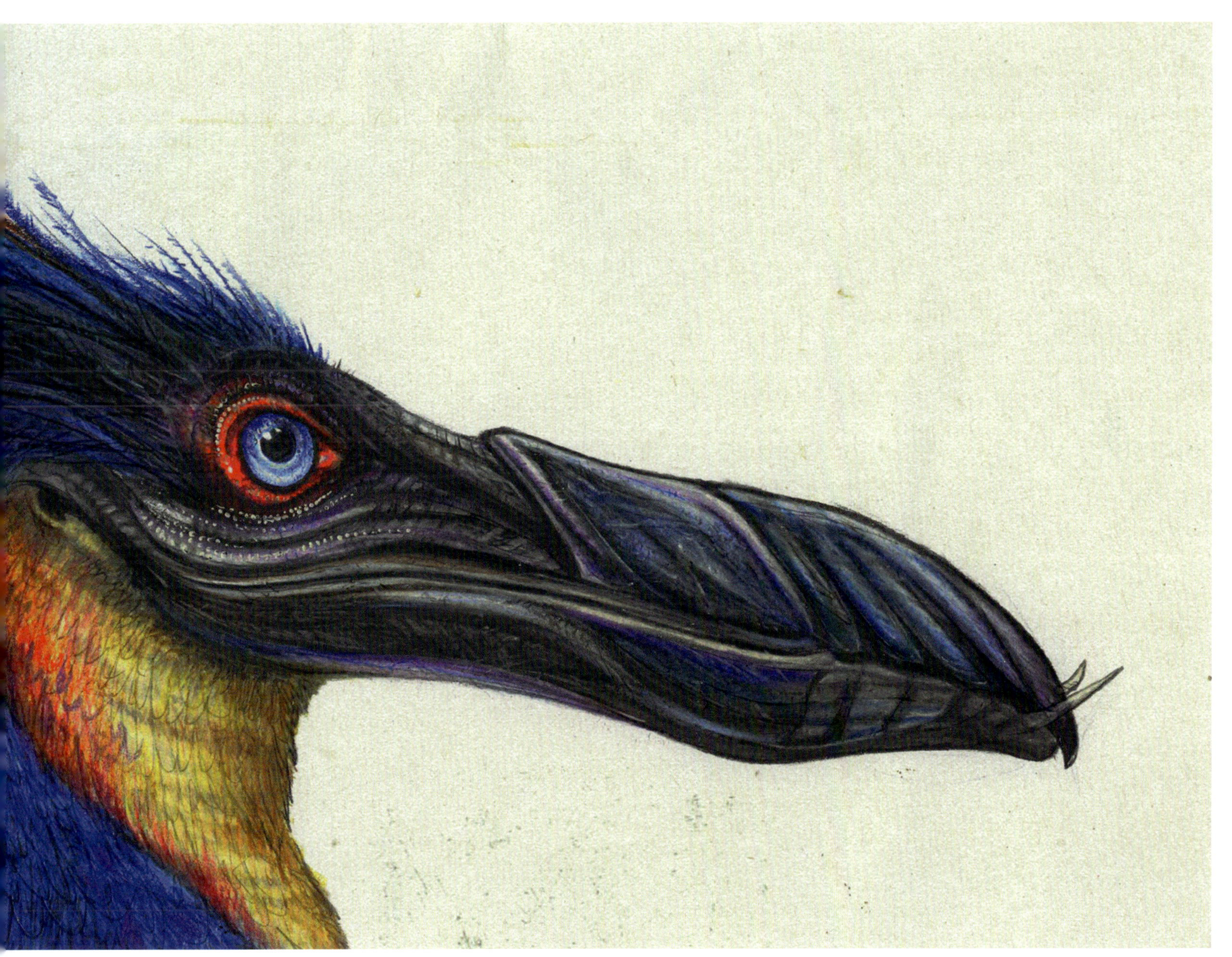

Fantasie-Vogel

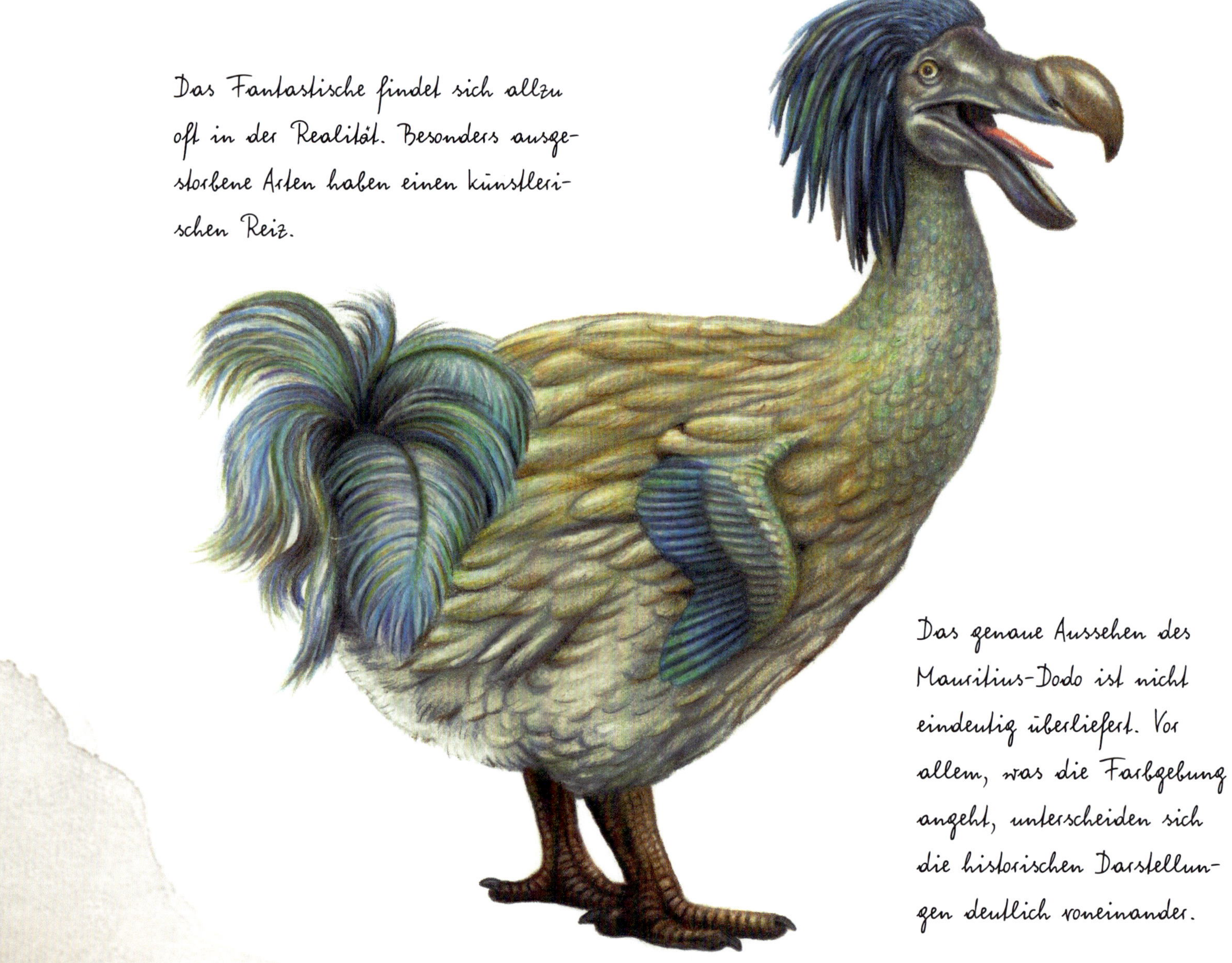
Das Fantastische findet sich allzu oft in der Realität. Besonders ausgestorbene Arten haben einen künstlerischen Reiz.
Das genaue Aussehen des Mauritius-Dodo ist nicht eindeutig überliefert. Vor allem, was die Farbgebung angeht, unterscheiden sich die historischen Darstellungen deutlich voneinander.

Dodo

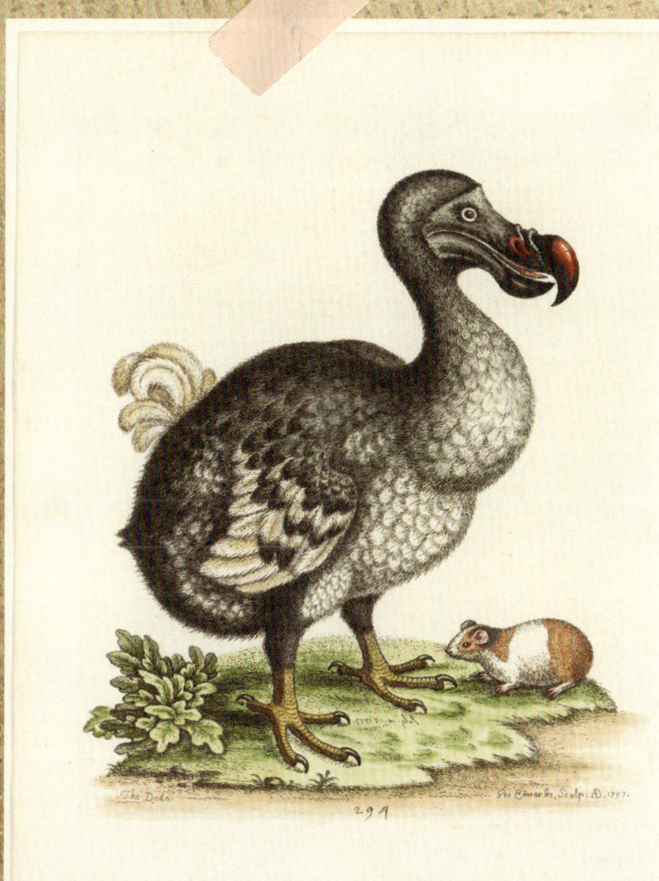

George Edwards: The Dodo and the Guiney pig, 1757 (plate 294, University of Wisconsin Digital Collections)

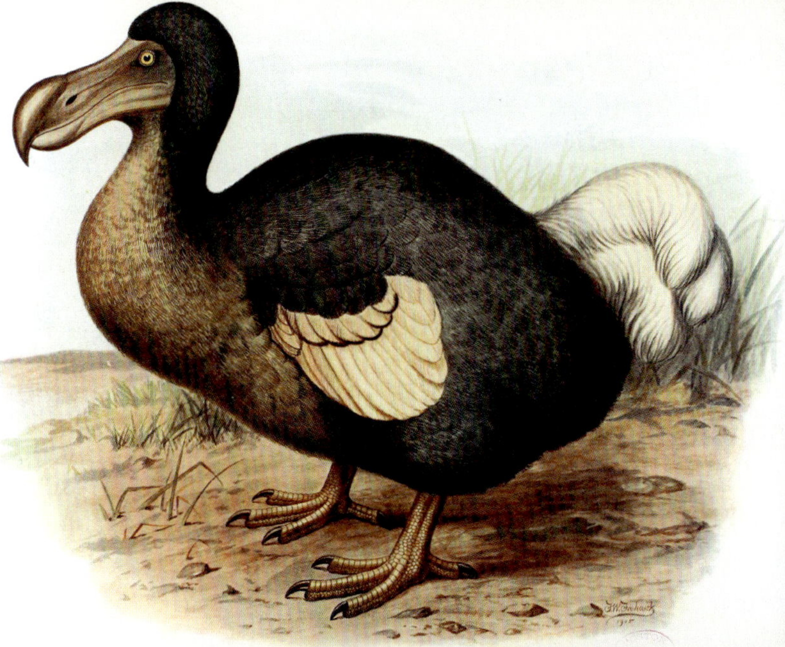

Frederick William Frohawk: The Dodo. Aus: Walter Rothschild: Extinct Birds, 1907 (plate 24)

Dodo-Bildersammlung

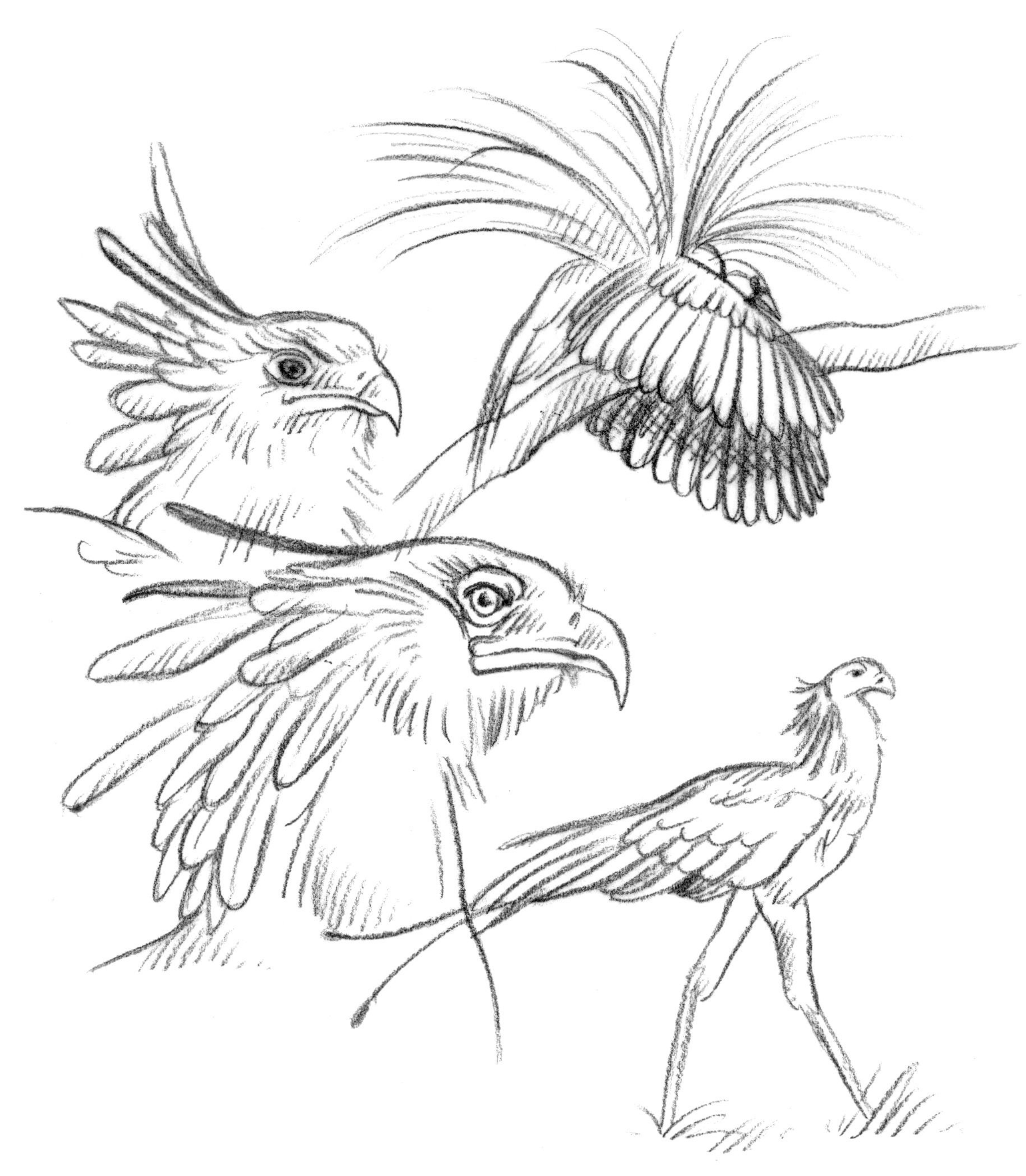

Studien: Sekretär und Großer Paradiesvogel

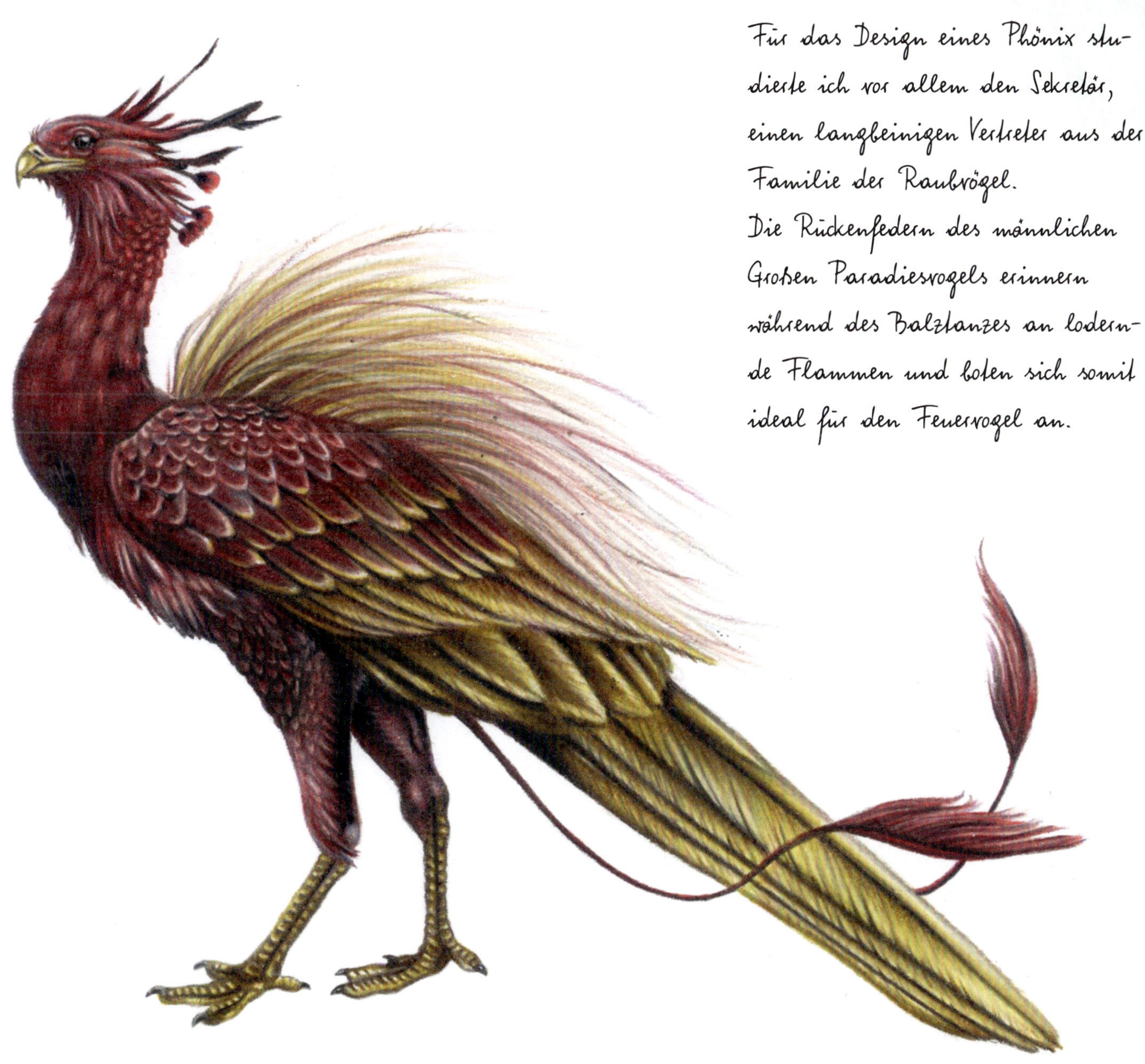
Für das Design eines Phönix stu-
dierte ich vor allem den Sekretär,
einen langbeinigen Vertreter aus der
Familie der Raubvögel.
Die Rückenfedern des männlichen
Großen Paradiesvogels erinnern
während des Balztanzes an lodern-
de Flammen und boten sich somit
ideal für den Feuervogel an.

Phönix

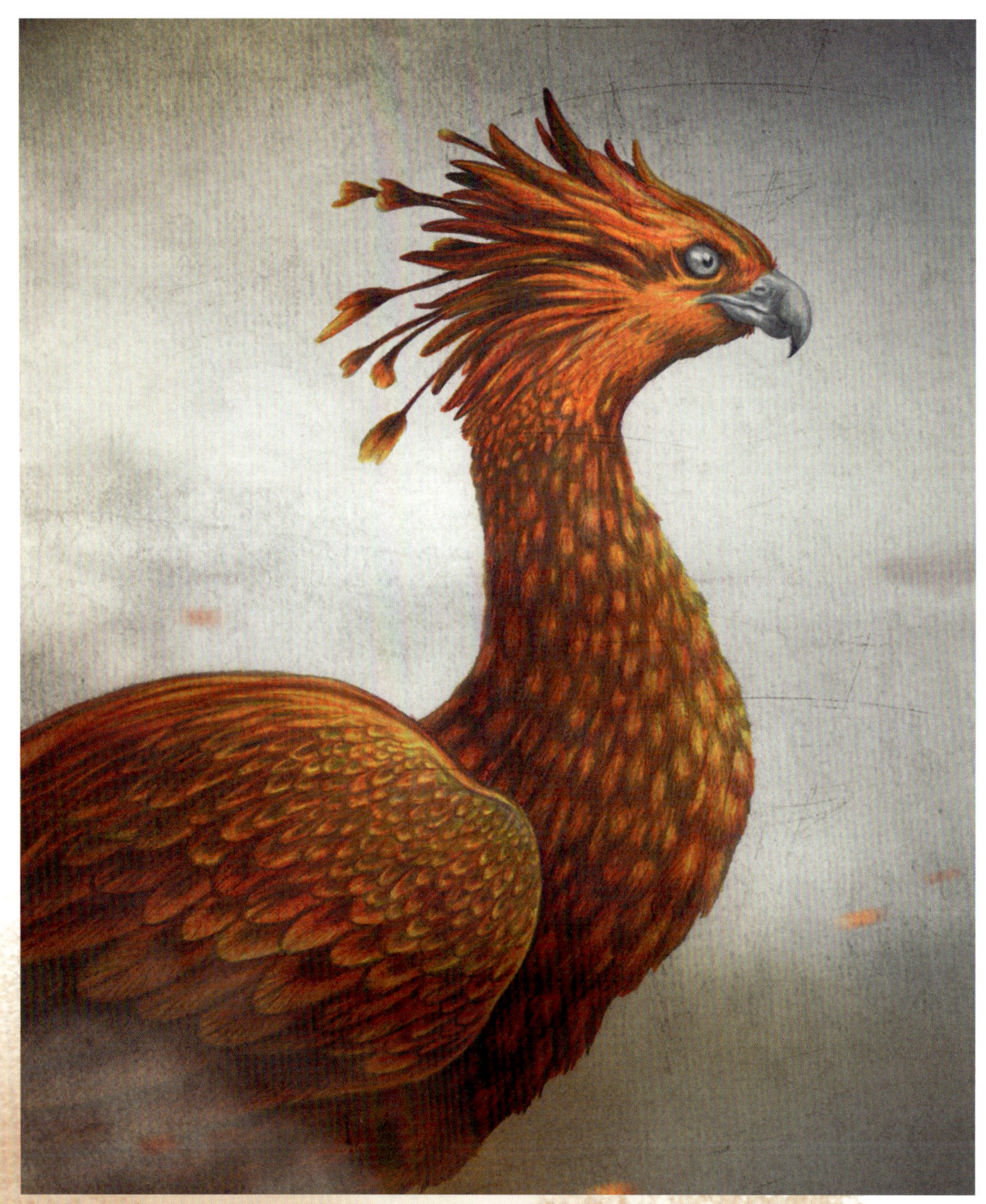

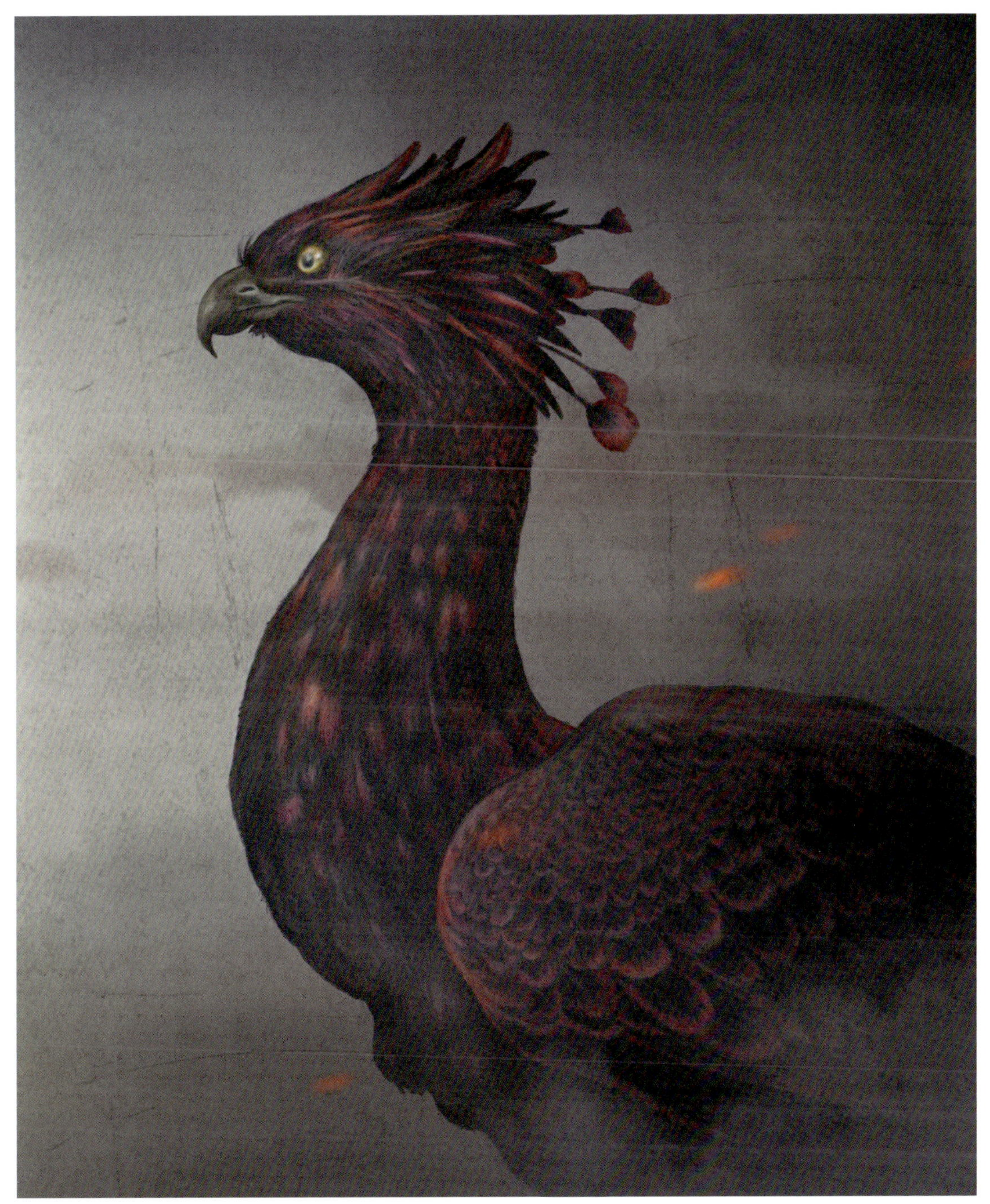

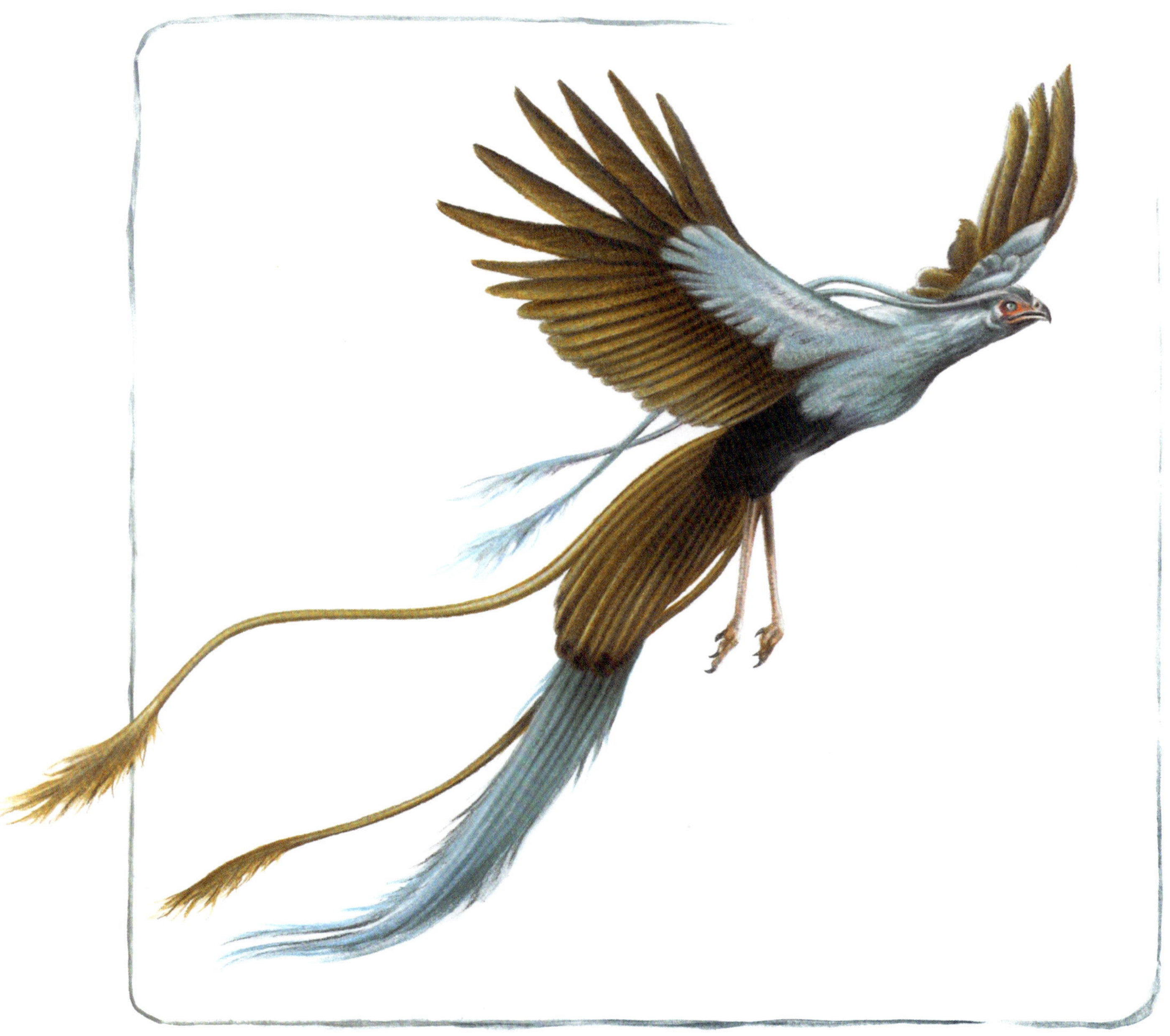

Exkurs: Digitale Hintergründe

Das traditionelle Zeichnen mit Buntstiften auf Papier ist ein spannender Prozess. Allein die Wahl der richtigen Farbe, die Eigenschaften und Oberflächen des Papiers wie auch der Geruch der Stifte machen den Prozess jedes Mal aufs Neue zu einem Erlebnis. Allerdings sollten Sie immer offen für unterschiedliche Techniken sein. Denn am Ende gilt vor allem eines: die Qualität des Kunstwerks.

Die digitalen Medien unserer Zeit bieten uns viele Möglichkeiten. Auch in der Kunst, der Gestaltung, dem Design und der Illustration bieten entsprechende Bildbearbeitungsprogramme viele nützliche und hilfreiche Ansätze, um noch schneller, besser oder auch experimenteller zu arbeiten. Am Beispiel des Donnervogels möchte ich auf eine kleine Facette eingehen und Ihnen einen Anstoß geben, sich intensiver mit der Materie zu befassen.

Die Basis des Werks bildet die Buntstiftzeichnung auf der linken Seite. Das Design ist dem des Phönix sehr ähnlich. Allerdings flossen hierbei zusätzlich noch Merkmale anderer realer Vogelarten ein, wie etwa des Pfaus und des sogenannten Pflaggenträgers, der jene langen ausschweifenden Federn besitzt.

Zusätzlich zum Hauptmotiv, dem Vogel, habe ich noch einen Bildrahmen angelegt. Durch eine Öffnung des Rahmens oben rechts sowie die Sprengung durch eine Feder links entstehen mehr Lebendigkeit und Dynamik.

Um die Zeichnung mit einem Computerprogramm bearbeiten zu können, muss sie selbstverständlich zunächst mithilfe eines Scanners digitalisiert werden. Auch das Abfotografieren kann durchaus eine Möglichkeit sein. Allerdings können bei dieser Methode perspektivische Verzerrungen auftreten oder Lichteinfälle die Farben verändern. Auch ein Scan wird in der Rohform nicht immer perfekt sein und wird in den Punkten Helligkeit, Kontrast und Farbigkeit immer einiger kleiner Korrekturen bedürfen.

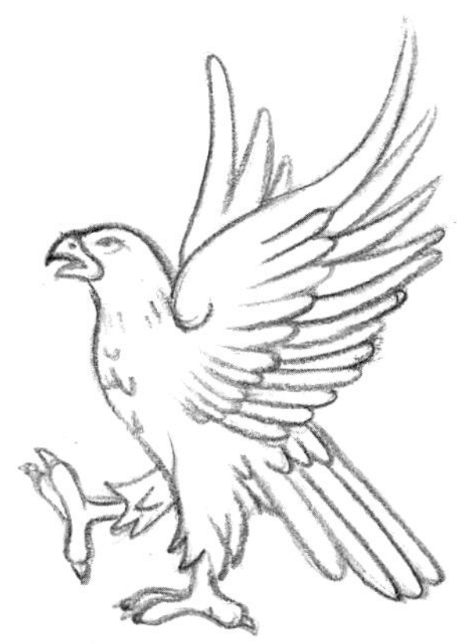

Als ersten Schritt lege ich den Himmel und die Wolken als transparenten Layer an. Häufig verwende ich dafür auch abstrakte, handgemalte Aquarellflächen, die wie im Bildbeispiel collagenartig verbaut werden. Dies ist für mich einer der größten Vorteile des digitalen Arbeitens: Ich kann experimentieren und Arbeitsschritte mit einem Klick rückgängig machen. Beim klassischen Zeichnen ist dies dagegen nicht so ohne Weiteres möglich.

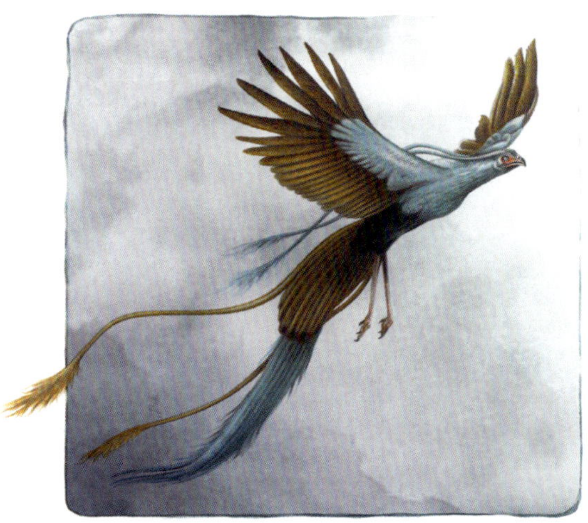

Zu einem Donnervogel gehören natürlich Blitze. Zunächst von Hand auf einem Blatt Papier gezeichnet und schwarz gefüllt, werden sie nach dem Scan nun weiß gefärbt und im Bild integriert. Auch ein Leuchteffekt ist durch die Anwendung digitaler Filter schnell und einfach zu erzeugen. An den Stellen, an denen die Blitze über den Vogel verlaufen, werden sie mithilfe des Programms einfach partiell wegradiert oder ausgeschnitten. Für den letzten Feinschliff ergänze ich noch ein paar Regentropfen, die ebenfalls durch einen entsprechenden Filter mit einer Bewegungsunschärfe versehen werden können.

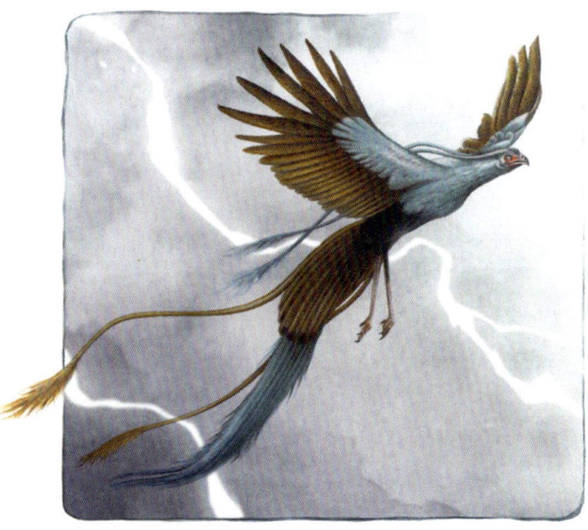

Falls Sie sich dafür entscheiden, die digitalen Werkzeuge zu nutzen, muss Ihnen klar sein, dass der finale Entwurf schlussendlich nur als Datei bzw. Druck existieren kann. Für ein echtes Original gibt es folglich nur den langen und zeitintensiven Weg auf dem Blatt Papier oder einer Leinwand.

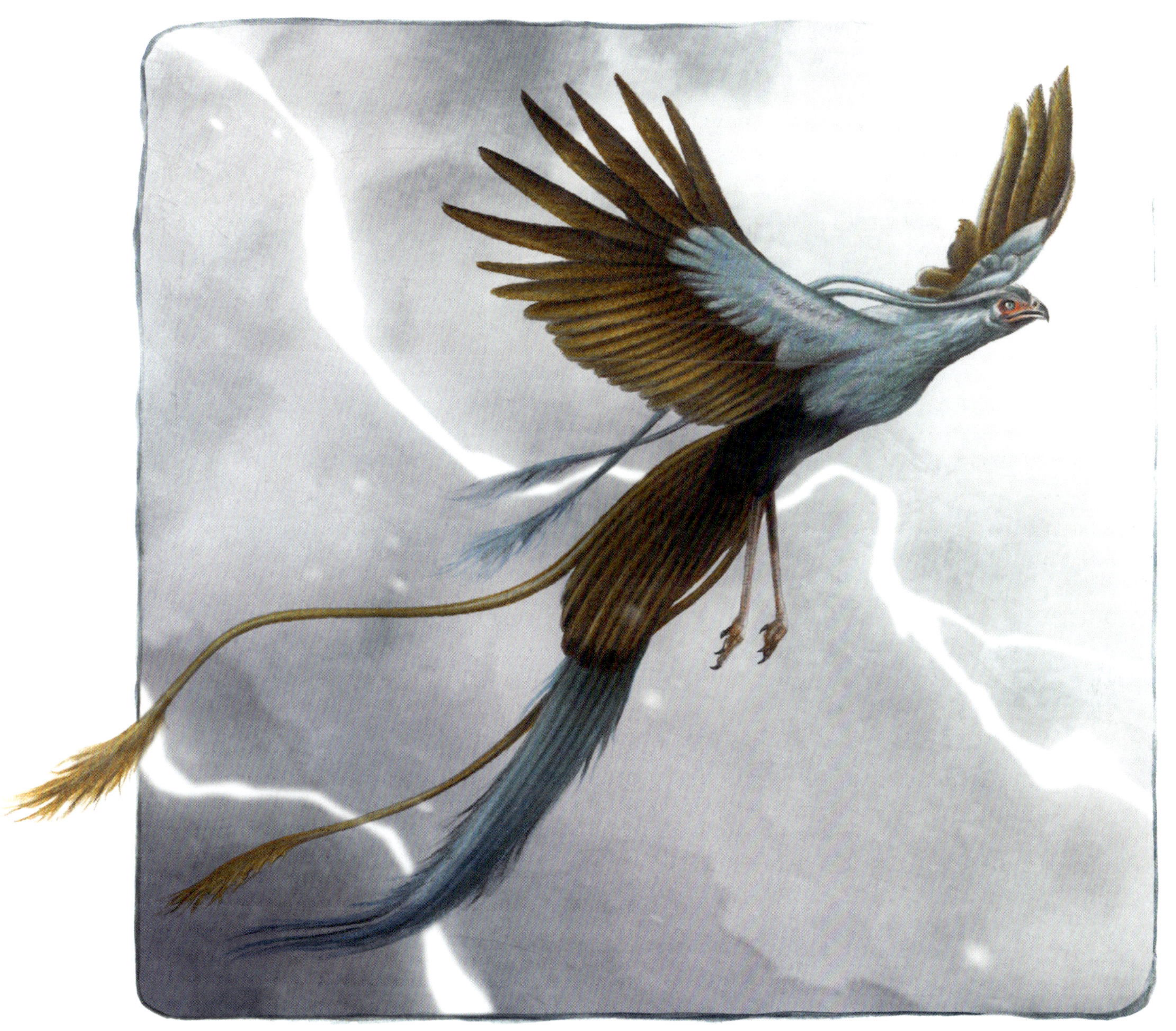

Donnervogel

Szenisches Zeichnen: Sirene

Bilder sagen mehr als tausend Worte. So lassen sich nicht nur Tiere, Menschen, Landschaften oder Gegenstände zeichnerisch darstellen, sondern auch ganze Szenerien. Bereits mit relativ einfachen Mitteln und Methoden können Sie Ihrem Bild zusätzlich zum figürlich Sichtbaren auch einen erzählerischen Inhalt verleihen, eine Situation beschreiben oder Stimmungen erzeugen.

Für das entsprechende Zeichenbeispiel wählte ich im Zuge der Vogel-Thematik eine Sirene aus der griechischen Mythologie. Die Sirenen waren dafür bekannt, Seefahrer, die an ihrer Insel vorbeifuhren, mit ihrem Gesang derart zu betören, dass sie jede Vorsicht vergaßen und am Riff kenterten. Das sprichwörtliche Ende vom Lied war, dass die Sirenen die Seeleute auffraßen. Eine solche Szene, in der sowohl die Anmut und Schönheit der Sirenen als auch ihre Gefährlichkeit zum Ausdruck kommen, galt es darzustellen. Auf Grundlage historischer Interpretationen entwickelte ich ein eigenes Design, bei dem der gesamte Oberkörper eine menschliche Gestalt hat und in einen Vogelleib übergeht. Die eine Hand hält einen Totenschädel als Sinnbild für den Tod, und im Hintergrund ist bereits eine Galeere in Sicht, die direkten Kurs auf die steinige Insel hält. Durch den direkten Blick der zentralen Figur wird eine Verbindung zum Betrachter hergestellt.

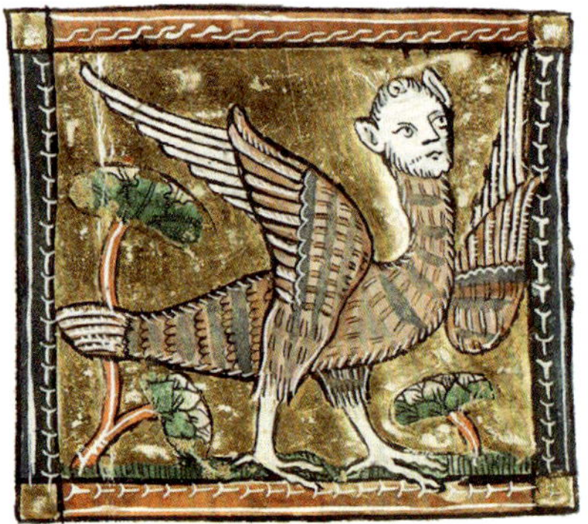

Vignette von Jacob van Maerlant, aus »Der Naturen Bloeme«, um 1350

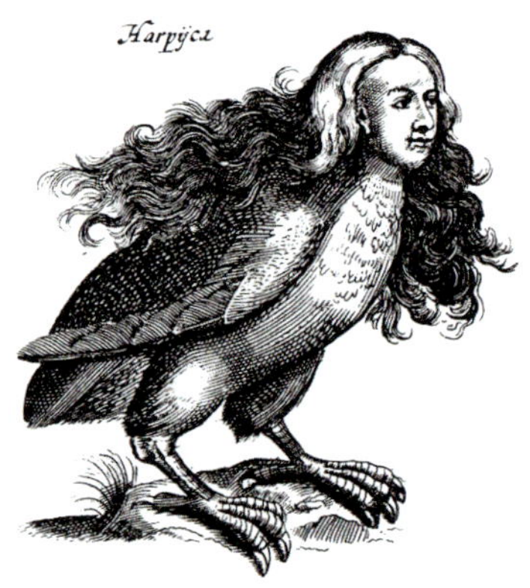

Kupferstich von Matthäus Merian, aus der Historia Naturalis, um 1650

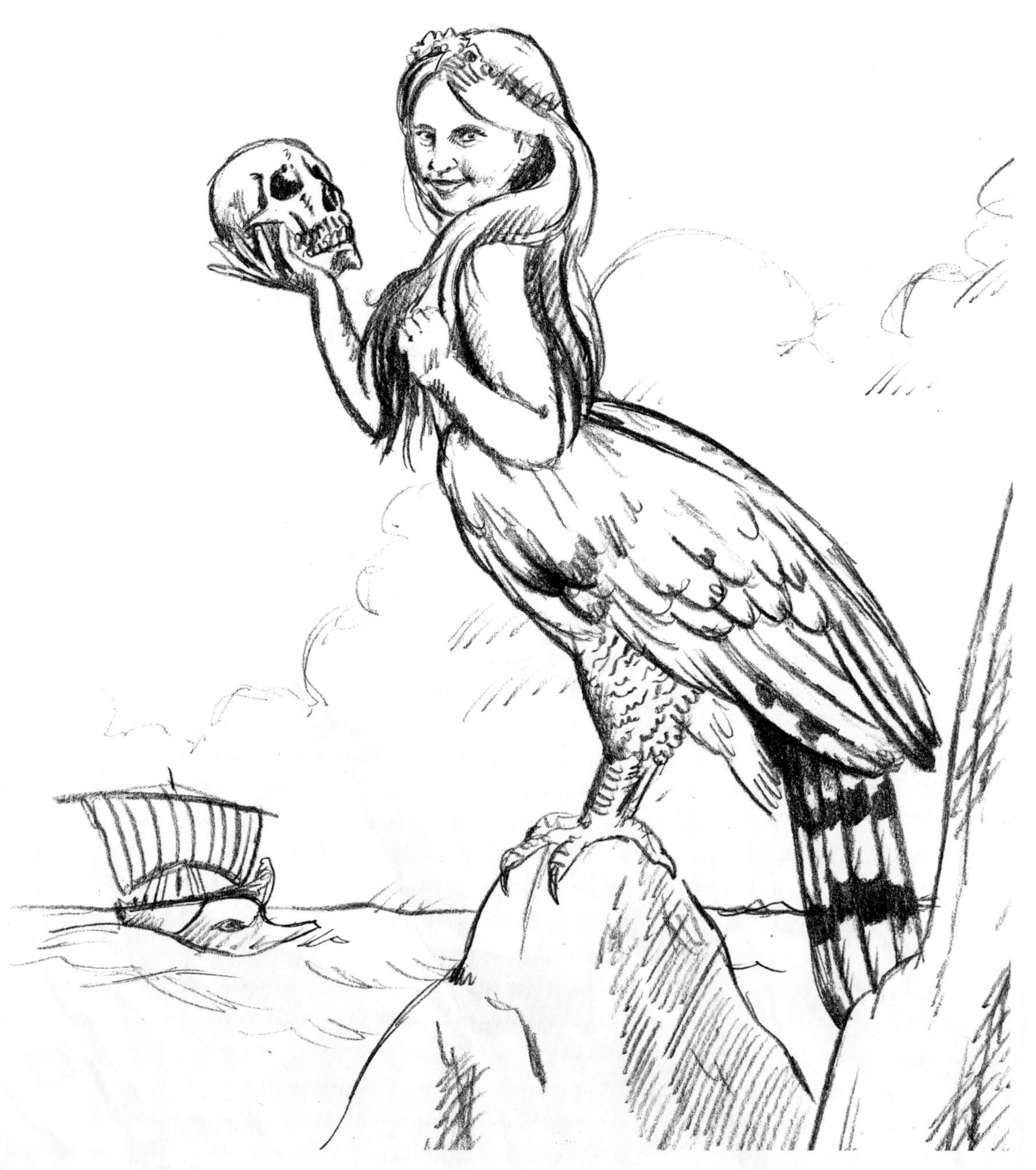

Konzeptskizze

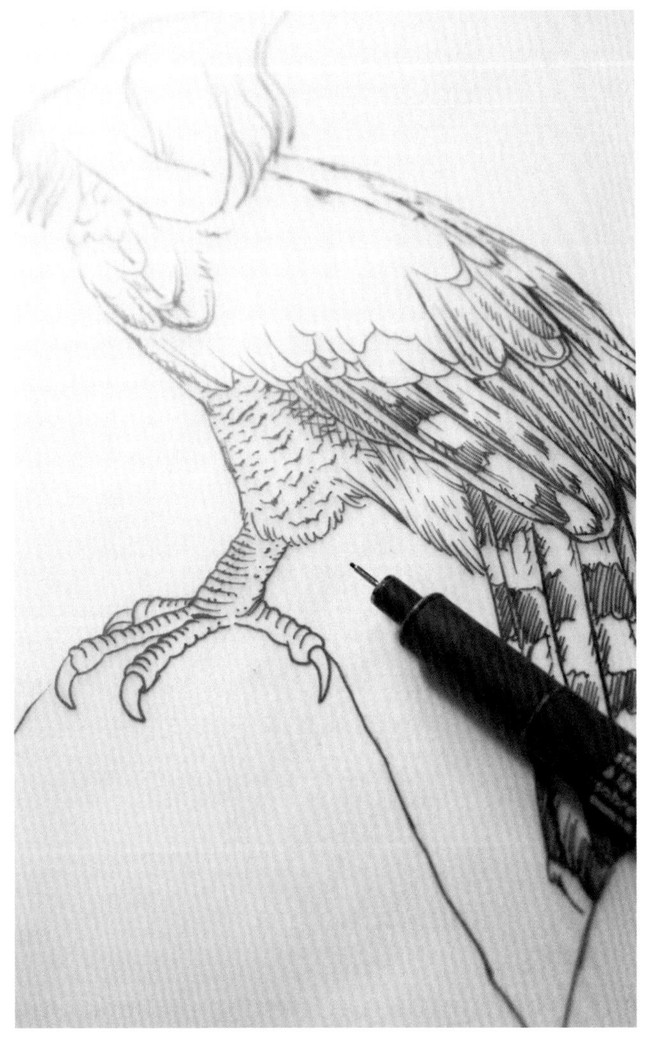

Dieses Beispiel zeigt zudem, dass sich Buntstifte auch fantastisch mit anderen Techniken und Materialien kombinieren lassen.

In Anlehnung an die historischen Kupfer- und Holzstiche fiel meine Wahl zunächst auf eine Auswahl von Markerstiften, mit denen sich ein ähnlicher Look erreichen lässt. Mit nur drei Stiften lassen sich unterschiedliche Strichstärken erzeugen, die bereits bei einer reinen Schwarz-Weiß-Darstellung Schattierungen und somit Plastizität erkennen lassen.

Auch bei dieser Technik gilt es, einen individuellen Weg und eine Reihenfolge der Arbeitsschritte zu finden. Ich für meinen Teil beginne in der Regel damit, die Skizze mit dem dünnsten Marker (ca. 0,1 mm) nachzufahren und bereits alle Details umzusetzen. Im Anschluss kommt die Pinselspitze zum Einsatz. Mit diesem Stift können fließende Strichstärken erzeugt werden. Durch einen dickeren Strich betonen Sie zum Beispiel dominante Konturen oder definieren durch schwarze Flächen Schatten. Um besonders dünne und breite Strichstärken an wichtigen Stellen gezielt zu verbinden, empfiehlt sich die Verwendung einer Mittelstärke von ungefähr 0,5 mm.

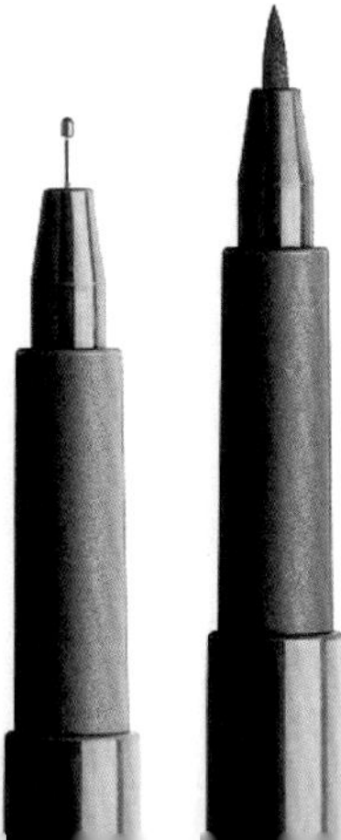

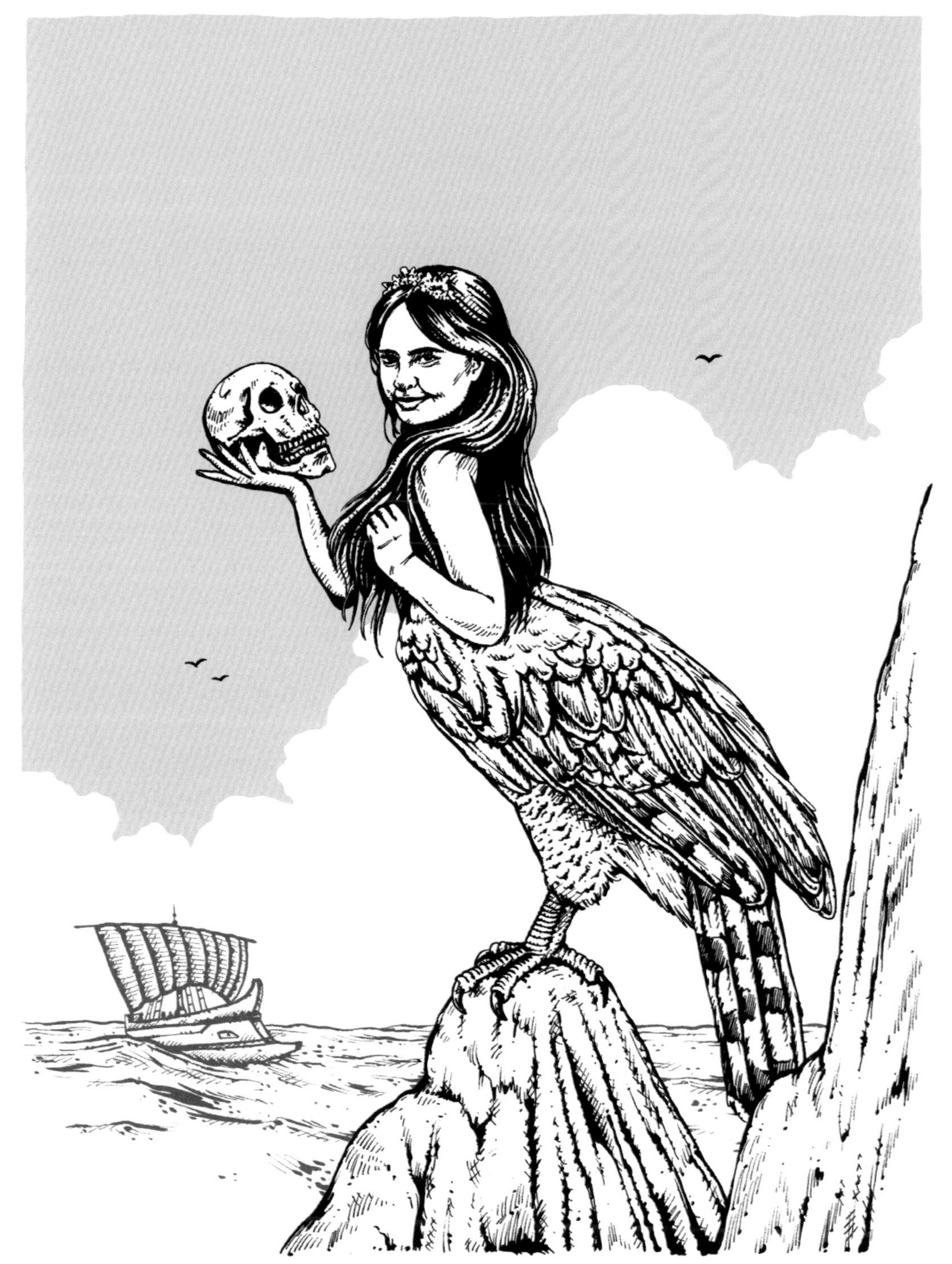

Markerzeichnung mit Graustufen

Nach Abschluss der Markerzeichnung geht es an die Kolorierung mit Buntstiften, entweder digital oder mit echten Stiften. Für den historischen Touch habe ich mich für drei Grautöne entschieden, mit denen ich die einzelnen Ebenen (Vordergrund, Mittelgrund, Hintergrund) bearbeite. Ich habe diese Töne zunächst in einem digitalen Bildbearbeitungsprogramm mit unterschiedlicher Transparenz angelegt. Dadurch entsteht eine größere Bildtiefe und der Fokus liegt umso deutlicher auf der Sirene. Wenn Sie kein entsprechendes Computerprogramm besitzen, können Sie für die Bildebenen auch graue Markerstifte nutzen. Mit den Buntstiften werden die jeweiligen Ebenen schraffiert. Der dunkelste Grauton kommt dabei für den Vordergrund, also die Sirene, zum Einsatz. Je weiter Sie sich in die Tiefe vorarbeiten, desto heller sollte verwendete Buntstift werden. Wenn es sich um Aquarellstifte handelt, können die Farben anschließend mit dem Pinsel vermalen. Als finalen Abschluss habe ich dem Bild digital eine antike Struktur und eine Sepia-Optik verliehen.

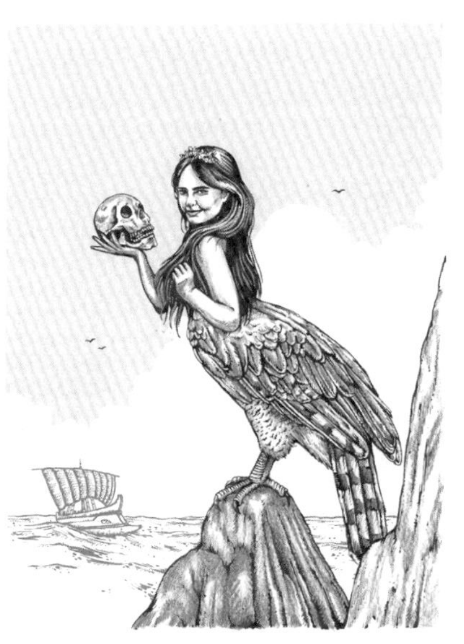

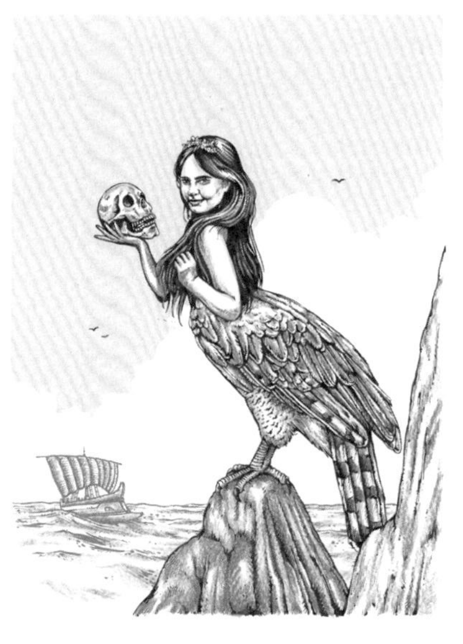

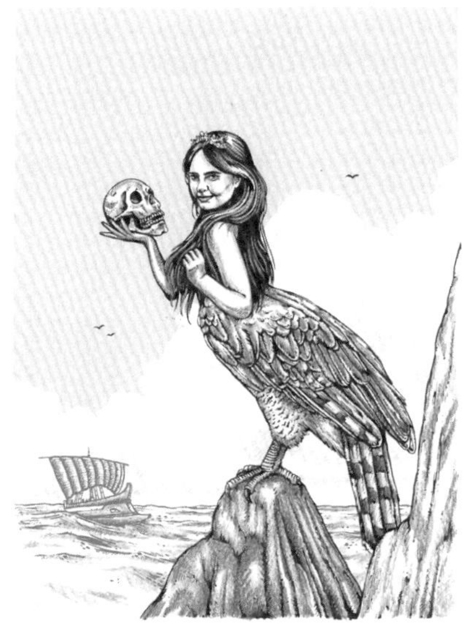

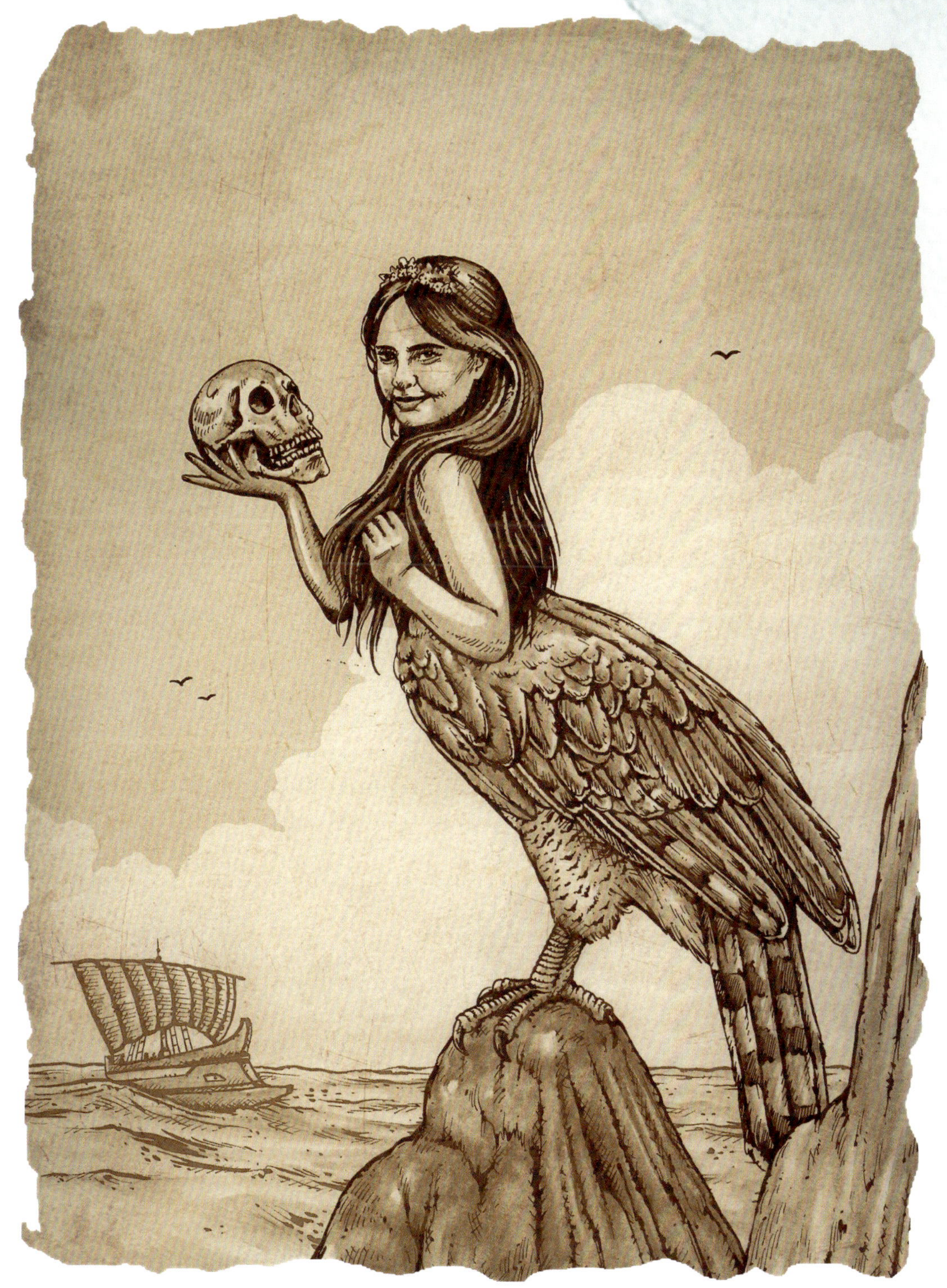

Finale Zeichnung mit künstlichen Alterungsspuren

Inspirationsquellen schaffen

Wenn es Ihnen schwerfällt, sich fantastische Tiere und Kreaturen auszudenken, können Sie schnell Abhilfe schaffen, indem Sie den Zufall nutzen. Eine bewährte Möglichkeit besteht darin, real existierende Tiere einfach wild miteinander zu kombinieren. Hier zum Beispiel habe ich zwei Vögel, einen Pinguin und einen Kakadu, und einen Leoparden aus der Tiergruppe der Säugetiere gezeichnet. Letzterer ist wichtig, um auch wirklich verrückte Variationen zu erhalten und sich vom doch sehr ähnlichen Bauplan der Vögel zu lösen. Im weiteren Verlauf werden die Tiere in Kopf, Ober- und Unterkörper aufgeteilt und nach Belieben kombiniert. Allein mit diesen drei Einzelmotiven lässt sich auf diese Weise eine Vielzahl von absonderlichen Kreaturen erschaffen.

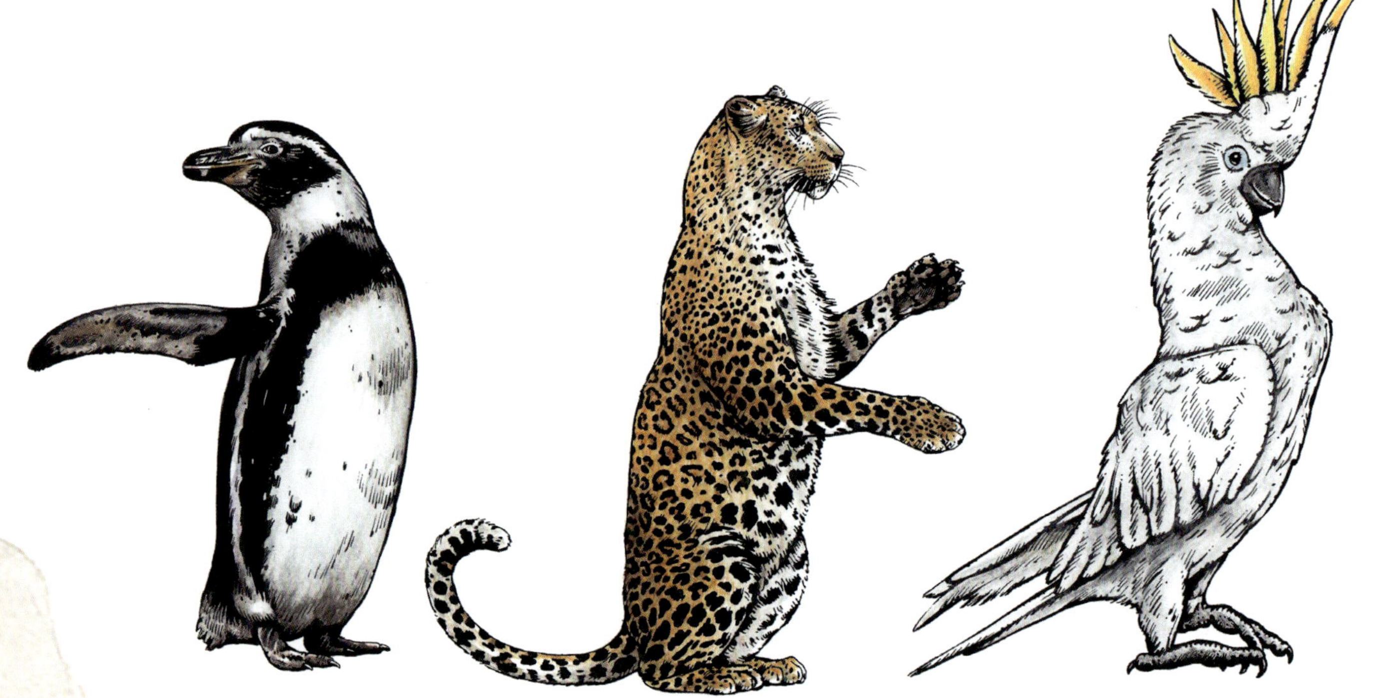

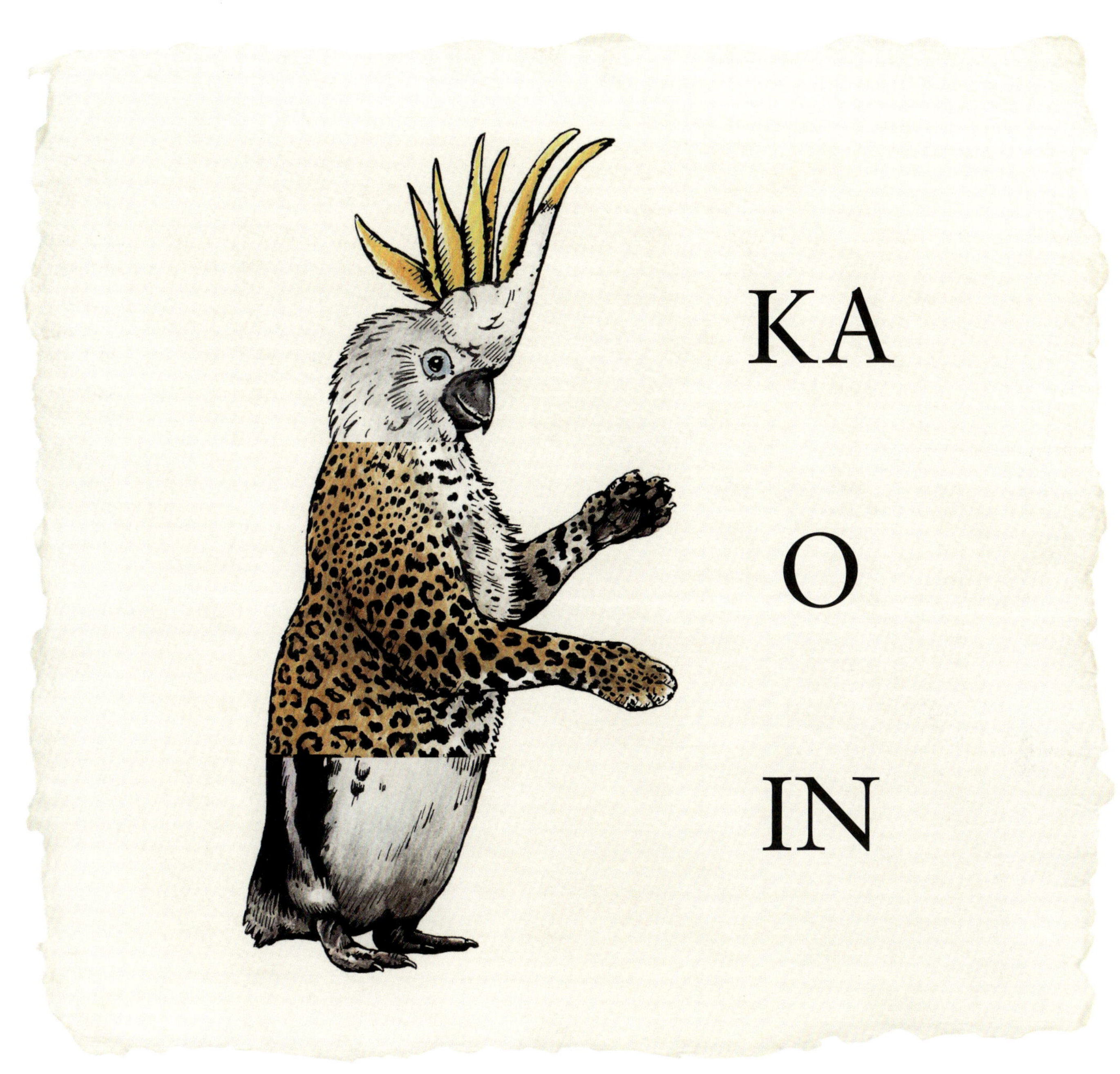

Morphtier-Beispiel: KAOIN

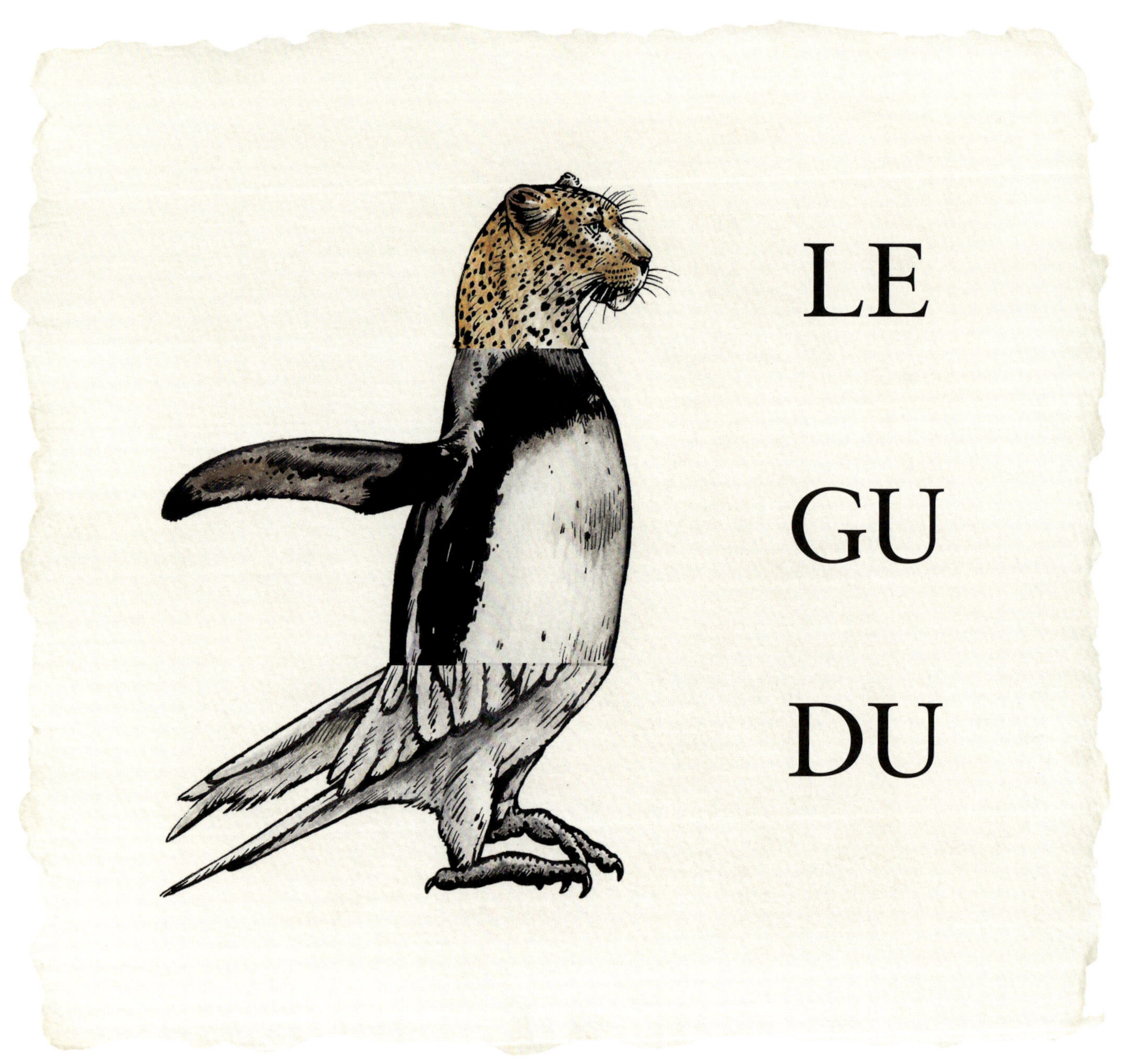

Morphtier-Beispiel: LEGUDU

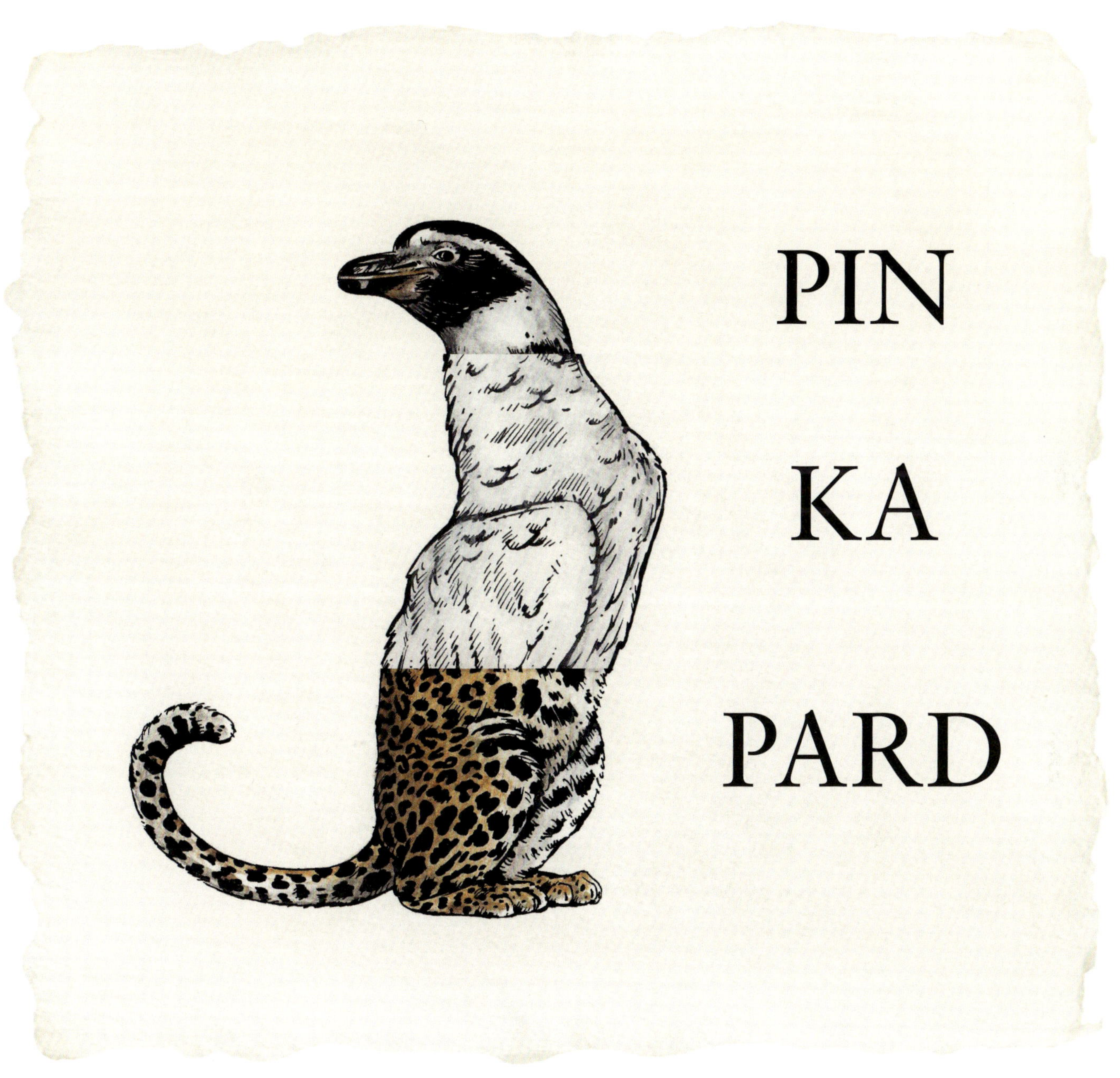

Morphtier-Beispiel: PINKAPARD

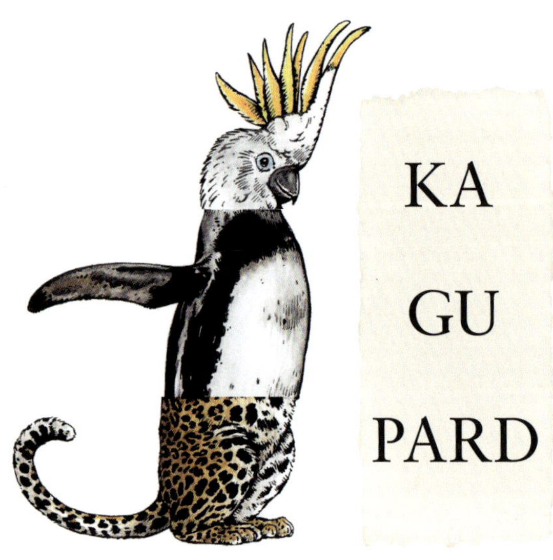

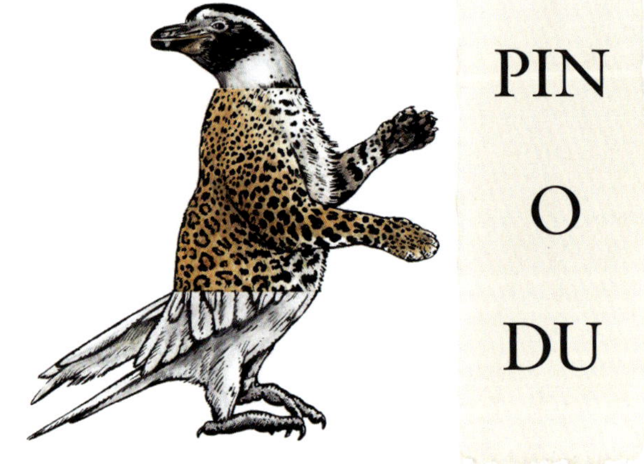

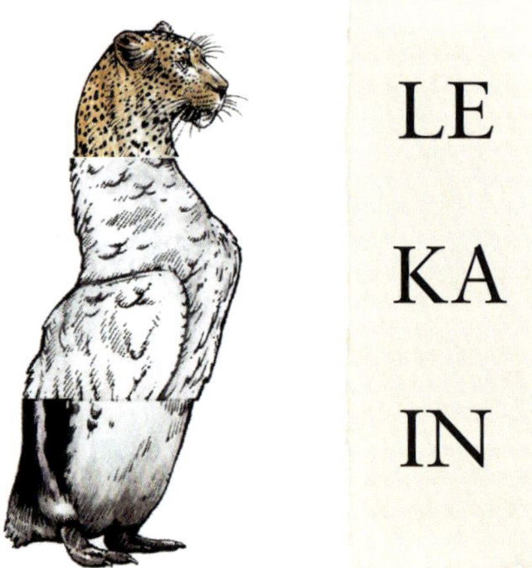

Je mehr Basistiere zur Verfügung stehen, desto mehr Variationen lassen sich logischerweise aus den Segmenten zusammenbauen. Wer Tiere mit einem dreisilbigen Namen wählt, erhält mit demselben Prinzip auch direkt den Namen der neuen Kreatur.

Morphtier-Beispiele

Wie kann meine Umgebung meine Kreativität beeinflussen?

1. Unrealistisches Feedback: Besonders Freunde und Familienmitglieder tendieren dazu, Werke über alle Maßen gut oder schlecht zu bewerten. Daraus kann eine falsche Selbstwahrnehmung entstehen, sodass man sich selbst entweder über- oder unterschätzt. Den Kontakt mit Gleichgesinnten zu suchen, kann bereits eine entscheidende Veränderung bewirken.

2. Ablenkung durch alltägliche Aufgaben: Sollte dies spürbar der Fall sein, können Sie sich bestimmte Zeiten und/oder einen bestimmten Platz einrichten, an dem Sie Ablenkung von außen ganz bewusst reduzieren. Zudem ist es hilfreich, sich mit Dingen zu umgeben, die Freude bereiten und im besten Fall zusätzliche Motivation und Inspiration schenken.

3. Auszeiten: Nicht nur für das generelle Wohlbefinden, sondern auch oder gerade für die Kreativität kann ein längerer Spaziergang oder eine Ruhephase sehr zuträglich sein.

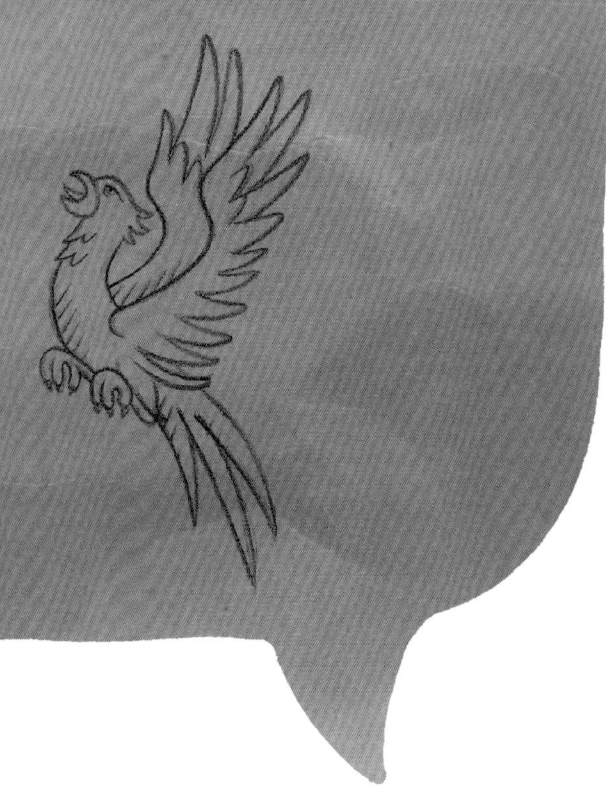

Exkurs: Gleichgesinnte finden

Nicht jeder Mensch ist für künstlerische Reize empfänglich. Selbst jene, die Ihnen am nächsten stehen, können eventuell wenig mit Ihrer Kunst anfangen. Das kann frustrierend und sogar schmerzlich sein. Immerhin sind Ihre Bilder und Werke auch ein Teil von Ihnen. Umso wichtiger ist, sich mit Leuten zu umgeben, die ähnlich denken und empfinden wie Sie selbst. Das ist nicht unbedingt einfach, zumal wenn Sie solche Menschen erst einmal finden müssen. Eine Vernetzung durch das Internet oder Kunstveranstaltungen können eine gute Möglichkeit sein, um mit Gleichgesinnten in Kontakt zu kommen. Anregende, tiefgründige Gespräche werden Ihnen nicht nur ein gutes Gefühl geben, sondern Sie eventuell auch dazu ermutigen, neue Wege zu gehen, andere Techniken und Methoden auszuprobieren, zu lernen und dadurch besser zu werden.

Wie entwickele ich meinen eigenen Stil?

1. **Finden Sie Vorbilder, deren Stil und Werke Ihnen gefallen, und holen Sie Informationen über sie ein (Recherche in Büchern, Videos, Suchmaschinen, Kontaktaufnahme mit dem jeweiligen Künstler, Fragen stellen, Verbindung zwischen Kunst und Künstler erforschen).**

2. Machen Sie sich selbst das Erlernte begreifbar und wenden Sie es nach eigenen Vorlieben an.

3. **Kombinieren Sie mehrere Methoden neu oder wandeln Sie sie ab, entwickeln Sie sie weiter und kreieren Sie daraus etwas Neues.**

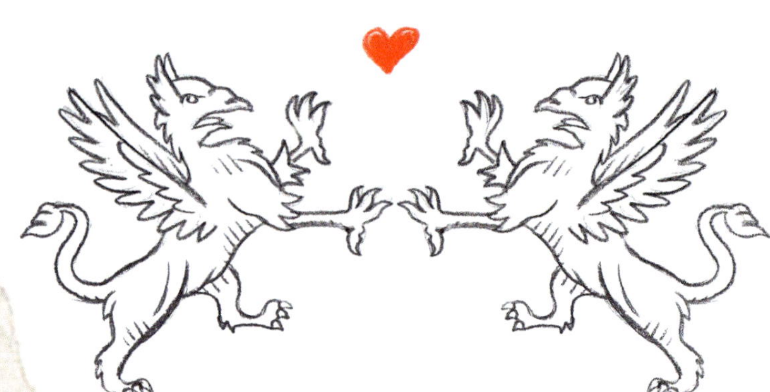

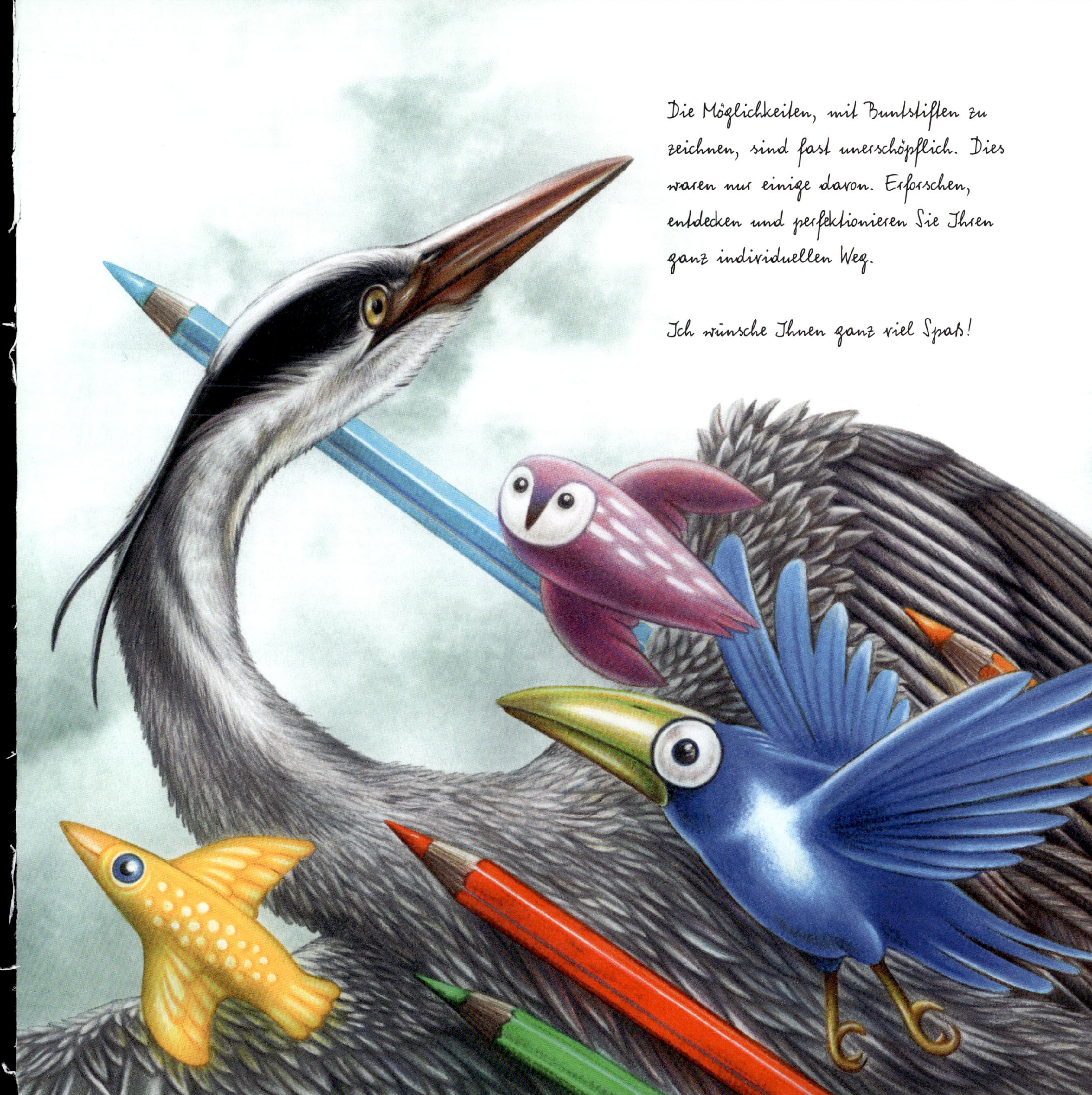

Die Möglichkeiten, mit Buntstiften zu zeichnen, sind fast unerschöpflich. Dies waren nur einige davon. Erforschen, entdecken und perfektionieren Sie Ihren ganz individuellen Weg.

Ich wünsche Ihnen ganz viel Spaß!

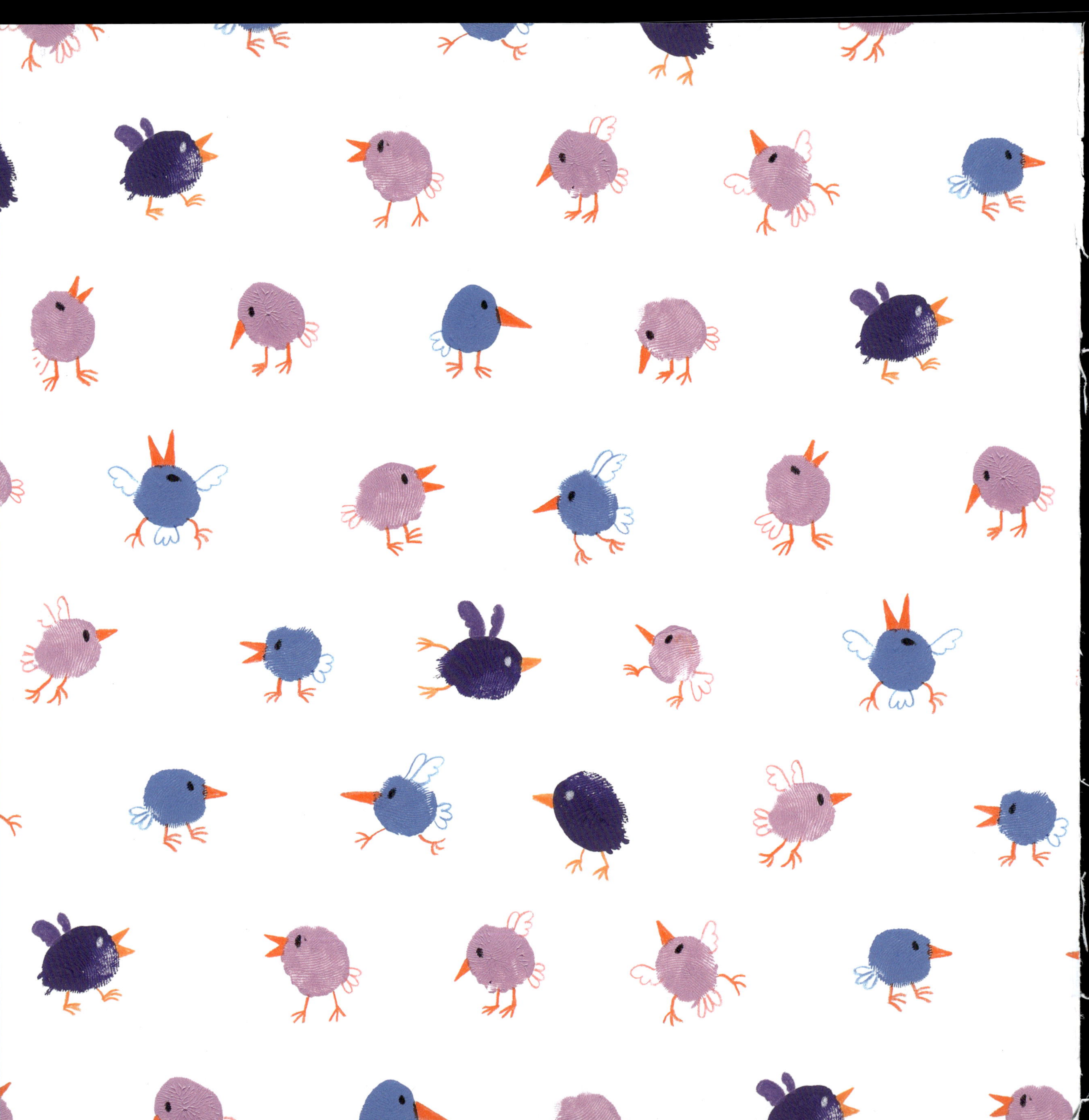